社会养老保障比较研究

陈建新 陈慧丹◎主编　　柯丽香 张锐◎副主编

Regional Comparison of the Social Welfare for the Elderly

经济管理出版社
ECONOMY & MANAGEMENT PUBLISHING HOUSE

图书在版编目（CIP）数据

社会养老保障比较研究／陈建新，陈慧丹主编. —北京：经济管理出版社，2021.1
ISBN 978-7-5096-7752-0

Ⅰ.①社…　Ⅱ.①陈…　②陈…　Ⅲ.①社会养老保险—对比研究—中国—文集
Ⅳ.①F842.612-53

中国版本图书馆 CIP 数据核字（2021）第 025974 号

组稿编辑：丁慧敏
责任编辑：丁慧敏　韩　峰
责任印制：黄章平
责任校对：王纪慧

出版发行：经济管理出版社
　　　　　（北京市海淀区北蜂窝 8 号中雅大厦 A 座 11 层　100038）
网　　址：www. E-mp. com. cn
电　　话：（010）51915602
印　　刷：唐山昊达印刷有限公司
经　　销：新华书店
开　　本：720mm×1000mm/16
印　　张：16. 75
字　　数：318 千字
版　　次：2021 年 2 月第 1 版　　2021 年 2 月第 1 次印刷
书　　号：ISBN 978-7-5096-7752-0
定　　价：68. 00 元

目　录

总论：澳门特区的社会养老保障

分论：粤港澳大湾区社会养老保障的发展

他山之石：周边地区社会养老的经验借鉴

总论：

澳门特区的社会养老保障

澳门特区扶助长者政策发展及其启示

陈建新①　韩　睿②

摘　要： 随着澳门特区的成立以及澳门特区经济的飞跃式发展，居民的经济状况不断改善，收入增加。2002~2003年澳门特区住户收支调查显示，基尼系数为0.45，到2012~2013年已经降至0.35，可见澳门特区居民的贫富差距也在逐步缩小，侧面反映出澳门特区政府扶助弱势家庭特别是扶助长者政策支持的力度加强。然而，随着澳门特区老年人口的持续增长，人口老龄化及现有的主要以福利性模式运行的社会保障制度给澳门特区政府财政带来了巨大压力，也给社会保障的可持续发展带来了挑战。本文基于澳门特区目前养老保障发展现状，借鉴国家精准扶贫理念，建议澳门特区政府引入统一评估机制来处理社会服务的供需配对问题，利用低失业率来推动老年就业，并把握澳门特区特色金融发展方向推动养老金融，在推动社会保障体系健康持续运转的同时推动澳门特区经济的进一步发展。

关键词： 扶贫；养老保障；评估机制；老年就业；以房养老

一、前言

自澳门回归后，特区政府极为重视民生福利的发展。在回归后初期，经济尚未发展起来，特区政府主要通过澳门特区经济发展来带动澳门特区居民生活水平的提高。后随着赌权开放及《内地与澳门关于建立更紧密经贸关系的安排》的签署，澳门特区经济才获得长期发展的有利空间。除去政策实施初期基数较低的因素，澳门特区居民在2008年和2017年的整体月工作收入中位数分别为8500澳门元和15500澳门元，居民收入有了较大幅度的增长。根据2007~2008年的住

---

①　陈建新，澳门大学社会科学学院助理教授，澳门社会保障学会理事长；②韩睿，澳门大学社会与科学学院硕士研究生，澳门社会保障学会研究员。

户收支调查，住户每月平均收入和消费分别为 30891 澳门元和 22947 澳门元，即消费开支占比为 74.3%。到 2012~2013 年，住户每月平均收入和消费分别为 41423 澳门元和 29177 澳门元，即消费开支占收入的比例为 70.4%。可见澳门特区居民的收入和可支配收入都有所提升，居民的经济状况得到不断改善。此外，另一扶贫指标是量度贫富差距的情况，通常是以基尼系数（用以衡量一个国家或地区居民收入差距的常用指标）作为指标。根据 2002~2003 年澳门特区住户收支调查，2002~2003 年的基尼系数为 0.45，到 2007~2008 年已经降至 0.40（基尼系数，不包括政府转移性支出）或 0.38（基尼系数，包括政府转移性支出），2012~2013 年更降至 0.38（基尼系数，不包括政府转移性支出）或 0.35（基尼系数，包括政府转移性支出）。可见，在 2002~2013 年，澳门特区的贫富差距不断缩小。另外，2012~2013 年的政府转移支出对基尼系数的影响（0.38-0.35=0.03）较 2007~2008 年政府转移支出对基尼系数的影响（0.40-0.38=0.02）更强，可见澳门特区政府在处理弱势群体问题时更有效率。

澳门特区政府对弱势家庭的定义是，单亲家庭、有残疾人士的家庭和有长期病患的家庭。多数长者有残疾和长期病患问题，因此长者贫穷问题也成为澳门特区政府最关注的问题。根据澳门特区统计暨普查局的人口预测，澳门特区长者人口将由 2016 年的 63400 人上升至 2036 年的 157600 人，老年人口（65 岁及以上）比例至 2026 年将上升为 16.0%，达到老龄社会的标准（按联合国有关规定，老年人口比例超过 14.0% 即属老龄社会），预期澳门特区人口老龄化速度将会越来越快，可见人口老龄化将会是澳门特区政府面临的重要挑战。事实上，人口老龄化是 21 世纪各国共同面临的重大社会问题，而内地目前更是面临"未富先老"的处境。中央政府为了应对人口老龄化挑战提出了不少新概念，例如精准扶贫、智慧养老、养老产业化等，同时大力促成粤港澳大湾区规划。社会保障是粤港澳三地政府治理的重要课题之一，各地政府积极探索港澳居民跨域养老问题的可行措施。

本文首先简述扶贫政策的概念和澳门特区养老保障发展概况，然后基于国家提出的如精准扶贫等应对策略，结合内地或澳门特区的相关经验（这里主要指健康评估体系、老年就业及以房养老）加以讨论和说明，从而对澳门特区扶助长者的政策提出浅见。

二、澳门特区养老保障发展

老年人较其他年龄层更易陷入贫穷状态，原因之一在于老年人的技能可能已经过时。特别是发达地区已经朝向知识型经济产业转型，而澳门特区长者的平均教育水平相对其他年龄层低，因此不能适应发达的知识型经济产业。原因之二在于，老年人身体机能下降，较易有残疾或长期病患问题，不理想的健康状况也限制了老年人的就业空间，甚至增加了"因病致贫"的风险。代际问题也是不容忽视的因素，根据伊斯特林假说（Easterlin Hypothesis），伴随老年人人口比例上升，老年人可获取的平均资源减少。原因之三在于不完善的养老保障体系，其被认定为导致长者贫穷的主要原因，因此世界银行提倡多支柱构建养老保障体系，期望通过多支柱养老保障体系的协调，提升养老保障体系的效率。同时，多支柱养老因引入市场及个人贡献，可在一定程度上避免养老保障体系过于依赖政府，可以平衡养老保障体系的公平与效率。

应对贫穷问题主要遵循三个方向，分别是可持续生计（Sustainable Livelihood）、可持续发展（Sustainable Development）和社会共融（Social Inclusion）。可持续生计来自因营养不良致死的传统贫穷观念，因此传统贫穷线即恩格尔系数（Engel Coefficient），它是以食物支出占整体支出的比例而得，即越贫穷的家庭，其食物支出比例越高；可持续发展则主要是以提升贫穷家庭的生产力为核心，或者解释为遵循"授人以鱼，不如授人以渔"的观念；社会共融则是帮助弱势群体有效融入主流社会，从而避免弱势群体因社会隔离（Social Isolation）使其往上流动的道路受到限制。因此，较多的做法是把主流群体作为参照对象加以比较，而近代贫穷线多以收入中位数的比例作为标准。

贫穷问题存在一定社会性，所以养老保障通常都是政府主导或提供。但在20世纪初，中国澳门特区的养老保障却主要由民间社团推动，1930年，中国澳门特区政府开始对弱势群体提供社会救助，现行的社会保障基金在1989年才正式成立。目前，养老服务则以"官办民营"的形式进行，澳门特区政府社工局负责资助及监察等，而民间机构则负责营运及管理等。2008年，澳门特区政府参考世界银行的多支柱养老保障体系，提出建立由第一层社会保障制度和第二层非强制性中央公积金制度构成的双层式社会保障制度的构想；为了让整体养老保障体系可以更有效运作，澳门特区政府于2011年把社会保障基金由经济财政司转至社会文化司管理，从而使社会保障基金与其他社会保障体系（如社工局、卫生局和教育暨青年局等）更有效协调。2011年，澳门特区政府根据自身财政状况，向符合资格的澳门特区居民公积金个人账户注资；2018年，澳门特区正式实施非强制性中央公积金制度。从该发展历程来看，澳门特区政府以实施社会救助为起点，逐渐过渡到标准化的长效机制。

尽管澳门特区的养老保障体系已经取得长足的发展，但是它仍然存在不少限制。澳门特区是开放型的微型经济体系，缺乏人力和土地等资源；澳门特区产业结构过于单一，限制了澳门特区的专业服务发展。现行的澳门特区社会保障体系较偏向以福利性模式运行（雇主、雇员缴费分别为 60 澳门元、30 澳门元），或者较为接近随收随支的制度，这样的发展方向会对澳门特区政府未来的财政形成压力。近年，澳门特区政府尝试依据精准扶贫理念，以多元制度来应对贫穷问题，如引入统一评估机制来处理社会服务的供需配对问题，利用低失业率来推动老年就业，探讨养老金融（或"以房养老"）发展等，期望通过这些工作改善长者贫穷问题，也为澳门特区产业多元化做出贡献。

三、精准扶贫

自 2013 年习近平总书记提出精准扶贫概念以来，中央先后出台一系列政策措施推进精准扶贫思想落到实处。精准扶贫基本内容为：①精准识别。通过一个有效的程序识别出贫困人口，具体方法包括群众评议、入户调查、公告公示、抽查检验、信息录入完成等。②精准帮扶。贫困人口识别出来以后，有关方面针对其贫困情况进行指定责任人和确定帮扶措施的工作，以确保帮扶的效果。③精准管理。要建立贫困户信息网络系统，将扶贫对象的基本资料、动态情况录入这个系统当中进行动态管理，实现扶贫对象有进有出，扶贫信息真实、可靠。

精准扶贫主要措施包括：①加大社会保障力度。真正兜住农村贫困残疾人基本生活底线。增加医疗康复、特殊教育、住房保障等基本公共服务供给，加快解决农村残疾人的基本公共服务需求。②提高精准扶贫的针对性。一户一策确保实现农村贫困残疾人的精准脱贫。③抓好落实。强化部门联动与监督考核，扎实推进各项精准扶持政策措施真正落到实处。

随着精准扶贫战略的纵深推进，扶贫攻坚已经进入较为艰难的阶段，曝光的一系列扶贫领域典型事件凸显出既有机制中存在的深层次矛盾。精准扶贫越往基层，信息不对称现象越严重。信息不对称引致各级政府与帮扶对象之间的"道德风险"、社会公众与帮扶对象之间的"供需脱节"和多主体不协同产生的"碎片化扶贫"被认为是精准扶贫中的三大难题。此外，权力腐败概率高，权力寻租空间过大是抑制精准扶贫工作绩效的重大因素。精准扶贫是一个涉及贫困对象、政府、企业、社会组织等多类主体，包括精准识别、精准帮扶、精准管理以及精准考核等多个环节，统筹扶贫资金、扶贫项目、扶贫产业等多种资源的系统工程。因此，围绕精准扶贫机制形成了一个巨量数据集合平台，它应该体现以下特征：①实现数据采集自动化。②实现行业数据的融合共享。③实现市场风险的预警。

随着社会信息化、数据化、智能化的不断深入和内地扶贫工作对精准化机制不断走向具体细致的发展要求，大数据对精准扶贫的支撑作用越来越明显，大数据参与精准扶贫将成为可行路径。一方面，信息通信技术（ICT）的不断发展，特别是互联网、云计算、物联网和智能终端技术的进步与普及，促使"大数据"

（Big Data）取代"商业智能"（Business Intelligence）的概念和思维，逐步突破商业领域应用，开始"渗透到每一个行业和业务职能领域"，使我们生活在一个充满"数据"的时代。大数据正在"改变我们的生活以及理解世界的方式"，并且"更多的改变正蓄势待发"。大数据不仅是一场技术革命和经济变革，也是一场社会治理的变革，将"改变市场、组织机构以及政府与公民关系的治理方法"。另一方面，随着内地扶贫脱贫工作进入关键时期，经济增长带来的减贫效应不断下降、以地区和县域为瞄准目标的扶贫模式靶向效应不明显、扶贫资金漏出严重、贫困人口识别精度不高和底数不准、农村家庭贫困原因不明、扶贫产业项目效益难以持久发挥等问题日益明显，传统"灌水式""输血式"扶贫不再适应新时期扶贫工作的需求，对扶贫工作的精细化、精准化要求不断提高。

大数据与精准扶贫的结合，在一定程度上展现了精准扶贫各项机制不断走向具体细致之后的发展方向。在政府强有力的推动下，各地已经开展了精准扶贫大数据管理平台或试点建设。

四、统一评估机制下的护老服务

粤港澳大湾区是国家最具发展潜力的大湾区，但伴随着经济发展的是人口老龄化问题。在此背景下，不少大湾区内的城市都开始研究长期照护保险或现金券的可行性，澳门特区政府更是把中医药产业定为重点发展产业。此外，港澳特区都面对跨境养老的问题，可见长期照护市场会是粤港澳大湾区的朝阳产业。长期照护发展需要公私协作，西方社会较早面对人口老龄化问题，并已经发展了不少服务和系统来应对长期照护的需要。本文认为应从智能医疗角度出发，充分使用大数据技术，借鉴内地在应对人口老龄化方面的工作方法，例如北京大学组织发展的"中国健康与养老追踪调查"，并结合粤港澳大湾区的视角来观察澳门特区政府在老人服务发展或长期照护市场的工作。

InterRAI 是一个非营利性组织，致力于鼓励使用统一评估方法和跨国界研究，改善长者的照顾质量。InterRAI 通过收集并分析来自各医疗卫生服务机构的有关个人健康特征与结果的高质量数据，来制定照护领域有据可依的评估和指南，促进照护临床实践和决策的发展。发达国家为了整合长期照护资源与医疗照护资源，出台了长期照护制度，但是由于筹资体系的分割、医疗照护和长期照护定义的复杂性、医疗照护和社会照护中所强调原则的不同以及价值观差异、医疗工作者与社会工作者之间隔阂等原因，医疗照护和长期照护资源难以被整合，而InterRAI 作为一个专业整合工具，可以有效地作用于长期照护资源的整合。InterRAI 评估由卫生专业人员完成，他们通过与护理人员有组织对话的方式进行观察并参考其他临床信息。然后评估员将此信息编码在软件上，通过该软件创建个人需求和机会概况。最后，评估信息自动进入数据仓库，个人所有相关的健康和福利信息都会被收集起来。不难看出，该评估机制通过使用相同的方式和临床概念，共享一种共同语言，使较大范围的评估体系更容易被建立起来。

内地过去在老人服务和家庭照顾方面已经实施了不少措施，例如引入大数据的公开数据库、由北京大学国际发展研究院主持的"中国健康与养老追踪调查"（简称CHARLS）。值得认可的是，以上措施确实可以强化数据公信力，从而激发民间、学术界和商业机构进行相关研究，并促使养老服务发展。例如，CHARLS曾于2011年、2013年、2014年和2015年分别在28个省（自治区、直辖市）的150个县、450个社区（村）开展调查访问。至2015年全国追访时，其样本已覆盖2.3万名受访者。问卷的内容包括：个人基本信息，家庭结构和经济支持，健康状况，体格测量，医疗服务利用和医疗保险，工作、退休和养老金，收入、消费、资产，以及社区基本情况等。该高质量公开数据库形成后，在较短时间内诞生相关文献共378篇，在完整年度里，发表文章呈逐年上升趋势，第一作者共有293位，活跃的第一作者发文量占文章总数的16.9%，文章来自325个研究单位、187种期刊、相关论文高发文量的18家研究单位与高刊发量的16本杂志。[①] 此数据充分表明高质量数据库的建立极大地促进了学术界相关研究的深入开展。

为了发展养老服务，特别是长期照护，内地已提出不少方案应对挑战，包括构建老年人长期照护费用保障机制和实施老年人长期照护服务保障措施。对比美国InterRAI发展与北京大学"中国健康与养老追踪调查"数据，两者虽都搜集并建立了大数据，但中国缺乏对调查数据的使用，具体表现在利用数据进行病例组合、质量指标与结果评估量表方面，因此，下一步可利用数据建立与InterRAI系统相似的综合评估体系。

就澳门特区而言，其受制于细小经济体系，长期照护发展面临不少瓶颈，由于缺乏相关数据，长者服务的创新不足。所以实现澳门特区和内地两地机制整合，才可让澳门特区取得更为理想的发展空间，情况犹如澳门特区的五年规划和国家"十三五"规划的结合。澳门特区政府已完成的工作包括建立了统一的长者评估机制与老人院评估机制，澳门特区的长者服务采用持续服务体系，是一个类似于现代零售市场"一站购物"概念的完整体制。长者可以独立生活或接受他人照顾，包括医疗保健、急性病治疗、康复服务、长期照顾和善终服务。澳门特区有一套长期照顾的基本管理和组织基础，主要是特区政府资助服务机构开办服务，采取分区管理，方便长者到其所属地区接受服务。然而该服务被指出未能

---

① 根据收录于CNKI的"中国健康与养老追踪调查"项目论文文献计量学分析得出。

满足长者需求，也没有上升到政策层面，亟待特区政府采取照顾管理、现金加服务咨询、病例组合等方法。

对澳门特区来说，粤港澳大湾区的发展包含挑战与机遇，特别是信息流层面。粤港澳三地对养老服务的定义和境遇不同，这不仅妨碍三地长者服务政策的整合，更不利于合作发展大湾区的研发市场，以及面向全球的研发市场。尽管澳门特区的社会服务发展历史久远，其发展时间甚至超过内地和香港特区，但由于澳门特区是微型经济体系，本身已经很难实现自身的市场研发，因此澳门特区的长者服务产业未能发展自身的服务品牌。鉴于此，澳门特区政府或可参考职业认证制度来发展"一试两证"（即内地和澳门特区两地政府都认可的相关专业资格），让长者服务融入大湾区体系内。除了大湾区的长者服务发展外，老年就业的障碍大部分来自长者的身体状况，对此，建立完备的长者健康数据库便可有效处理老年就业问题，从而助力养老金融进一步强化养老产业的发展。

五、经济转型中的老年就业

随着澳门特区经济不断发展，澳门特区失业率已经长时间处于极低水平。根据统计暨普查局的资料显示，2012年9月至2018年12月的失业率（连续6年）均低于2%，而自然失业率为3%。在产业单一化、失业率长期处于低水平下的情况下，尽管中央政府和澳门特区政府不断推动澳门经济适度多元化和产业升级，澳门特区仍未取得显著成效。如果澳门特区经济转型只限于澳门自身的资源，则很难达到适度多元化和产业升级的政策目的。若从国家给澳门特区的"一中心、一平台"的定位来看，由于澳门特区没有深水港、完善的物流系统、前端的结算系统，澳门特区在中葡贸易平台只能扮演联系人角色，因此如果澳门特区建成中葡贸易平台，便需要借助邻近地区的相关设施和服务，这就体现了中央政府借粤港澳大湾区给予澳门特区发展的积极帮助。

粤港澳大湾区跟过去的粤港澳区域合作存在诸多不同之处。第一，粤港澳区域合作较为接近双边合作关系，主要是粤港或粤澳合作进行，而粤港澳大湾区则倾向于城市间的多边合作关系。第二，广东省只挑选本省20多个城市中的九个城市，而这九个城市都是发展较为成熟，且跟港澳文化较接近。此外，"9+2"的城市布局已初具规模，例如港珠澳大桥、高速铁路网络等。第三，这11个城市的发展水平相近，而广东省的其他城市发展水平不一，而且大湾区11个城市的发展定位不同，更易于取得错位发展的契机。粤港澳大湾区的发展跟国家的政策是一致的，类似的还有京津冀环渤海湾区和长三角湾区，可见国家期望通过顶层设计以城市群来推动城市的协同发展。澳门特区只有30多平方公里土地和60多万人口，澳门特区产业发展需要依靠粤港澳大湾区。

粤港澳大湾区的11个城市发展都较为成熟，各城市都面临人口老龄化的挑战，且较西方国家老龄化问题更为严重，其原因为中国的老龄化是"未富先老"。国家为应对人口老龄化也出台不少政策措施，例如"精准养老"和"发展养老产业"。"精准养老"需要更准确地了解长者健康状况，因此中央政府通过资助大学进行相关社会调查（例如北京大学国际发展研究院主持的中国健康与养老追踪调查）并公开这项调查数据，来吸引国内外智囊利用数据库，让政府、社会及商业机构可以提供更适合长者需要的产品及服务。养老产业也可以通过市场化来提高效率。为了活化养老产业，不少城市都曾试行长期照护保险，同时不少商业养老服务机构引入了外国模式。异地养老也是养老产业化的发展方向之一，希望借此积累知识资本，慢慢地建立自身品牌。澳门的社会服务由来已久，养老服务也发展了很长时间，粤港澳大湾区的养老服务及社会服务过去都有很紧密的交流，养老产业或可成为突破口，使澳门特区养老产业跟邻近城市协同发展，澳门特区政府已经在养老事业投入不少资源，应该以效率作为切入点，产业化或是一条出路。

"以老养老"也是应对人口老龄化的措施，例如天津瑞达里社区建立"时间储蓄所"、宁波紫荆社区成立"邻里互助社"，可见健康长者会是未来养老事业发展的人力资源来源之一。从事养老事业需要很强的同理心，长者因其自身需要和照顾经验容易具备较强的同理心。事实上，过去澳门特区有不少类似的成功经验，例如澳门特区被联合国教科文组织评定为"创意城市美食之都"，澳门特区政府便结合澳门特区的400多年文化，推动传统特色饮食文化，为不少长者带来了新的工作发展机会。另一个例子是月嫂（或者是月子服务），澳门特区政府出台了相关政策，例如教育暨青年局的持续进修发展计划，鼓励澳门特区居民持续进修。不少中老年女士都通过该计划进修月嫂培训课程，一方面可以投身月嫂工作，另一方面可以帮忙照顾自己刚生育的亲人。可见盘活长者的同理心和个人情怀会是发展长者劳动力的重要方向。

"以老养老"或老人就业面临的挑战可能是长者健康问题，近年来有不少年长人士因工作过劳而发生意外，甚至死亡，因此从事劳动的长者购买工作保险会遇到不少问题。由于曾实行"妥善医疗，预防优先"的卫生政策，澳门特区政府便推行"长者健康评估服务"，包括综合健康评估、健康推广及转介跟进三方面的服务内容。近年来澳门特区政府积极推动"智慧医疗"，并主要从四个方面开展工作，包括澳门特区智能医疗大数据平台数据规范标准、卫生局数据库数据标准化及子数据库部署、澳门特区医疗数据脱敏工具部署和澳门特区医疗大数据分析平台。相信未来澳门特区政府应该有能力把相关数据整合到老年就业中，有效利用长者劳动力。

六、特色金融——养老金融

除了通过统一评估系统做好服务配对和利用经济环境促进老年人就业外，还应发展养老金融。因为不少长者拥有一定的资产，但是缺乏现金流，即存在"现金贫穷，资产丰富"的问题。随着近年房地产价格不断攀升，这一现象更为明显。内地和香港特区都在这个方向做出了尝试，例如南京的"以房接养"、上海的"以房自助养老"、广州的"养老按揭"和香港特区的"安老按揭计划"。但内地政府推动"以房养老"仍面临不少挑战，包括缺乏明确的法律法规与配套的制度措施（例如房地产评估、从业人才准入机制等）来规范相关市场发展、保险业与金融业禁止混业经营的规定使各市场主体难以建立起互补专业性的配合、受政府政策等多重因素影响的房产价值波动具有不确定性、"家产传后"等传统观念的影响，"以房养老"需要多重风险控制技术。

作为国际金融中心，香港特区在金融管理和金融创新方面都有明显优势，所以香港特区在引入"以房养老"的产品时，通过香港特区按揭证券有限公司来处理。香港按揭证券有限公司是以促进银行业界稳定、市民置业安居及本地债券市场发展、退休规划选择发展为使命，根据审慎商业原则运作并致力于确保高水平的企业管理，由香港特别行政区政府通过外汇基金全资拥有。公司于2011年推出安老按揭计划，为业主提供一项新的财务策划选择，借此提升其退休生活的现金流。香港特区按揭证券有限公司的安老按揭计划，初期因面对不少挑战而发展较为缓慢，但在修改相关法例（例如把未补地价的居者有其屋计划的房屋纳入安老按揭计划内）和调整计划对象（居者有其屋计划的房屋合资格持有者）后，便获得较为长足的发展。香港特区的安老按揭计划也有不少做法可以解决中国内地的"以房养老"的挑战，例如通过法规将相关营运方式标准化。香港特区按揭证券公司则通过建立精算师团队去处理该计划所涉及的风险，其宣传内容以"银发产品"和"生命周期"为主。

澳门特区政府提倡推动澳门特色金融，并利用粤港澳大湾区内各城市的比较优势。澳门特区在发展"以房养老"产品时可参考全球价值链的概念。全球价值链（Global Value Chain）是指全球性跨国企业从原材料采购、物流、半制成品、制成品、最终消费及最后回收的整个产业链进行通盘考虑，并以各环节的价值进行最优的安排而成。融入全球价值链的方法主要有三种：①通过自身优势加入价值链；②利用策略维持价值链的位置；③发展前端（如研发和设计）和后端（如物流、营销和品牌管理）并沿着价值链两端向上提升，从而确立在该产业链的优势。而过去澳门特区金融产业较多是从后端发展，因为澳门特区属于微型经济体系且邻近两大金融创新城市（香港特区和深圳）。内地和香港特区都在

"以房养老"方面积累了不少经验，因此澳门特区政府应该利用原本较强的金融业后端服务优势加入"以房养老"的价值链，引进香港特区和广州的"以房养老"产品，然后以粤港澳大湾区西部核心城市的政策优势，把相关产品推广至湾区西部城市，并通过官产学研互动发展确立澳门特区在"以房养老"方面的优势。

参考文献

［1］澳门特别行政区政府统计暨普查局. 就业调查 2008 年第四季［EB/OL］. https：//www. dsec. gov. mo/getAttachment/c0393a9d－0375－493c－ba06－d9c1cfaf6805/C_ IE _ PUB _ 2008 _ Q4. aspx，2009.

［2］澳门特别行政区政府统计暨普查局. 就业调查 2017 年 10 月至 12 月［EB/OL］. https：//www. dsec. gov. mo/getAttachment/7c4eb34a－f56f－410a－804d－13b11be54aeb/C_ IE _ FR_ 2017_ M10. aspx，2018.

［3］澳门特区政府统计暨普查局. 住户收支调查（2012/2013）［R］. 澳门特区：澳门特区政府统计暨普查局，2014.

［4］澳门特区政府统计暨普查局. 住户收支调查（2002/2003）［R］. 澳门特区：澳门特区政府统计暨普查局，2004.

［5］柳智毅，陈建新，许子琪等. 澳门弱势家庭调查研究［R］. 澳门特区：澳门经济学会，2013.

［6］澳门特区政府统计暨普查局. 澳门人口预测（2016~2036）［R］. 澳门特区：澳门特区政府统计暨普查局，2017.

［7］Macunovich, D. J. Relative Cohort Size：Source of a Unifying Theory of Global Fertility Transition?［J］. Population and Development Review，2000，26（2）：235-261.

［8］World Bank. Averting the Old-Age Crisis：Policies to Protect the Old and Promote Growth［M］. Oxford University Press，1994.

［9］Holzmann, R., Hinz, R. P. & Dorfman, M. Pension Systems and Reform Conceptual Framework［Z］. Washington DC：World Bank，2008.

［10］Coudouel, A., Hentschel, J. S., & Wodon, Q. T. Poverty Measurement and Analysis, In the Poverty Reduction Strategy Papers（PRSP）Sourcebook［Z］. Washington D. C.：World Bank，2002.

［11］Blisard, W. N. & Blaylock, J. R. Construction of True Cost of Food Indexes from Estimated Engel Curves［J］. American Journal of Agricultural Economics，1991（73）：775-783.

［12］Berman Y., Phillips D. Indicators of Social Quality and Social Exclusion at National and Community Level［J］. Social Indicators Research，2000（1）：329-350.

［13］陈建新，刘昱初，李楠. 澳门社会保障体系发展与改革方向［M］//四川社会发展报告（2017）. 北京：社会科学文献出版社，2017.

［14］冷志明，茹楠，丁建军. 中国精准扶贫治理体系研究［J］. 吉首大学学报（社会科学版），2017（2）：72-77.

［15］Manyika J，Chui M，Brown B，et al. Big Data：The Next Frontier for Innovation，Competition，and Productivity［EB/OL］. ［2011-06-12］. http：//www.mckinsey.com/business-functions/digital-mckinsey/our-insights/big-data-the-next-frontier-for-innovation，2017-06-05.

［16］Viktor M. Big Data：A Revolution that will Transform How We Live，Work and Think［M］. New York：Eamon Dolan/Houghton Mifflin Harcourt，2013.

［17］陈建新，陈慧丹，伍芷蕾. 从新公共管理的效率与效益看医疗改革——以香港和澳门医疗券发展为例［J］. 公共管理与政策评论，2014，3（2）：67-76.

［18］香港大学秀圃老年研究中心. InterRAI［DB/OL］. https：//julac.hosted.exlibrisgroup.com/primo-explore/search? vl（freeText0）= InterRAI&mode = Basic&vid = HKU&search_scope = My%20Institution & displayMode = full&bulkSize = 20&highlight = true & dum = true & query = any，contains，InterRAI & displayField = all.

［19］施巍巍. 发达国家医疗照护与长期照护资源分割的原因分析及其启示［J］. 北京科技大学学报（社会科学版），2012，28（1）.

［20］中国健康与养老追踪调查［DB/OL］. http：//charls.ccer.edu.cn/zh-CN.

［21］中华人民共和国人力资源和社会保障部. 人力资源社会保障部对政协十二届全国委员会第四次会议第4051号（社会管理类378号）提案的答复［EB/OL］. http：//www.mohrss.gov.cn/gkml/xxgk/201611/t20161123_260128.html.

［22］中国日报. 澳门发布首个"五年发展规划"与"十三五"规划对接［N/OL］. 2016-09，http：//www.chinadaily.com.cn/interface/yidian/1138561/2016-09-28/cd_26926025.html.

［23］梁健菱，岑慧莹，杨明理，蔡绮霞，李卫燕，赖锦玉. 澳门地区老年痴呆症患者照护服务的资源分配及政策分析［J］. 中华护理杂志，2010（1）.

［24］姚赢志. 澳门社会服务质素探讨［J］. 社区发展季刊，2007：137-148.

［25］陈慧丹，陈建新. 从相关利益者视角探讨澳门长期照顾政策［J］. 行政，2011：59-75.

［26］澳门特区政府统计暨普查局. 总体失业率（2018年11月至2019年1月）［EB/OL］. https：//www.dsec.gov.mo/TimeSeriesDatabase.aspx? KeyIndicatorID=24，2019.

［27］天津市社会治安综合治理委员会. 天津社区建立"时间储蓄所"探索以老养老新模式［EB/OL］. http：//www.tjcaw.gov.cn/yw/cabb/tjcaw-ifyrhcqy5707573.shtml.

［28］曹清. 宁波北仑紫荆社区：低龄帮扶高龄"以老助老"激活居家养老资源［EB/OL］. http：//www.cncaprc.gov.cn/contents/35/18537.html，2012.

［29］澳门贸易投资促进局. 从多方面推广美食之都文化［EB/OL］. 澳门贸易投资促进局网页，https：//www.ipim.gov.mo/zh-hant/publication/issue-70-jul-2018/interview/multiple-ways-to-promote-macao-as-a-unesco-creative-city-of-gastronomy/，2018.

［30］澳门特区政府教育暨青年局. 2017~2019年"持续进修发展计划"简介［EB/OL］. https：//portal.dsej.gov.mo/webdsejspace/internet/Inter_main_page.jsp? id=60107.

［31］澳门特区政府新闻局. 卫生局推出 "长者健康评估服务" 计划 ［EB/OL］. https：// www. gcs. gov. mo/showNews. php？DataUcn＝124240&PageLang＝C.

［32］澳门特区政府. 卫生局公布 "智慧医疗" 初步成果 ［EB/OL］. https：//www. gov. mo/zh-hant/news/266439/.

［33］唐金成, 曾斌. "以房养老" 的国际比较及其经验 ［J］. 政策研究, 2015 (11).

［34］杨孙蕾, 邹彩芬, 卜小琴. "以房养老" 模式的中美比较及对我国的启示 ［J］. 行政事业资产与财务, 2015 (1).

［35］许顺亭, 李孟娣. 以房养老制度的本土化研究 ［J］. 河北师范大学学报 (哲学社会科学版), 2016, 39 (4).

［36］李昕蔚. 以房养老——一种有效的养老保障补充方式 ［J］. 改革与开放, 2010 (22).

［37］黄孟丽. 基于 AHP——模糊综合评价的南京市以房养老模式研究 ［J］. 市场周刊 (理论研究), 2017 (7).

［38］鲍家伟. "以房养老" 的国际经验及建议 ［J］. 宏观经济管理, 2012 (3).

［39］宋绪男, 李乐. 浅析 "以房养老" 在我国的发展及运行中的政府作用 ［J］. 价值工程, 2009 (10).

［40］香港按揭证券有限公司. 关于我们：企业管治 ［EB/OL］. http：//www. hkmc. com. hk/chi/about/corporate_gover-nance. html.

［41］香港按揭证券有限公司. 2016 全年业绩报告 (主席报告) ［EB/OL］. http：// www. hkmc. com. hk/files/annual_report_file/25/614/TC02. pdf.

澳门特区老年收入保障制度：回顾与思考

陈慧丹①

摘　要：澳门特区政府一直强调以多点支撑、多重覆盖的综合模式构建和完善多支柱老年收入保障体系，而重申正式养老保障制度仅起辅助作用，通过正式养老保障制度不足以确保个人能有足够的退休收入，可以预见特区政府未来将强化个人、家庭、社会服务团体在养老保障体系中承担的责任，大力推行多支柱养老保障体系，让长者过上体面的退休生活。本文从现有的多支柱老年收入保障体系构建及其面对的问题入手，对澳门特区老年收入保障体系进行分析，并提出完善建议。

关键词：老年；收入保障；养老保障

一、前言

退休后在不从事有酬工作的情况下依然能够维持体面的生活是很多人的期望，但事实是晚境由于脱离职场及缺乏家庭支持等因素，长者生活陷于困境的风险较高。随着人口老龄化，养老保障成为了各地不可回避的议题，其中老年收入保障是较受关注的内容②，因为退休后个人收入是影响长者生活质量的因素之一。以各国或各地的经验来看，人们退休后的收入保障一般包括，政府为降低老年贫穷风险、满足其基本生活需要而提供的各类社会保障以及尽可能维持长者自身原有生活水平的私人资源，如现金、不动产或特定养老金产品等形式的储蓄。

在澳门特区，从一些学术单位或社会团体所做的相关调查可粗略了解，早年

---

① 陈慧丹，澳门理工学院一国两制研究中心讲师、澳门社会保障学会监事长。

② 见老龄问题维也纳国际行动计划（1982）、联合国老年人原则（1991）、马德里老龄问题国际行动计划（1982）等文件。

长者收入来源主要是子女供养，其次是养老金和敬老金，个人储蓄及退休金或公积金的仅占小部分，有部分长者仍然继续工作。而近年出现一些转变，养老金、敬老金和现金分享成为了很多长者生活收入的主要来源，其次才是个人储蓄、子女供养。长者主要开支集中在衣食、医疗保健、生活杂费（管理费/水电费）上，有75%的受访长者每月开支在6000澳门元内，还有35%的受访长者每月开支超过这一金额。目前长者每月从特区政府得到的给付（包括养老金、敬老金、"中央公积金"① 预算盈余拨款和现金分享）总和为6016澳门元（高于1人家庭最低维生指数4050澳门元；占个人月工作收入中位数②约30%），虽能保证长者的基本生活水平，但仍说不上提高长者的生活质量。在长者贫穷问题上，受访的贫穷家庭中60岁以上人口接近1/3，其中70~80岁人口比例较高，占总数的13.7%。

这些数据表明：第一，家庭供养仍是长者收入来源的重要部分，但近年来比重呈下降趋势，政府在老年收入保障方面发挥了主要作用；第二，如何从多方面稳定长者收入来源、维持其体面的生活、防止长者陷入贫困仍有待探讨；第三，政府如何激励私营养老金产品供给的潜力和坚实家庭养老的优良传统观念，值得深入思考。

澳门特区政府一直致力于完善并促进多支柱老年收入保障体系的发展，例如建构双层式社会保障制度、调升有关养老保障给付项目的金额等措施都在保障长者获得基本收入方面发挥了重要作用，同时澳门特区政府也强调和鼓励个人储蓄及家庭养老，尽可能从多方面维持长者适当的生活水平和生活质量，促进长者福祉。本文将从现有的多支柱老年收入保障体系构建及其面对的问题入手，对澳门老年收入保障体系进行分析，并提出完善建议。

二、澳门特区人口老龄化趋势及其特点

目前，澳门特区65岁及以上总人口比例达10.5%（本地人口比例12.8%）③，已达到联合国规定的老龄化社会标准，预计澳门特区2026年（16.6%）将进入老龄社会，2036年（23.7%）步入超老龄社会。若只看本地人口数据，人口老龄化明显加剧，2021年65岁及以上人口比例（15.4%）将超越14.0%，2031年（23.1%）将超越21.0%，说明本地人口较总人口提前5年步入

---

① 特指澳门特区公积金。
② 2018年第一季度当地居民月工作收入中位数为20000澳门元，资料来源于澳门特区统计局《就业调查》（2018年1~3月）。
③ 资料来源于澳门特区统计暨普查局统计数据库。

老龄社会和超老龄化社会。①

虽然总生育率近年稍有回升，但仍低于维持稳定人口结构的替代生育水平。成年人口虽因外地雇员增加而有所上升，但升幅仍低于长者人口和少年儿童人口的升幅。长者人口抚养比率将由 2016 年的 12.7%（按本地人口算为 16.4%）升至 2036 年的 30%（按本地人口算为 42.6%）。老化指数也由 2016 年的 78.9 升至 2036 年的 141.6，按本地人口计算，老年指数基本相同（2016 年和 2036 年分别为 78.7 和 141.3）。

从澳门特区人口预测所显示的数据来看，在人口老龄化速度加快的过程中，还有以下特征：①从 2016~2036 年的人口估计数据看，65 岁及以上人口的增速比总人口快；预计 2026 年 65 岁及以上人口与 0~14 岁少年儿童人口基本持平，2031 年前一年龄组人口将超越后一年龄组人口。②长者高龄化趋势，2017 年澳门特区的人口预期寿命已达 83.4 岁。②2016 年 80 岁及以上长者占总人口的 2.3%，预计 2036 年升至 5.4%。由于这个年龄层的长者患病率远比其他年龄层高，失能期间也随之增加，他们可能需要承担更多的额外医疗照顾和长期照顾费用。③女性长者人数超过男性长者人数，2016 年女性长者在长者人口中的比例为 52.2%，预计 2036 年为 61.1%。2017 年女性人口预期寿命达到 86.4 岁。在 2016~2036 年的人口预测数据中，80 岁以上年龄层中性别比较其他长者年龄层为低，而女性长者一般面临较高的贫穷风险，此人口趋势所带来的经济安全问题应特别关注。

三、澳门特区多支柱老年收入保障体系基本形成

老年收入保障是一种旨在保障个人达到一定年龄或不再从工作中获得稳定收入时，能够获得一定收入的现代社会制度安排。老年收入保障体系是为退休长者提供收入来源的各项制度的总和，保障老年公民的基本生活（基本生活是高于最低生活水平的一种生活状态，即不仅满足温饱，而且能和其他社会成员分享经济发展和社会进步的成果），一般以社会养老保险为核心，但不否定其他老年收入保障机制的重要性。

此部分将以世界银行 2005 年提出的五支柱老年收入保障方案为基础来阐述澳门特区老年收入保障体系。五支柱老年收入保障方案中的不同支柱都有各自要实现的目标及相应的功能：第零支柱主要目的是处理贫穷问题和收入再分配问题，由税收支持，强调的是政府责任；第一支柱是现收现付的、公共管理的社会

---

① 澳门特区统计暨普查局：《澳门人口预测 2016~2036》，2017 年。
② 澳门特区统计暨普查局：《澳门统计年鉴 2017》，2018 年。

养老保险计划；第二支柱是非强制性储蓄及保险，它是基于效率考虑的对第一支柱的改革与完善；第三支柱是自愿性储蓄及保险，帮助个人抵御年老时遇到的收入和健康风险；第四支柱是家庭内部转移支付、其他公共服务和个人资产等，强调个人及其家庭对个人自身退休后生活应该负有的责任，老年就业或再就业获得的收入也是其中的组成部分。上述多支柱老年收入保障方案中各个支柱的设计都离不开公平和效率的理念，越低层次的保障越讲究公平，而越高层次的保障越讲究效率。世界银行提出的多支柱老年收入保障方案只是一个供各地参考的制度框架，因为各地的社会经济发展情况和文化价值观念不同，老年收入保障体系并没有标准的制度模式。

（一）第零支柱：经济援助金和敬老金

由社会工作局负责发放的经济援助金是为陷入贫穷状况人士提供的维持最基本生活需要的现金援助计划，属非供款式，由政府承担财政支出，需受经济审查。经济援助金主要有一般援助金、偶发性援助金及特别援助金三种，其中一般援助金以最低维生指数作为参考指标，发放金额为个人/家庭每月收入的总和与相应最低维生指数数值的差额。最低维生指数调整机制采用前瞻性的预测通胀方式，通过比较过去 12 个月的通胀变化，预测未来半年内通胀趋势并做出调整，确保弱势家庭生活水平不会因数据延后而受到影响。最低维生指数定为家庭住户基本开支的 40%～50%（剔除了外地消费、烟酒及租金开支项目），每隔半年根据通胀情况作出调整。

敬老金制度于 2005 年开始实施，主要体现敬老精神。社会工作局每年向年满 65 岁的澳门特区永久性居民发放，不需预先供款或收入审查，是一种福利金。2016 年约有 73719 名长者领取敬老金。2018 年敬老金金额调整为每年 9000 澳门元。

从历史上看，虽然对长者的扶助是从社会救济开始的，但从澳门特区回归以来老年收入保障的政策方向如建设双层式社会保障制度，以及"养老金与敬老金应高于最低维生指数"等方面来看，澳门特区所推行的老年收入保障制度的重点在于通过第一支柱社会保障制度来保障长者的基本生活需要，同时通过第二支柱非强制性（将来会过渡至强制性）中央公积金制度来维持长者较充裕的生活水平，并且结合中央公积金预算盈余分配款项和敬老金等福利津贴更好地应对贫穷风险，而不希望大部分长者落入社会安全网（2014 年长者申领经济援金的比例为 11.4%）。当然，在现行相辅互补养老保障体系下，如长者因各种原因未能加入社会保障制度，又或其所可能获得的收入确实不足以应付基本生活需要，其可向社会工作局申请社会援助金，以最低维生指数为基准作补充给付，社会安全网的政策保障仍然发挥兜底作用。

（二）第一支柱：养老金制度

澳门社会保障制度始建于 1989 年，并从 1990 年开始正式运行，原则上以社会保险形式运行，由社会保障基金负责管理运作。资金来源于劳、资双方共同供款，政府拨款（包括 1% 共同分享、从博彩毛收入中得到的拨款及额外注资），基金本身资产及其投资收益。2017 年，有供款的受益人达 360044 人，其中，在强制性供款制度中供款的受益人为 293684 人，在任意性供款制度中供款的受益人则有 66360 人。

养老金作为社会保障制度中的主要给付项目，其支出占 2016 年给付发放总支出的 85.7%。参考世界银行的老年收入保障方案，澳门特区的社会保障改革是先解决"广覆盖"问题，从法律上说其覆盖面涵盖全体澳门特区居民，但在实际参与面上并非强制每位居民加入社会保障制度（不属强制性制度的其他成年澳门特区居民可选择是否参与）。养老金给付作为一种不考虑受益人财产状况的合法权利，可以说是维持个人尊严、维护社会公平的基础。必须始终坚持促使全体居民参与社会保障制度，符合法定资格都能平等地取得养老金。

现在符合资格的 65 岁及以上人士有权领取全额养老金 3630 澳门元，澳门特区政府允许年满 60 岁但未满 65 岁的受益人在考虑个人经济状况后决定是否申请提前领取养老金，养老金份额根据领取年龄、实际供款月数按百分比计算。至 2017 年，旧制度中领取养老金的总共 88461 人，新制度中则有 13551 人。从近 10 年的数据中发现，在旧制度中提前领取养老金的人数越来越多，而在新制度中也出现增加的趋势。

由此，社会十分关注社会保障基金的可持续问题，目前社会保障基金对政府拨款的依赖性仍然较高。养老金支出占给付总支出的比例逐年上升，如果缺少政府财政支持，实际上单独一项养老金的支出就已超过了社会保障供款和社会保障基金其他收益的总和，这将难以在人口老化的社会趋势下有效应对养老金所可能带来的财政负担。澳门特区政府已通过四个途径增加制度的稳健性和可持续性：统一增加供款人的供款金额至 90 澳门元，增加外地雇员费并投入社会保障基金、提升博彩毛收入拨款的比例（由 60% 增至 75%）、连续 4 年共额外注资 370 亿澳门元等。政府也已提出建立与财政盈余挂钩的拨款机制，使之科学化、法制化和常规化。此外，也应提高社会保障基金保值增值能力，有关监督管理程序、私营公司的认证、投资结构及其安全性和保值增值标准等方面则需一部完善的法律来规范。

社会保障基金一直采用"较低供款，基本保障"的做法，澳门特区居民普遍认同供款金额的可负担性，但养老金金额低于"最低维生指数"，没有相关调整机制，亦不及"最低维生指数"的修订频繁，社会上已有不少学者及团体均表示需要制定科学的养老金调整机制。值得留意的是，如果只着眼于将养老金金额调升至高于最低维生指数的诉求，可能会忽视从整体上看待澳门特区老年收入保障，因还有不少由政府其他部门负责的与养老有关的给付，例如敬老金、中央公积金预算盈余拨款和现金分享。政府还向长者提供交通、医疗、水电费、电信、文娱活动等各类公共服务的补贴优惠。当然，如何使这些给付有效整合，并且作出长期规划是十分重要的。养老金只是澳门特区老年收入保障体系中的一项，政府还应致力于通过促进多支柱老年收入保障方案的构建来提高长者的生活水平。

（三）第二支柱：非强制性中央公积金制度

中央公积金制度于 2018 年 1 月 1 日正式实施，尚处于初创阶段，暂定为非强制性，由社会保障基金负责制度的运行管理，其最终定位是强制性的中央公积金制度，为居民退休后在最基本保障基础上提供较宽裕生活保障。中央公积金制度是澳门特区政府 2007 年提出的改革建议，其作为老年收入保障体系的第二支柱，与第一支柱社会保障制度形成相辅相成的双层式社会保障制度。

2010 年，澳门特区政府为年满 22 岁的澳门特区永久性居民开设个人账户，并首次注入 10000 澳门元作为起动资金，在 2011~2013 年每年为符合资格的澳门特区永久性居民注入 6000 澳门元预算盈余特别分配款项，2014 年开始提高至 7000 澳门元。2017 年，公积金个人账户持有人达到 576515 名，政府已分别向 14884 人和 372388 人发放鼓励性基金款项和预算盈余特别分配款项。

非强制性中央公积金制度分为公积金共同计划和公积金个人计划，前者的款项来源于雇主和雇员每月各按雇员基本工资的 5% 供款，若雇员工资低于法定最低工资，只由雇主缴纳供款；工资高于法定最低工资 5 倍，雇主和雇员无须为超出部分供款，雇员在劳动关系中止后按法律规定取得相应的供款权益归属比例。后者由居民自由选择是否参加，每月最低和最高供款额分别为 500 澳门元和 3100 澳门元。个人账户由政府管理子账户、供款子账户及保留子账户所组成，政府管理子账户由社会保障基金依职权为每一位非强制央积金个人账户持有人自动开立；供款子账户及保留子账户由基金管理实体开立，一般来说，个人年满 65 岁时才可全部或部分地提取个人账户中的款项。[①]

非强制性中央公积金制度将是今后澳门特区政府建构老年收入保障体系的主题。引入中央公积金制度主要是强调个人责任和自我保障原则，以及与现收现付养老金制度一起维持充足的退休收入。此支柱主要发挥储蓄保障作用，体现市场

---

① 见澳门特区社会保障基金网站，http://www.fss.gov.mo/zh-hant/rpc/node-11. 最后访问日期：2018 年 10 月 20 日。

化原则，通过个人累积增加个人退休后的收入保障，个人获得养老金水平将取决于个人账户供款及其投资回报，激励个人为未来退休生活规划承担更多的责任。在制度层面上，中央公积金制度作为第一支柱社会保障制度的补充，在一定程度上缓解了政府未来养老金给付压力，但对于个人而言，它在帮助居民享有适足的养老金、保障老年适当生活水平上起到了重要作用。中央公积金制度的成功与否将取决于政府的管理效能，例如吸引私人企业加入或衔接到该制度，有效管理公积金制度和执行制度规范，平衡劳资双方诉求，促进制度由非强制性过渡至强制性，以及监管基金管理公司的风险管理，对政府而言将是巨大的挑战。

（四）第三支柱：自愿性个人退休保障计划

私人退休金法例早于中国澳门回归前已订立，但未能付诸实行。政府在 2002 年修改了有关法规，通过税收优惠鼓励私人企业设立退休金制度，作为雇员福利的一种补充。目前由十家基金实体管理私人退休金计划。截至 2018 年第一季度，在澳门特区金融管理局注册的退休金计划共有 1654 个，其中 1648 个（99.64%）是缴费确定型计划，其余六个（0.36%）是福利确定型计划，参加计划的雇员有 145926 人，管理资产净值达到 211 亿澳门元。目前企业私人退休金计划覆盖面仍相对有限，因人口老化，私人退休金制度作为社会保障的补充角色越发重要，它有利于增强个人责任、分担政府社会保障负担和弥补社会保障制度的不足。

在未来的发展方面，澳门特区政府期望现在的企业私人退休金计划能够与中央公积金制度衔接，政府正努力向提供私人退休金计划的企业进行鼓励。政府为了吸引实行企业私人退休金计划的雇主衔接到中央公积金制度，前三年给予雇主其供款额外两倍的税务优惠，雇员则采取"旧人旧制，新人新制"的方法参与。将来政府如何鼓励居民在中央公积金制度中作额外的自愿性供款同样是一个值得探讨的问题。

近年，外地对老年收入保障体系的改革都强化第三支柱的发展，而澳门特区学者也主张"以金融手段处理养老问题"，更好地支撑长者退休后的生活水平。养老金融除了传统的个人储蓄和个人保险外，还包括针对养老的理财业务、长期照顾保险、"逆按揭"、遗嘱信托等新型业务。在澳门特区，中央政府已表明全力支持澳门建成"一个中心、一个平台"，金融创新在澳门特区政府《2017 年财政年度施政报告》和《五年发展规划》中也已被提出，更在《长者权益保障法律制度》中规定促进制定有助长者养老的金融政策①，2018 年相关部门已启动了"逆按揭"计划的可行性研究，可见政策和法律导向是清晰的，对养老金融布局是有利的。

---

① 见《长者权益保障法律制度》第 9 条。

内地、香港特区及台湾地区近年推行的"逆按揭"或"以房养老"受到澳门特区社会的关注。在内地和香港特区的实践中，虽然长者对"逆按揭"或"以房养老"等养老金融政策有潜在需求，但其发展并非十分顺利，毕竟中国人深受传统文化影响，而且"逆按揭"是一种金融产品，存在长寿风险、利率风险和房产价值波动风险等。在考虑引入"逆按揭"或"以房养老"计划到澳门特区时，必须考虑澳门特区的主客观条件。客观上来说，澳门特区受到较少的人口规模、较微型的市场规模、博彩业一业独大的单一经济结构和相对不成熟的金融产业等条件制约。主观上来说，受物业用途和价值、传统观念等因素的影响，例如，居民越认同"将个人物业价值用于退休生活上"和"楼龄越大越适合参与这类计划"，越有意愿参与"逆按揭"；领取养老金和有子女供养的居民，参与"逆按揭"的意愿较低，而有物业和金融投资等退休准备的居民则有较高的参与意愿。有意选择"逆按揭"的受访者主要出于对退休后较充裕生活的追求，而非单纯出于弥补生活不足。要顺利推行"逆按揭"计划，还需要让居民了解金融知识，考虑家庭伦理价值；银行、保险公司和其他金融机构必须考虑金融产品的市场潜力；加强政策法律的支持、监督管理等环节。

（五）第四支柱：家庭支援及其他收入保障

1. 提倡家庭养老

澳门特区政府以鼓励个人及其家庭共同承担老年收入保障的责任作为应对人口老化的策略。政府在《澳门人口政策研究报告》和《澳门特别行政区养老保障机制》等多份政策文本中具体提出"家居照顾、原居安老"，提供建立"跨代照顾、长幼共融"的和谐家庭以及提高居民个人及其家庭规划退休生活意识的发展思路，重申家庭所具有的养老功能无法被替代，防范因社会保障系统的发展冲击家庭对长者应负的供养责任。

在华人地区，尽管孝道的内容随社会发展变迁，但其价值依然重要。建立在孝道基础上的家庭养老是一个主要依赖于配偶、子女、亲戚，且包含向长者提供生活照顾、经济和物质支援，情感上或精神上照顾的供养系统，不过，受诸如少子女化、家庭结构、就业形态和更多女性就业等方面的社会变迁影响，家庭养老的角色、地位与功能随之改变。同时，成年子女为父母提供的家庭养老支援受到地理距离、居住安排、关系紧密性及子女经济状况和个人主义等西方价值的影响。如今成年子女将更多地依据自身经济条件和其他能力来为父母提供养老支援，子女尽孝的形式很多时候只表现为经济支援。

虽然经济支援是长者期望在家庭养老中获得的重要内容，但随着社会化养老系统的发展，加上长者的自我保障能力增强，以香港特区为例，很多长者在经济上保持了相对的独立自主，降低了在经济上依赖子女的情况，子女对父母的经济支援有条件地取决于父母的财务状况，而且越来越多的长者视子女提供的经济支援为零用钱，当然不能否认家庭供养仍然是低收入长者的主要收入来源。不少长者更期望家庭养老的重点是情感上或精神上的照顾，希望从子女身上获得更多的情感关怀，这对长者的生活满意程度至关重要。

发挥家庭养老功能是政府今后的一项重要任务。以各地经验来看，可以推出以下鼓励措施：①加强孝道文化的宣传和教育。②经济支援，对愿意赡养父母的子女或其他家庭成员提供如照顾者津贴、交通娱乐补贴、养老及医疗方面的津贴等；子女赡养长者父母将获得一定的税务减免，澳门特区居民也认同政府有需要为家庭养老提供这些实惠性的支援措施。③鼓励子女与父母同住，例如采取修整房屋的优惠贷款，在分配公共房屋时获价格优惠或优先安排；如长者不愿意与子女共同生活，鼓励子女就近居住。在澳门特区公共房屋政策中，愿意与父母同住的子女在分配公共房屋时可优先安排。④制定子女赡养父母的法律，对未尽赡养责任的子女进行处罚。目前澳门特区并没有专门规范成年子女供养长者的法律制度，《长者权益保障法律制度》中也没有规定，而是适用民法典和刑法典对扶养义务及其不履行的法律后果的有关规定。①⑤社会服务，与其他地区民众一样，澳门特区居民认为有需要完善社区托管服务、居家照顾、照顾者心理辅导和咨询服务、照顾者喘息服务等，减轻家庭照顾者的生理和心理压力。另外，对长者本身的心理辅导也是相当重要的，要改变他们年老时成为子女负担或包袱的负面想法。

2. 制定长者就业促进政策

面对长寿风险，鼓励长者就业被视作"老有所为"或"积极老年"的重要元素，保障长者有一定的持续收入来源，反映了长者仍然具有一定生产力而并不完全是受供养人口的观念。

澳门特区政府已经重视长者人力资源运用的议题。统计数据显示，60岁以上劳动人口占全体劳动人口比重由2007年的3.6%上升至2017年的7.2%。随着医疗技术进步与教育普及，预期未来长者的身心状况与教育程度较上一代为佳，也有良好的工作能力。不过，总体上来看，虽然过去十年间60~64岁和65岁以上的劳动力参与率有所上升，但自2015年之后出现下降，2017年为46.3%和14.2%，显示出部分长者离开劳动力市场的情况。②在60岁以上就业人口中，批发及零售业（16.2%）、不动产及工商服务业（如大厦管理员、清洁工人，16.1%）仍然是较多长者从事的行业；文娱博彩业（14.7%）、酒店及饮食业

---

① 见《长者权益保障法律制度》第7条。
② 数据来源于澳门特区统计暨普查局官网2017年统计年鉴。

（13.7%）也吸引了相当部分长者，但整体来说，在文娱博彩业、酒店及饮食业中的长者占整体就业人口的比例（4.1%、5.6%）不高。长者职业两极化情况较突出，就业长者主要是非技术工人（29.7%），远高于总就业人口的16.6%。另外，有8.08%的就业长者为企业拥有者或管理层的长者，高于总就业人口的7.8%；而作为专业人士的就业长者较少（3.4%），这些职业之间的月工作收入中位数相差也较大，非技术工人、企业拥有者或管理层、专业人士的月收入分别为6200澳门元、32000澳门元、35000澳门元。①

《长者权益保障法律制度》规定了政府应该提供适当措施辅助有意愿且具有工作能力的65岁以上长者就业，而且长者就业政策要符合长者独立、自主、存在、有尊严的角色定位。②这意味着澳门特区促进长者就业至少是认为长者非仅为养家糊口而不得不就业，如在日本和韩国，促进长者就业是协助长者维持生计及缓解长者贫穷的政策方案。不过，预期寿命延长可能导致未来退休长者面对越来越大的、寿命超过其个人储蓄所能承担年限的风险，所以长者就业究竟是一个选择还是必须，界限可能并不清晰。

目前澳门特区没有明确的长者就业促进政策，主要通过排除就业障碍和营造更友善的就业环境（如澳门特区《劳动关系法》）促进长者就业，例如就业培训计划（如长者陪月员培训）、鼓励社会认同长者工作能力、嘉许聘用长者的企业等措施③。而工作收入补贴临时计划有助于维持长者就业期间适当的工作收入。此外，澳门特区政府也提出了着力发展"银发产业"的主张。参考其他国家或地区的经验，或许能够有更多推动长者就业的政策思路。

第一，澳门特区目前仍有相当部分年长人士从事低技术或非技术工作，薪金相对较低，对他们而言，缺少生活保障的安全感而空谈鼓励长者就业，是捉襟见肘的。根据澳门特区促进长者就业政策的目的，政府主张"在退休生活有一定保障的前提下，发挥长者所长"，因此，需要不断完善养老保障制度，只有在比较完善的工作收入和养老保障制度下，通过鼓励长者就业帮助长者积极生活，追求存在的价值和过有尊严的晚年生活才有实质意义。

第二，特区政府须做好长者就业市场聘用情况的统计资料收集，调查长者延长就业或再就业的需求和意愿，雇主聘用长者劳动人口的现状、主要考虑因素、聘用意愿与原因、方式，以及对促进长者就业相关的潜在鼓励措施的评价与看法。另外，通过建立长者就业统计资料库和长者人才资料库、鼓励举办长者求职

---

① 数据来源于澳门特区统计暨普查局：《2016年中期人口统计详细结果》，2017年。
② 见《长者权益保障法律制度》第1条、第5条。
③ 见《长者权益保障法律制度》第19条、第20条。

资讯活动等措施来倡导长者延长就业和再就业的主观意识。提供与长者劳动合同相关的法律保障和法律咨询（如工种、工时、薪酬、保障、假期等）也是十分重要的。

第三，促进长者就业还有以下考虑：其一，使长者愿意工作，特别是经济相对充裕的退休长者，除非有更高的收入或非经济诱因，否则很难吸引他们再就业。新加坡政府与企业通过创造优质工作机会吸引经济相对充裕的长者投入劳动市场的相关经验甚具启示。其二，使长者有工可做，长者受限于身体状况，可选择从事的工作相对较少，政府应开辟更多促进长者就业的渠道，例如，扶助长者社会企业的开办；鼓励自行创业并提供资金支持，使长者以自雇或雇主的身份持续就业；与社会服务团体合作推行长者社区服务义工和就业计划，他们可以以顾问、导师身份参与服务咨询或决策；推动银发产业发展，开发符合澳门特区产业需求且适合长者工作的机会。

第四，政府与企业保持紧密沟通，协助企业认识劳动力老化的趋势，双方还应关注较年长人士的就业问题。建议加强对企业退休年龄（有些年届 60 岁的雇员可能已被企业劝退）与福利发放（一般以 65 岁为界）和推动长者的积极劳动力市场政策互相协调，鼓励企业采取合适的雇员退休管理策略，根据在职雇员的年龄调整职务（如顾问等）及工作条件使其持续工作，也可考虑采取退休后返聘机制。政府可研究给予企业聘用较年长人士和长者（续聘或退休后再聘、新聘）薪酬和在职培训的津贴，以及其他如改造工作环境所需的补助或贷款。

四、结语

澳门特区政府一直强调多点支撑、多重覆盖的综合模式，主要通过社会移转（零支柱的社会救助和第一层社会保障制度）、生命周期的移转（第二支柱的非强制性中央公积金制度和第三支柱的个人储蓄等）和家庭内部的移转（成年子女供养父母）及促进长者就业，构建和完善多支柱老年收入保障体系，致力于增进长者的福祉。

澳门特区政府在《澳门人口政策研究报告》和《澳门特别行政区养老保障机制》等多份政策文本中都提到，政府提供的正式养老保障制度仅起辅助作用，不可能满足个人的所有需要，这说明政府已经明白并向社会传达这样一个信息，政府在整个养老保障体系中的承担能力是有限的，仅通过正式养老保障制度不足以确保个人有足够的退休收入。在《长者权益保障法律制度》中更可预见，政府未来推行多支柱养老保障体系时将会加强第三支柱的建设并巩固第四支柱的支援，个人、家庭、社会团体应思考在养老保障体系中承担的责任，让长者过上体面（如自尊、自立、尽可能维持原有生活水平）的退休生活。

参考文献

［1］社会工作局. 澳门长者长期照顾服务需求评估研究报告［R］. 澳门社会工作局, 2006.

［2］澳门街坊会联合总会社会事务委员会. 澳门长者生活质素调查［EB/OL］. http：//news. ugamm. org. mo/CN/？action-viewnews-itemid-10907, 2018-09-19.

［3］澳门理工学院. 澳门贫穷人士生活状况及援助研究报告［R］. 2006.

［4］李珍. 社会保障理论（第三版）［M］. 北京：中国劳动社会保障出版社, 2013：171.

［5］赖吉成. 新时期我国农村养老保障建设探析［J］. 经济师, 2009（4）.

［6］World Bank. Averting the Old Age Crisis：Policies to Protect the Old and Promote Growth ［Z］. http：//www – wds. worldbank. org/external/default/WDSContentServer/WDSP/IB/1994/09/01/000009265_3970311123336/Rendered/PDF/multi_page. pdf, 2018-09-27.

［7］Holzmann R., Hinz R.. Old-Age Income Support in the 21th Century：An Perspective on Pension Systems［EB/OL］. http：//siteresources. worldbank. org/INTPENSIONS/Resources/Old_Age_Income_Support_Complete. pdf, 2018-09-27.

［8］Reday-Mulvey, G. Editorial［J］. The Geneva Papers on Risk and Insurance-Issues and Practice, 2003, 28（4）：551-552.

［9］澳门特区社会工作局. 2011 年第三次全体会议［EB/OL］. http：//www. ias. gov. mo/access/news_show. php? list＝no&type＝quanbu&page_id＝&page＝ch/archives/gonggaotongzhi/2011 年第三次全体会议, 2018-11-06.

［10］澳门特区社会工作局. 2016 年工作报告［EB/OL］. http：//www. ias. gov. mo/wp-content/uploads/file/ias_report_2016. pdf, 2018-09-27.

［11］崔世安. 2013 年财政年度施政报告［R］. 2012-11-13.

［12］Lai, Dicky W. L. A Comparative Study of Social Assistance Systems in Macao and Hong Kong［J］. Asia Pacific Journal of Social Work and Development, 2017, 27（1）：39-52.

［13］澳门特区社会工作局. 2017 年工作报告［R］. http：//www. fss. gov. mo/uploads/wizdownload/201807/4529_icdv1. pdf, 2018-10-20.

［14］陈建新, 陈慧丹, 伍芷蕾. 澳门社会保障基金：现状与发展［M］//吴志良, 郝雨凡主编. 澳门蓝皮书：澳门经济社会发展报告（2013～2014）. 北京：社会科学文献出版社, 2014：233-243.

［15］澳门特别行政区政府. 社会保障和养老保障体系重整咨询方案（详细版）［R］. 2007.

［16］澳门保险公会 20 周年特刊［EB/OL］. http：//www. mia-macau. com/news/20th_Anniversary. pdf, 2018-09-27.

［17］陈建新, 刘昱初, 李楠. 澳门社会保障体系发展与改革方向［M］//李羚主编. 四川社会发展报告. 北京：社会科学文献出版社, 2017：236.

［18］陈建新. 养老金融在澳门的发展［Z］. 台北第九届两岸四地社会养老保险与退休基金制度管理研讨会, 2017-10-19.

［19］Yeh, K. H., Yi, C. C., Tsao, W. C., Wan, P. S. Filial Piety in Contemporary Chinese Societies：A Comparative Study of Taiwan, Hong Kong, and China ［J］. International Sociology, 2013, 28（3）：277-296.

［20］Lee, W. K. M., Kwok, H. K. Differences in Expectations and Patterns of Informal Support for Older Persons in Hong Kong：Modification to Filial Piety ［J］. Ageing International, 2005, 30 （2）：188-206.

［21］Lum T. Y., Yan E. C., Ho A. H. et al. Measuring Filial Piety in the 21st Century：Development, Factor Structure, and Reliability of the 10-Item Contemporary Filial Piety Scale ［J］. Journal of Applied Genrontoloty, 2016, 35（11）：1235-1247.

［22］Jackson R., Tobias P. From Challenge to Opportunity：Wave 2 of the East Asia Retirement Survey ［EB/OL］. https：//www. prudentialcorporation-asia. com/eastasia-retirement-2015/asia/ report. pdf, 2018-09-28.

［23］Peng C. H., Kwok, C. L. Law, Y. W. et al. Intergenerational Support, Satisfaction with Parent-child Relationship and Elderly Parents' Life Satisfaction in Hong Kong ［J］. Aging & Mental Health, 2018：1-11.

［24］家庭养老支持政策的国外借鉴 ［EB/OL］. http：//www. npc. gov. cn/npc/zgrdzz/ 2012-08/03/content_1731520. htm, 2018-09-06.

［25］长者权益保障纲要法框架咨询意见汇编 ［EB/OL］. http：//www. ias. gov. mo/wp-content/themes/ias/tw/download/dssdi_lawconsu_report. pdf, 2018-09-06.

［26］陈国康. 长者就业：现况、挑战与建议 ［J］. 国家与社会, 2013（14）.

［27］澳门特别行政区政府政策研究室. 澳门特别行政区人口政策研究报告 ［R］. 2015：53.

澳门特区养老保障机制及 2016~2025 年长者服务十年行动计划

郑榆强①

摘　要：人口老化是 21 世纪的重要人口议题。澳门特区将会在未来 20 年内由"老龄化社会"步入"超老龄社会"。澳门特区政府在参考了国际上应对人口老化的经验后，结合澳门特区的实际情况，于 2016 年 4 月落实了"澳门特区养老保障机制"和"2016~2025 年长者服务十年行动计划"，以应对澳门特区人口老化的机遇和挑战。澳门特区政府将积极投放资源开展更多的养老服务，并参考其他地区的相关养老政策经验，开拓多元化的养老服务。同时，澳门特区政府未来将会在各类长者服务中适当引入信息科技的元素，并利用信息科技的便利性，为长者提供更为优质的养老环境。

关键词：人口老化；养老保障；长者服务

一、前言

人口老化是 21 世纪的重要人口议题。根据联合国的数据显示，2017 年全球年满 60 岁的人口约有 9.62 亿，约占全球人口的 13%，且未来将会以每年 3% 的幅度增加，预计 2050 年将达到 21 亿，由此可见，全球已进入了人口快速老化的阶段。因此，在面对老龄人口的数量增长和比例上升的背景下，许多国家和地区陆续制定了相应的政策和措施，为应对人口老化所带来的机遇和挑战及早作出准备。因此，特区政府在参考国际上应对人口老化的经验并结合澳门特区的实际情况后，在 2016 年 4 月落实了"澳门特区养老保障机制"和"2016~2025 年长者服务十年行动计划"，以应对澳门特区人口老化的机遇和挑战。

---

① 郑榆强，澳门社会工作局长者服务处职务主管。

二、澳门特区人口老化的发展和应对策略

根据联合国的定义，当年满 65 岁的老年人口占总人口比例达到 7% 时，这个社会就被称为"老龄化社会"（ageing society）；达到 14% 时，就成为"老龄社会"（aged society）；而达到 20% 时，则成为"超老龄社会"（hyper-aged society）。截至 2017 年 12 月 31 日，本澳总人口约有 653100 人，当中年满 65 岁的人口约有 68900 人，占总人口的 10.5%。根据澳门特区统计暨普查局的"澳门人口预测 2016~2036"显示，在 2036 年澳门特区的总人口将增至 793600 人，年满 65 岁的人口约有 157600 人，占总人口的 19.9%，若以本地人口计算，比例更将达到 24.7%，显示本澳将会在未来 20 年内从"老龄化社会"步入"超老龄社会"。

有鉴于此，特区政府在 2012 年启动了"澳门特区养老保障机制"专项研究，有关研究除了对本澳相关养老政策和未来人口老化发展进行调研外，亦分析了联合国的《马德里老龄问题国际行动计划》（Madrid International Plan of Action on Ageing，MIPAA）、世界卫生组织的《积极老年政策框架》（Active Ageing：A Policy Framework）、欧洲联盟委员会的《健康老年》（Healthy Ageing）和新西兰的《正面老年战略》（Positive Ageing Strategy）等具代表性的政策指引文件，还参考了中国香港和中国台湾、新加坡、日本等地在应对人口老化方面的经验。

在上述调研基础上，特区政府在 2016 年 4 月推出了"澳门特区养老保障机制"和落实执行"2016~2025 年长者服务十年行动计划"。澳门特区养老保障机制的设立是为了落实"家庭照顾，原居安老；积极参与，跃动耆年"的政策方针，并致力于构建一个"老有所养、老有所属、老有所为"的共融社会，期望通过结合个人、家庭、小区、政府和社会整体等多方力量，共同应对人口老化的发展需要。

三、澳门特区养老保障机制

澳门特区政府在 2016 年 4 月落实了"澳门特区养老保障机制"，机制由"政策框架""行动计划""统筹、协调及执行系统"和"监测、评估及检讨机制"四个部分组成。

（一）政策框架

政策框架的设计参考了 2002 年联合国和世界卫生组织分别提出的《马德里老龄问题国际行动计划》和《积极老年政策框架》，前者强调不应将长者视为社会负担，应把长者作为资源和财产，活用长者的特质，并以"发展""可持续""跨代"及"全人全年龄"的概念，建设长幼共融的社会，同时确立了"老年人

和发展""促进老年人的健康和福祉""确保建立有利的支持性环境"作为应对人口老化的三大优先工作领域；而后者则强调"以加强获得健康、参与和保障的机会，提高人们老年的生活质量"的政策观点，认为生活质量能够通过个人在生活中能否达成自我订立的目标来量度，故提出了"积极老年"的概念，并以"参与""健康"及"保障"作为实践"积极老年"的三条支柱。虽然，上述两个国际性的养老政策指导文件在内容上存在一定的差异，但养老政策的总体发展方向是以"健康""保障"和"参与"三个领域为基础的。

在上述研究基础上，特区政府制定了以医社服务、权益保障、社会参与和生活环境四个主要范畴及其下 14 个次范畴①组成的政策框架，上述主要范畴和次范畴均设有目标，以便为未来规划行动计划提供指引。

（二）行动计划

政策框架是指导澳门特区未来养老保障政策发展的政策方针，而行动计划则是政策框架相关目标的具体呈现。行动计划依循尊老护长、汇入主流、共同承担、社会共融、平等公正、实证为本、持续发展七大理念原则，并结合本澳社会的实际情况进行规划，其规划年限为 10 年，而首个"2016~2025 年长者服务十年行动计划"是由 400 多项与长者日常生活息息相关的具体措施组成，有关措施将分别于短期阶段（2016~2017 年）、中期阶段（2018~2020 年）和长期阶段（2021~2025 年）三个阶段按序落实。截至 2017 年 12 月 31 日，在社会各方的积极参与下，行动计划短期阶段（2016~2017 年）的 204 项措施已全部落实，并提前完成了 13 项中期阶段措施，而中期阶段（2018~2020 年）的相关措施亦正在按序开展。

（三）统筹、协调及执行系统

人口老化的议题涉及多个不同的政策范畴，因此，为有效落实及持续推进澳门特区养老保障机制及行动计划的各项工作，特区政府通过第 109/2016 号行政长官批示，设立由社会文化司司长领导、13 个公共部门②组成的"养老保障机制跨部门策导小组"（下称"策导小组"），负责统筹、协调和促进澳门特区养老保障机制政策目标的落实，致力推行长者服务十年行动计划的相关措施。同时，策导小组下设执行小组，执行小组由策导小组相关部门的领导人员或主管组成，负

---

① 医社服务：防病及宣传、治疗、复康与长期照顾；权益保障：法律保障、经济保障、社会氛围；社会参与：持续教育、义务工作、社会资本、资讯传播、文娱康体、公民参与；生活环境：交通与出行、建筑与住房。

② 策导小组其他成员：社会工作局局长（副组长）、社会文化司司长办公室代表、统计暨普查局局长或副局长、劳工事务局局长或副局长、卫生局局长或副局长、教育暨青年局局长或副局长、文化局局长或副局长、体育局局长或副局长、社会保障基金行政管理委员会主席或副主席、澳门理工学院长者书院校长、土地工务运输局局长或副局长、房屋局局长或副局长、交通事务局局长或副局长。

责按照策导小组的决议，协调具体的工作计划和开展跨部门的合作项目。此外，策导小组需要定期向长者事务委员会汇报行动计划的相关进度，并听取长者事务委员会对相关工作的意见。

（四）监测、评估及检讨机制

在行动计划执行期间，将通过每年进行"年度评检"、行动计划开展后第五年进行"中期评估"及行动计划完结后进行"十年总结"等方式，并通过利益相关者意见调查、部门评估和其他研究方法，对行动计划进行评检，特区政府将根据有关的评检结果、长者需要及社会发展情况，适时调整、更新政策框架和行动计划的内容。

此外，为确保行动计划的可持续性，策导小组将在行动计划开展后的第八年，开始制订下一个行动计划，确保两个行动计划的无缝衔接。

四、未来展望

为应对人口老化和本澳社会的实际情况，特区政府将会积极投放资源开展更多的养老服务，并参考其他地区相关的养老政策经验，开拓创新的和多元化的养老服务。同时，随着信息科技的迅速发展，智慧养老已是养老产业发展的一个重点方向，因此，特区政府未来将会适当地在各类长者服务中引入信息科技的元素，并运用信息科技的便利性，为长者提供更为优质的养老环境。

参考文献

澳门特别行政区政府. 澳门特别行政区养老保障机制及 2016 至 2025 年长者服务十年行动计划［Z］. 2016-04.

从扎根基层到开拓创新

——澳门特区街坊总会在新时代下的养老服务跃进

禤绍生①

摘　要：街坊总会扎根澳门特区，长期关注社会保障、房屋、教育、治安、交通、环保、卫生等社会民生问题，积极广泛参与社会服务，是澳门特区最具规模的社会服务机构之一。为应对澳门人口老龄化问题，街坊总会不遗余力地配合澳门特区政府开展并完善澳门养老保障工作，积极主动参与并推动政府制订完善社会民生政策，为相关政策制定建言献策，同时，街坊总会自身发动社区力量开拓多元长者服务，完善服务和管理的规章制度，重视社会服务人员的培训，从而为市民提供优质和专业的服务。放眼未来，在粤港澳大湾区建设下，街坊总会将与时俱进地探索社会服务的跨境使用，抓紧内地发展的机遇，期冀为在内地居住的澳门人提供优质的服务，期望将先进的社会服务技术及经验带到内地，共同发展多元化的服务。

关键词：社会服务；养老保障；粤港澳大湾区

一、发展背景

街坊会最早于20世纪50年代成立，截至1982年，在澳门半岛及离岛先后成立了24个地区街坊会。各坊会秉持爱国团结精神推动坊众睦邻互助，发展社会福利和公益事务。

20世纪80年代，祖国改革开放的巨大浪潮激发了澳门坊众的爱国热忱，港澳回归的历史转折更增强了坊众关心社会的意识。全澳二十多个街坊会和居民联谊会都深刻感到需要进一步团结，以适应社会发展的需要。1983年12月30日，"澳门街坊会联合总会"正式成立，简称"街坊总会"。

澳门回归以来，街坊总会领导各区街坊会和附属机构，发扬爱国爱澳的主人

---

① 禤绍生，澳门街坊总会。

翁精神，以"坚持爱国爱澳、拥护一国两制、团结坊众、参与社会，关注民生、服务社群、共建和谐小区、促进特区发展"为宗旨积极参与社会事务，持续关注社会保障、房屋、教育、治安、交通、环保、卫生等社会民生问题，努力为居民办实事、谋福祉。

自1988年街坊总会开始派出代表参与澳门特区立法会选举以来，历届街坊总会皆有代表获选担任议员，并多次应邀派出骨干出任政府治安、人才发展、环保、医疗、教育、青年、长者、妇女、复康、都市更新、经济、统计、小区服务、交通和社会工作等范畴的多个咨询委员会委员，就社会事务反映民意，努力为居民维护和争取合理权益。

为适应社会变化及会务发展，街坊总会组织规模和服务网络也逐步扩大，现由3个分区办事处、28个基层坊会、30多个服务机构、50多个大厦组织和小区组织组成。本届理监事会逾200人，都是来自于各区街坊会和小区组织、大厦业主会的领导成员。理事会下设社会事务、社会服务、北区工作、中区工作、离岛工作、公民教育、文康、体育、青年事务、妇女事务、大厦工作、小区经济事务及财务13个工作委员会，并设有秘书处。

街坊总会与属下坊会经过三十四年的艰苦耕耘，共开办了2所学校、3间托儿所、30多个不同类型的服务中心、6间学生自修室及3间诊疗所等，积极开展小区和大厦、家庭、长者、青少年、幼儿、医疗和基础教育等多元化服务，形成了一个涵盖全澳、颇具规模的社会服务网络。目前，本会专职人员也由创会之初的2人发展到近800人（包括学校的教职员工）。现在街坊总会属下坊会和服务中心拥有会员逾4万人、义工逾4000人，2017年提供服务近290万人次，跟进的个案逾7000宗。

2017年，街坊总会继续开设长者玩具图书馆、长者健康服务站、二手辅具捐赠计划服务，为长者提供丰富的晚年生活，满足其适切的服务需要。连续两年发起由商户、义工和学生等组成的发掘小区隐蔽长者大行动，使一些尚未接受社会支持服务的长者及时得到小区的关爱，取得了良好的社会效应。学生辅导服务工作亦已将服务对象扩展至离校生中。

未来，街坊总会将不断强化小区工作和拓展小区服务，积极倡导"睦邻互助·关爱小区"理念，属下各坊会、办事处和服务中心会继续认真贯彻会员大会订定的服务目标，积极深耕小区，努力维护居民权益，使服务踏上一个新台阶。关注民生，以创新意念拓展多元服务，处处以居民利益为依归、踏实为居民做实事、全力为居民谋福祉，是全体街坊工作者对全澳坊众的承诺。

二、社会服务是机构的核心

社会服务是街坊总会的根，一直以来，街坊总会通过服务各个年龄层，为有需要的人士提供协助以扎根小区。街坊总会社会服务办公室所提供的服务包含小区家庭服务、儿童及青少年服务、长者服务三大板块，不仅服务数字年年上升，服务项目更随着社会需求不断开拓创新。为做更好的社会服务，社会服务办公室坚持不懈地朝着优化、深化和专业化服务的方向迈进。不忘初心，继续前行，正是街坊总会开展社会服务的宗旨。

街坊总会由过去从事地区工作的街坊会，发展至今天服务层面广泛、服务对象全面及服务质素专业的社会服务机构。根据街坊总会"2017 工作年报"中显示，社会服务办公室属下各中心共处理 3404 宗个案，占机构总数的 47%，活动及班组次数共 20376 次，占 83%，服务人次共 2503172 人次，占 85%。由服务数据可见，街坊总会的社会服务工作由社会服务办公室下的各中心为主，其社会服务主要分为三大范畴。

(一) 社区家庭服务

家庭是每个人成长的关键，亦是构建和谐社会的基础，街坊总会的小区家庭服务，以小区为本，家庭为重，儿童为中心的服务理念，服务本澳的家庭，通过一系列的亲子活动，提升家庭的互动和沟通，宣传幸福家庭的信息，增进亲子间的互相了解。

街坊总会下属小区家庭服务中心包括：乐骏中心、家庭服务中心、望厦小区中心、佑汉小区中心、青洲小区中心、黑沙环小区服务中心、凼仔小区中心、石排湾家庭及小区综合服务中心、小区心理辅导队、明德综合诊疗中心及街坊总会综合诊疗中心。多个服务单位开展不同的小区家庭工作，其特色服务包括：以亲子家庭工作为主线，结合跨代共融的"小手拉大手——亲子竞技系列活动"；以爱为主题，开启家长与子女沟通的大门，并将爱的正能量传递给社会的"吾家TEEN TEEN 友爱"系列活动；为提升儿童自我照顾能力和家长幼儿发展认识，增加亲子相处时间，举办"乐在温馨家"系列活动；为成长中儿童的家长举办"非凡家长学堂系列活动"，让父母能多了解子女，多进行亲子活动，让父母和孩子之间有更深入的沟通了解；以家庭相处、婚姻生活及亲子教育为主题的"有爱家庭共融系列活动"。

各小区家庭中心持续发展不同的项目及系列活动，从儿童个人成长、亲子关系、夫妻相处，以及小区推广等不同层面介入，为社会营造爱的氛围。

(二) 儿童及青少年服务

在个人成长上，儿童及青少年时期是一个重要的发展阶段。儿童和青少年在心理及生理上出现快速的成长，对自身及外界环境会出现迷思甚至冲突，这些正是有助他们成长的契机。街坊总会儿童及青少年服务可以给他们提供陪伴、教育及支持，以生命影响生命为服务宗旨，能让他们在成长路上绽放异彩。

街坊总会属下儿童及青少年服务中心包括：青少年综合服务中心、公民教育中心、学生辅导服务中心、小区青年服务队、艺骏中心、栢蕙活动中心、迎聚点、湖畔托儿所、小海燕托儿所及孟智豪夫人托儿所，共十个服务单位开展不同的服务，具特色的亮点服务包括：与四川汶川启明星青少年活动发展中心订立合作计划，通过交流与互访，让青少年了解及学习两地不同的工作手法；培养青少年制作微电影的"社会影音院活动"，让青少年学习制作一套正能量主题的作品，向社会宣扬正能量；于暑假期间为有意投入社会工作的小区青少年，举办"试工计划"，学习生涯规划、面试技巧及职前准备，并到不同的工作单位实习体验职场生活；举办"千岁剪护爱系列活动"，培训青少年理发技能并向长者提供理发服务，构建关爱长者的良好平台。

各中心通过不同的学习实践及义工服务，让青少年在成长路上能多方面自我提升，更能关怀到不同社群的需要，学习助人自助，关注社会的精神。

（三）长者服务

根据澳门特区 2016 中期人口统计结果，澳门特区 65 岁以上人口占总人口的 9.1%，55~64 岁人口占总人口的 13.5%，显示澳门特区人口持续老化，长者的需求比过去更大。让长者得到适当的照顾及充实人生，是长者服务的重点，多元化的服务模式，使长者能老有所依、安享晚年。

街坊总会属下长者服务中心包括：颐骏中心、颐康中心、绿杨长者日间护理中心、青颐长者综合服务中心、海傍区老人中心、长者关怀服务网络、街坊车服务及澳门平安通呼援服务中心。特色服务包括："平安通维修特工队"为有需要的长者提供的家居水电维修服务；为独居长者进行家居安全教育和添置浴室三宝的"长者家居安全评估及设备资助服务"；为长者规划退休生活的"乐龄人生"退休规划服务；关注缺乏支持的长者，减少隐蔽长者出现的"支持隐蔽长者服务"及"关爱小区大行动"；以及与"澳门特区护老者协会"共同推动本澳护老者支持工作，推动"与你同行·护老情真"护老者关爱计划。

不同的长者服务单位通过开展多元化的项目，让长者在人生的下半场能活得安稳，更能活得充实，活出色彩。

三、澳门特区的养老保障政策

（一）特区政府应对策略

截至 2017 年底，澳门特区人口为 65 万人，其中 65 岁以上人口为 68000 多人，占总人口的 10.5%。世界卫生组织（WHO）指出，一个地区 65 岁及以上的长者人口占总人口的比例，超过 7%者为高龄化社会，超过 14%者为高龄社会，达到 20%为超高龄社会。目前，澳门特区人口老龄化的程度虽不算高，但也进入了高龄化社会。澳门特区统计暨普查局预计，往后的 20 年，澳门特区老龄化社会的发展步伐将迅速提高，老年人口比例预计上升至 2031 年的 19%。老龄人口依赖指数亦升至 2031 年的 28%。

澳门特区政府认为，老年是人生必经的阶段，政府、社会及子女对长者的照顾不应止于满足衣、食、住、行的物质供给，更重要的是人文关怀和精神支持。在这个原则下，特区政府在养老政策方面，积极推行"家庭照顾，原居安老"原则，并持续推广家庭伦理的优良传统，对长者给予更大的包容、体谅和尊重，鼓励家庭融合和支持居家养老。以家庭照顾为基础，小区照顾为依托，使长者能在原区接受养老服务，在小区建立一个支持家庭养老的长期照顾服务体系。对于一些不能照顾自己或老无所依的长者，提供院舍服务作为最低防线，以保障长者的人身安全。

澳门特区目前的长者服务大致上可以分为两大类型：第一类为院舍式服务，全澳现有 9 家受资助安老院及 10 家非受资助安老院；第二类为小区式服务，全澳有 23 家颐康中心、7 家长者日家中心、6 家长者日间护理中心及 6 支家居照顾及支持服务队。

2015 年 7~9 月，特区政府就"澳门特区养老保障机制"进行公众咨询，制订了由医疗及社会服务、权益及保障、社会参与及生活环境四个范畴组成的"澳门养老保障机制政策框架"，以及在该框架基础上提出的"长者服务十年行动计划"，其服务方案和措施的相关建议。而"长者服务十年行动计划"涵盖长者的医疗服务、小区长期照顾体系、无障碍环境、独居长者支持、失智症防治服务、持续教育、房屋支持、道路交通配套等，这些与长者相关的重要议题。并划分为短期（2016~2017 年）、中期（2018~2020 年）、长期（2021~2025 年）方案和措施三个阶段，按序逐步落实相关工作。致力于构建一个"老有所养、老有所属、老有所为"的共融社会。

（二）澳门特区的养老保障

养老保障方面，澳门特区的社会保障制度始于 1989 年设立的社会保障基金。回归后，澳门特区政府加大了对民生保障的投入。凡年满 65 岁或具有健康状况衰退的医生报告的 60 岁以上人士，持有澳门特区合法身份证明文件至少七年，且供款至少 60 个月，即可每月领取养老金（现在养老金的发放金额为每月 3450 澳门元）。

养老金属于第一层的社会保障。而特区政府于 2010 年建立中央储蓄制度，为增加第二层的中央公积金制度（建立包含雇主及雇员供款的非强制中央公积金制度）构建基础，让居民受到双层式社会保障制度的保障。社会保障基金会为22岁以上的澳门永久居民开立中央储蓄制度个人账户。而中央储蓄制度个人账户参与人于2012年10月自动成为公积金个人账户拥有人，账户结余也会自动转移往公积金个人账户，以促进第二层社会保障制度的健全（年满65岁的公积金个人账户拥有人可提取其账户所记录的全部或部分款项）。

除了社会保障基金外，为体现对特区长者的关怀和弘扬敬老美德，经过2004年初街坊总会的提议，澳门特别行政区政府于2005年开始向长者发放敬老金。凡是澳门特别行政区的永久性居民，且年满65岁均可申请发放敬老金（从当初每年发放1200澳门元，至现在发放金额为每年9000澳门元）。

四、街坊总会推动澳门特区养老服务的经验分享

（一）推动政府完善本澳的养老工作

1. 推动政府对非牟利社团的支持

澳门特区是一个社团社会，社团总量已超过8000个，比对60万人口，大约每80多人便有一个社团。目前，受澳门特区政府社会工作局定期资助的社会服务团体有432个。这些社会服务机构在为不同的弱势群体服务，并根据自己的服务对象争取政府资助。而本会最初由政府"零"资助开始服务社群，多年来不断努力，按社会的需要开展服务，得到居民及政府的认同。然而，本会于营运服务上存在财政困难，在积极推动下，政府相继资助本澳非牟利社团开展更多范畴和更多元化社会服务。

2. 推动政府完善澳门特区养老福利及政策

养老福利与政策不仅与长者照顾的模式及责任、长者的各项基本权利、福利与保障，更与长者的社会参与有关。要确保长者享有适当的生活质量，增加小区参与，绝对不能只依靠长者的自我要求（如注意健康饮食与生活习惯），推动政府的政策改变也是不可忽视的一环。澳门特区街坊总会在民生无小事的理念下，亦积极主动参与并推动政府制定完善社会民生政策，为相关政策制定建言献策。

除了向特区政府建议向长者发放敬老金外，街坊总会一直推动特区政府设立双层式社会保障制度，以更好地完善澳门的养老政策。近年街坊总会推动政府修订了社会保障制度，实现了全民保障目标；并推动政府建立中央储蓄制度，加快建立中央公积金制度。

应对澳门特区的人口老化情况，街坊总会认为需要集合各界力量，因此，街坊总会向特区政府提出设立长者事务委员会，以集合各界力量及意见，协助政府制定和完善长者政策。经多年努力争取，特区政府于2007年接纳了街坊总会的

意见，成立了长者事务委员会。该会成立的目标是协助澳门特别行政区政府研究、构思、执行和监察长者方面的社会政策，尤其是与改善长者综合生活素质和社会共融相关的政策。

(二) 白手兴家，开展多元化服务

1. 发动小区力量因陋就简开拓长者服务

敬老爱老是中华民族的优良美德，在街坊会的发展过程中，它作为服务社会的重要内容而贯穿始终。街坊总会成立后，在坊会原有基础上有了新的发展。1985 年 6 月 23 日成立的颐康中心是街坊总会了解到长者的服务需求后，开办的第一家专门为长者服务的机构，为长者提供社交及康乐活动，以帮助长者建立良好的人际关系、善用余暇、培养兴趣、发展潜能并充实晚年生活。积极推动长者参与社会活动，可以让长者继续与社会联系，也能让他们在同龄群体中寻找欢乐、寻找友情、寻找晚年生活的动力。服务开展前期，资源缺乏，没有营运资金，主要靠一帮热心义工的支持，他们出心出力，重视服务精神，他们的服务得到了使用者、社会各界及政府的认同。在街坊总会努力推动下，该服务于 1989 年开始得到当时澳葡政府的资助。其后，政府亦资助 11 家坊会开办颐康中心。至今，总会和坊会的颐康中心共计 12 家。

2. 多元发展非营利安老服务事业

澳门特区与许多国家一样，已进入老龄化社会（现在澳门特区 65 岁及以上的长者人口占总人口比例为 10.5%），街坊总会非常重视长者工作，以科学方法深入了解并分析长者的需求，以开展更贴合长者需要的社会服务。于开办颐康中心后，本会不断开展不同范畴的服务。在长者服务方面，本会于 1993 年开办家务助理服务；并于 1993 年开展独居长者问卷调查，了解到独居长者最需要的是别人的探访及精神上的关怀，故于 1994 年开展了独居长者关怀服务。其后，本会陆续开展日间护理服务、长者宿舍、长者书苑及平安通等长者服务。

为了应对社会迅速发展的趋势，2014 年本会进行独居长者生活状况问卷调查，访问约 1000 名独居长者，就长者的支持网络、外出情况、家居意外及身后事安排等进行调研，最后了解到长者遇到出行困难、在家经常出现意外和对身后事安排的期望等需求。因此，街坊总会于同年开展独居长者家居安全评估服务及独居长者善终服务。同时，于 2015 年 8 月开展 "街坊车" 爱心接送服务，解决长者出行困难的问题。除了以上例子外，街坊总会的长者服务于近年还开展了 "长者幸福指数问卷调查" "长者居住环境需求问卷调查" "护老者社会支持研究" 等调研，期望能科学地开展迎合长者需要的社会服务。

3. 与政府合作，不断完善居家养老服务

多年来，本会积极与特区政府合作，配合特区政府的养老政策，开展以 "家

庭照顾，原居安老"为原则，以"家庭照顾为基础，小区照顾为依托"的养老服务。街坊总会利用小区的资源，因地制宜与政府合作，在全澳各区设立长者服务机构，让长者可以留在自己熟悉的环境中，接受小区提供的服务，最重要的是让长者们可以继续与家人共享天伦之乐，同时充分发挥小区的积极性，推动建立关怀小区的目标。而特区政府以购买服务的方式与非营利社团合作开展服务，并从中监督和支持非营利社团开展的服务，例如颐康中心、日间护理中心及"平安通"呼援服务中心等。

（1）配合"原居安老"政策。

在家居照顾及支持服务方面，街坊总会现有两支家居照顾及支持服务队（以下简称家援服务），分别设立于海傍区老人中心（家援服务开展于1993年）及绿杨长者日间护理中心（家援服务开展于2011年）。通过经验丰富及接受专业训练的工作人员上门为体弱长者及有特殊需要的家庭提供不同种类的照顾及服务。工作人员会按个别服务使用者的需要提供照顾及支持，促使服务使用者继续在小区生活。服务内容包括送饭、家居清洁、洗澡、护送、个人照顾、洗衣、陪诊、购物、个案辅导、电话慰问、互助网络、探访和护理复康服务等。

在日间护理服务方面，街坊总会现有两家长者日间护理中心，分别是绿杨长者日间护理中心（成立于1999年）和颐骏中心（成立于2007年）。它们都是多专业整合的服务中心，为55岁及以上、非长期卧床的体弱或失智症的长者提供服务。护理中心日间提供照顾及支持服务，提升了长者的生活质量，有利于长者推迟身体退化、保持心境开朗、发展潜能，使长者能够在熟悉的小区安老。

除此之外，两家长者日间护理中心还提供护老者支持服务及长者精神健康服务，通过护老者支持服务增强护老者的护老技巧，从而减轻护老者的照顾压力，长者精神健康服务将协助长者提升解决个人问题的能力，并向长者及护老者传递精神健康的重要性，以保持或促进长者的身心健康。

街坊总会在2009年承办社工局资助项目平安通呼援服务，为独居长者及其他有需要人士提供24小时无间断的紧急支持，借平安通的服务平台协助他们与社会关怀网络联系，满足和响应服务使用者的各项需要。现时全澳约有4400名长者及有需要人士使用此服务。服务内容包括：①24小时支持服务，包括召唤救护车、致电警方、传真用户病历数据至急症室、通知紧急联络人。②"汇应聆"长者热线：包括情绪支持、定时问安、提供小区信息、转介服务、定期探访。

在家居安全评估服务及家居维修服务方面，为了提高长者及家属的家居安全意识，预防及降低长者在家发生意外，尤其在浴室跌倒的风险，街坊总会属下日间护理中心、"平安通"及长者关怀服务网络开展了"家居安全评估服务"。由专业人员到访长者家中进行家居安全评估，提供改善建议和相关指导。为有需要的长者安装扶手、防滑垫及沐浴椅等。自2015年3月起，"平安通"得到金沙中国有限公司的捐助，开展"平安通维修特工队"义工训练计划，帮助有需要长者解决简单的家居水电维修问题。

在护老者支持服务方面，为了提升护老者照顾长者的能力及信心，并减轻照顾长者时的顾虑和压力，本会属下海傍区老人中心、绿杨长者日间护理中心及颐骏中心于2007年开展了护老者支持服务。通过"一站式"服务，针对护老者的需要，以工作坊、支持小组、咨询、个案工作等形式促进护老者之间的沟通交流，有助于分享经验，发挥互助合作精神；同时也鼓励护老者关注小区时事及政策，推广家庭护老观念，推进护老工作的持续发展。近年本会因应服务需要，持续深化及大力推动护老者支持服务，增设"二手辅具捐赠计划"及"辅具资源阁"服务，为小区有需要人士提供评估、借用及代购辅具服务，并开设"护老者联盟"网上平台，通过网上平台提供护老信息。

2016年成立澳门特区护老者协会，更全面开展护老者支持服务，针对护老者需要开展各项调研工作。

（2）配合社区照顾政策。

在开展独居长者支持服务的同时，我们以"小区照顾"的理念推行。"小区照顾"概念基本上包含两个方面：一方面是将服务非院舍化。被照顾者放回小区内提供照顾服务，令他们在熟悉的小区环境中生活。具体服务如长者院舍、长者中心、家务助理、中途宿舍等。另一方面是动员小区内的资源去协助提供照顾。小区资源具体包括政府服务设施、私营服务设施、非牟利服务设施、家人、亲友以及邻居、义工等。"小区照顾"的目的是建立一个关怀的小区，本会的长者服务除了开展"小区照顾"的长者中心（如颐康中心）外，还根据"小区照顾"的理念，运用以下几种介入的策略：

义工联系网络。在社区内推动社会服务机构的义工，定期探望长者，尤以没有亲友的长者为对象，减轻他们的孤寂感，了解和解决他们的需要，给予简单的个人辅导，有必要时协助长者转介到相关的机构。此外，还通过特定的参观、讲座和联欢等活动，加深长者对小区的认识和归属感，并且为长者提供家居清洁、维修、购物等生活支持服务，借此促进长者和小区的关系。

互助网络。组织有共同需要或共同兴趣的长者，协助他们组成互助小组和义工小组，建立互助网络，加强沟通，构建互助互敬的生活氛围。

个人网络。通过与长者的亲友接触和商议，尽量协助长者解决需要。此外，还举办亲子联欢或家庭面谈等活动，加强彼此联系，传递彼此信息。工作人员还扮演指导员的角色，提供护理长者的方法，减轻护老者的压力。

邻舍互助网络。促进长者的邻里关系，特别是独居长者的邻居，工作人员会主动介绍小区内的社会服务机构，希望邻居在紧急情况时可以协助长者解决问题或通知就近机构。

社区授权网络。协助长者组成行动小组，鼓励他们向小区领袖或重要人物反映长者的需要，争取资源，改善生活或小区环境，以提高长者对自身权益的保护意识，加强他们融入社会的积极性和对小区的归属感。

（3）推动老有所学与老有所为。

长者终身教育服务（长者书苑）。随着社会进步，长者持续教育是新趋势，长者终身学习能让长者通过学习，充实生活，维持身心健康，增强其社会参与、学习各方面的知识及规划，让长者由被照顾者的角色转变为自我照顾的角色，让他们有尊严且健康地生活。特区政府为鼓励支持市民终身学习，持续提升个人素养和技能，改善生活质量，促进社会的可持续发展，培养居民建立终身学习的理念和习惯，从而建构终身学习社会，于 2011 年 7 月推出第一阶段为期三年的"持续进修发展计划"，凡年满 15 岁的澳门特区居民均可获最高 5000 澳门元的进修资助。而该计划于 2014 年得以延续，澳门特区政府推出第二阶段（2014~2016年）"持续进修发展计划"，每一受益人可获金额上限为 6000 澳门元的资助。

街坊总会关注到长者终身学习的需要，于 2007 年成立颐骏中心长者书院，为退休及准退休人士提供不同种类的培训课程（包括中医类、语言类、生活类、艺术类、运动类及计算机类等），开发他们的潜能，扩展视野，以鼓励长者积极规划晚年生活，提高生活质量。颐骏中心还运用"持续进修发展计划"开展多元化的课程让长者参与，至今，中心提供的长者终身教育服务课程有 60 多项，每个季度将近 1000 人次报名，而且有长者学员在一年内报名近 20 个课程。近年为应对长者不断学习的需求，更开办多个研习班，提供进一步的学习机会。此外，为了让体弱长者共同参与持续进修，近年长者日间护理服务尝试开展不同的持续进修发展课程，如硬地滚球、养生花草茶等，让体弱长者能在接受日间护理服务的同时，学习不同的知识，增加社会参与感。

除了举办不同的长者终身教育课程，颐骏中心为了让长者学员能继续发挥余热，在 2009 年成立了"颐骏学友会"，团结曾参与长者终身教育课程的学生，并推动长者学员终身教育和贡献社群。该学友会的主要工作是广泛收集长者学员的意见和要求，并根据长者的需要推动中心开办多元化课程，定期举办康体活动，进一步加强长者间的联系和交流。该会成员非常关怀独居长者，定期致电慰问和探访，并亲自策划活动让独居长者参与。该会曾于 2011 年和 2014 年亲自策划长者书画展，展出导师和学员的书画作品，不仅能让长者学员向社会各界展示学习到的成果和个人才能，同时，也让长者义工发挥能力，增强自信心，发挥自助助人精神。更难得的是，为推动长者学员进一步将"老有所学"的知识化作"老有所为"的新本领，颐骏中心尝试组织学习不同中国乐器课程的长者学员，于2011年成立颐骏中乐队。乐队会在中心的活动中表演，争取更多的表演经验。目前乐队成员经常被邀请担任不同机构活动的表演嘉宾，并会在适当时机举行自己的音乐会，表演水平得到了大家的肯定。

与长者一起参政议政。街坊总会一直与澳门特区居民一起参政议政，共建和谐小区。很多长者没有足够的能力和渠道让他们表达自身所需，他们的心声往往被忽略。街坊总会组织一些对社会时事问题充满热忱的长者组成长者政策关注小组，通过定期会议，组织坊会、中心有兴趣长者共同商讨社会政策。以鼓励长者积极融入社会，关注小区及养老政策，表达自身的需要，通过他们的声音唤起社会对长者问题的关注，为社会出谋划策。

鼓励长者参与义工服务。为了鼓励长者参与社会关怀活动，为小区服务，增加长者的能力感和发挥能力的机会，继续贡献社会，令晚年生活更加丰富多彩和有意义，真正体现老有所为。坊会及服务中心均组织长者义工队参与中心、总会、政府部门等有关服务或活动，为有需要的居民服务。例如参与探访独居长者服务工作，关心区内独居长者的生活情况，为他们提供适切的服务，并定期举办义工培训，让义工能不断自我增值，为居民提供更适合的义工服务。

以关怀独居长者探访服务为例，由长者关怀服务网络办事处与41个单位合作，组织澳门各区近700名义工，以"小区照顾"理念形成义工联络网络，在小区内起着"非正规照顾系统"的角色及功能，关怀在各区居住的独居长者。

长者服务社会奖励计划——"金黄计划"。"金黄计划"自1996年开始举办，凡年满55岁的长者均可组队参加。目的是鼓励长者合理利用闲暇时间，通过策划和实践活动，发挥服务社会的精神，令晚年生活过得更充实。队员在参与服务过程中，一方面因学习新知识或技能而有所成长；另一方面他们通过担任不同的工作而发挥个人潜能，从而达到自我实现的目的。2017年，共有30支队伍参与该项计划，参加者约350人。

全澳耆英才艺大会演。为了帮助长者建立健康的生活模式，吸纳不同阶层的长者参与小区活动或工作，加强其社交网络，从2000年开始，街坊总会下属颐康中心每年举办品牌活动全澳耆英才艺大会演，建立表演平台，让长者发挥所长。通过自创才艺的方式，丰富长者晚年生活，肯定其自身价值。多年来该活动得到社会各界踊跃支持，并获得广泛好评。2017年，共有16支队伍参赛。

鼓励缺乏支持及体弱长者参与活动。街坊总会下属的海傍区老人中心及绿杨长者日间护理中心为约260名长者提供家居照顾和支持服务。除了上门为有需要人士提供服务外，还鼓励服务使用者多与小区接触及联系。而绿杨长者日间护理中心近年持续举办"乐在耆青"系列活动，教导服务用户导游工作技巧，完成培训后以导游的角色带领青少年外出讲解澳门特区的世界文化与自然遗产景点，从而发挥服务使用者的潜能，让他们提升自信，并进一步参与小区活动，促进长幼共融。另外，该中心的家援服务亦有为服务对象举办烹饪比赛及运动比赛，虽然部分长者缺乏支持或体弱，但中心仍然能尊重长者的社会价值及能力，开展不同服务供长者自由选择参与，让长者能体现自己的社会价值，也为长者们搭建快乐的平台。

4. 建立机制，不断提升服务质量

要使服务持续化、专业化，并提升服务质量，就需要建立一套完整的规章制度及评估机制。街坊总会不断完善规章制度，重视制度建设，更重视"人"的提升，并逐步完善会议、财务、绩效管理、培训和人事管理等方面的制度，增加工作透明度。以下属的服务中心为例，各中心已建立会议制度，并每年制定服务开展的年度计划，就所在小区及服务范畴的服务对象人群的问题和需要进行分析，进而制定不同的目标（如成效目标及过程目标），再按不同的目标发展每年的服务方案。各服务中心完成每项服务方案后都会进行评估，看服务方案能否达到目标，并关注需要改善的地方。每年都会为属下员工进行年度绩效评核，并为员工制定年度绩效目标，以更好地发挥每位员工的能力和作用。

为与长者同贺长者节，弘扬敬老爱老的传统精神，自 1986 年起，每年街坊总会都举办"敬老爱老同乐日"系列活动，2017 年已举办至第 32 届，系列活动参与人数超过 4000 人。系列活动内容丰富，举办长者健康讲座、长者摄影比赛、耆英卡拉 OK 歌唱比赛、长者夫妇婚纱照拍摄、长者家庭照拍摄、好人好事评选及标语创作比赛、嘉年华暨颁奖礼、探访长者服务机构等。通过举办各项不同的活动，鼓励长者参与小区活动，积极人生，丰富晚年生活；同时，通过活动创造机会，让社会人士与长者有更多的沟通及交流，表达对长者的关爱，引起社会大众（包括青年人）持续关注长者晚年生活及退休保障制度的完善。

街坊总会开展的各项敬老爱老工作，不仅得到了本地居民的赞扬和特区政府的充分肯定，而且引起了内地的关注。于 1996 年 10 月，街坊总会应邀参与北京举行"96 炎黄子孙孝敬父母演讲大赛"，介绍了街坊总会 10 多年来开展的爱老敬老服务活动，得到了大会的肯定。在这次全国的比赛上，街坊总会被评为"全国敬老工作先进单位"。

自 1995 年起，街坊总会开展"为独居老人服务卖旗筹款"活动，至今已举办了 22 届，通过卖旗筹款活动，既可以为独居老人服务筹募经费，同时引起社会大众对独居长者的关注，提升市民援助弱势社群的公民意识。每年的"为独居老人服务卖旗筹款"活动，共有 60 多家机构和学校支持参与，组织了超过 2000

名学生和义工于卖旗筹款日在全澳各区进行卖旗筹款，10~12月，在各大银行及超级市场设置捐款箱，让市民大众捐款。2017年度筹款得到各界热心人士大力支持，成绩理想，共计筹得超过100万澳门元善款，以开展独居长者的关怀服务。

五、街坊总会拓展大湾区的长者服务

目前，社会上关于大湾区的讨论多集中于经济互动发展层面，忽略了大湾区发展的更深一层意义，是大湾区内社会各个领域的共建、共融、共享而可达至共同繁荣。因此，社会应该从新的、全面的思考角度，审视大湾区建设带给澳门特区社会各方面发展的机遇。随着粤港澳大湾区内居民更加频繁的流动，社会服务的跨境使用将成为未来的发展趋势。要寻找新的合作点，借着大湾区合作的趋势，拓展澳门特区社会服务，就需要秉持互融的态度，共同促进社会服务的发展。

整个大湾区九市两特区的地域辽阔，且内地人力资源充足，能从现实中为澳门社会服务注入活力，推动澳门特区社会服务在本质得到提升。以循序渐进的推行，首先是让有经验的澳门特区社会服务机构在大湾区内设立服务点，为大湾区内工作、生活及养老的澳门人，提供各类社会服务的"跨境使用"平台，包括：社会福利方面，澳门特区政府或社服机构可兴建专为澳门长者及伤残人士兴建的服务院舍，附设医疗诊所、康乐康复、精神辅导等设施，为有需要服务的人士提供优质的福利服务。

医疗合作方面，建立大湾区各级政府的医疗联动机制，与大湾区各级政府共同协商、制定收费模式及标准，借鉴港珠澳大桥建设费用分担经验，成立由大湾区各级政府按比例共同出资的医疗保障基金，为大湾区居民提供医疗结算平台。

街坊总会作为澳门特区社会服务机构中最有规模的机构之一，一直以来不断拓展不同层面的服务。为配合国家粤港澳大湾区的政策，掌握发展机遇，街坊总会除了不断提升及多元化澳门特区的社会服务外，更抓紧在内地发展的机遇，为当地居住的澳门人提供优质的服务，并希望将澳门特区的社会服务技术和经验带到内地，发展多元化的服务。

在内地发展服务需要循序渐进。街坊总会将分阶段开展内地社会服务工作，第一阶段将在中山市开设办事处，并选择三乡镇作为第一个注册地点。借着开展办事处，为居住在中山的澳门人提供优质的服务，协助在中山市工作或养老的澳门人能在当地办理各项手续，如查询福利信息、领取在生证明等。办事处还能团结中山的澳门人，作为一个咨询和联络的地方，更希望促进中山市的社会服务发展。

内地老龄化社会问题日益显著，我国养老政策不断加强，相关的养老服务扶助政策陆续推出。街坊总会日前进行的"澳门乡亲对街坊总会在中山市设境外机构意见调查问卷"中显示，受访乡亲最期望街坊总会开办的服务是养老院服务，显示澳门乡亲对回中山市退休养老有很大需求。在中山市发展养老服务是街坊总会的工作重点，故第二阶段工作计划是开展养老服务，开设日间护理中心，为居住在中山市的澳门人提供日间护理服务、健康教育服务、家居照顾及支持服务。希望街坊总会能与当地政府合作开办养老院或长者优质公寓，促进中山市的养老服务发展。

六、结语

让养老服务更好地发展，响应居民的需求，除了要注重服务精神，不断提升服务质量外，与政府合作也非常重要。特区政府要对养老服务工作有政策上的支持，并鼓励养老事业以非营利性社会服务为主，市场营利性服务作为补充或满足居民的高端需求。非营利性社会服务不以营利为目标，也不用考虑财政压力，所以这些服务的收费居民能负担和适应，可以加强居民使用服务的意愿。另外，非营利性社会服务支持政府推行的政策，可以与特区政府互相配合，按居民的需要开展多元服务，为小区构建养老服务网络。

中国人家庭观念强，长者都希望留在家中养老，得到家人的照顾，"十三五"规划亦重申以"居家养老"为主。建议尽量争取政府支持开展非营利性质的服务，先做好"居家养老"的居家支持服务，并以"小区照顾"服务为辅助。若长者能接受居家支持服务，再让长者适应服务模式，进而在长者有需要时进一步使用"小区照顾"服务（如日间护理服务、安老院舍及义工关怀等）。或以"综合服务"模式提供一站式养老服务，于区内同时提供"居家养老"及"小区照顾"服务，并根据长者的需要调整服务项目，最重要的还是让长者转变传统观念思想，适应服务模式。同时，非营利养老服务应通过多元发展来满足各种不同的需求。院舍床位数量不能全面衡量绩效，而往往成为一些人借政府养老政策来发展房地产进行营利的借口。建议地方政府可配合中央养老政策，避免将养老产业园变相发展成房地产业园区，与基层家庭和长者的需求相悖。

另外，粤港澳大湾区建设已成为国家发展的重要战略，特区政府除了考虑粤港澳大湾区对澳门特区经济发展提供的机遇，也应增强社会政策思维，全面考虑湾区建设如何惠及澳门特区的民生福祉。尽快制定政策，推动大湾区内的互利合作、错位发展；鼓励本澳的社会服务机构，借力大湾区合作，全面拓展和提升澳门特区的社会保障和服务。

参考文献

［1］刘咏诗. 澳门街坊总会安老服务的发展策略［R］. 全社会可实现目标国际研讨会，1999.

［2］崔世安. 二零一四年财政年度施政报告［R］. 澳门特别行政区政府印务局，2013.

［3］澳门街坊会联合总会. 25 历程［M］. 澳门：华辉印刷有限公司，2009.

［4］澳门街坊会联合总会. 澳门街坊会联合总会成立二十周年纪念册［M］. 澳门：华辉印刷有限公司，2004.

［5］澳门社会保障学会. 第三届两岸四地养老保险研讨会文集［M］. 澳门：华辉印刷有限公司，2012.

［6］澳门特区政府社会工作局［EB/OL］. http：//www. ias. gov. mo/.

［7］澳门特区政府社会工作局. 2014 年工作报告［R］. 狄马广告策划有限公司，2015.

［8］澳门特区政府统计暨普查局. 2016 中期人口统计详细结果［R］. 2017.

［9］澳门街坊会联合总会. 2017 工作年报［R］. 2018.

［10］吴小丽. 借力大湾区合作拓澳门社会服务［N］. 新闻报，2018-04-11.

从性别差异看老年就业发展

柯丽香① 张 锐②

摘 要：在人口老龄化及预期寿命延长的背景下，国家如何应对"人口红利"的消失，并且减轻因人口老化带来的社会及家庭压力，是未来发展需要面对的重要议题之一。从客观来看，老年人口的增加并不完全是社会的压力，不少老年人自身具备较强的资源、工作经验及人生经验，在健康状态良好的情况下可以为社会作出一定贡献。本研究通过电话调查的定量研究，从性别差异方面研究老年就业发展及延迟退休的影响因素，发现老年男性和老年女性的延迟退休心态有所不同，老年男性的延迟退休受整体社会保障的充足性影响，而老年女性的延迟退休受社会保障体系的金融安排的影响，老年就业是存在性别差异的，在此研究结果下可以考虑寻找针对老年男性、老年女性的就业政策，刺激老年人延迟退休。

关键词：老年就业；男性；女性

一、前言

2015~2050 年，世界 65 岁及以上年龄人口（老年人或老年人口）预计将从 6.08 亿人增加到近 16 亿人，增加 1.6 倍。预计亚洲的增长将占 2/3 左右，该区域的老年人数预测将增加近 2 倍，从 2015 年的 3.3 亿人增加到 2050 年的 9.56 亿人。近日，世界经济论坛全球议程理事会老龄化议题分会发布的一份白皮书（*How 21st Century Longevity Can Create Markets and Drive Economic Growth*）指出，21 世纪的人口发展应是健康、积极的老龄化进程，老龄人口将创造多元的市场前景，成为经济增长的新动力。中国政府迎接老龄化挑战的战略措施和工作目标

① 柯丽香，中国人民大学博士研究生，澳门社会保障学会理事；②张锐，澳门大学社会与科学学院硕士研究生，澳门社会保障学会研究员。

提出"老有所养，老有所依，老有所学和老有所乐"，根据老年人的具体情况采取相应应对策略。成功的老龄化必然是生产性的老龄化（Productive Ageing），中国目前的养老服务为"9073"的比例模式，即家庭养老占九成，也就是说有不少身体健康的长者可参与劳动市场。

在老龄化背景下，值得关注的是老年人的状况各有不同，并不是所有老年人在退休之后都不具备参与劳动的能力，老年人的潜力是未来发展的强而有力的基础。前瞻性老龄化指标和基于各年龄组认知能力的指标都显示，尽管世界上所有国家的老年人口数量和比例都在不可逆转地上升，但老年人口的总体健康状况、认知能力和潜在生产力即使在相同年龄的个人之间也会有很大差别，而且总体上随时间推移而有所改善。社会依靠老年人的技能、经验和智慧，这不但能改善他们自己的条件，而且还有利于社会条件的改善。

联合国发布的《世界人口展望》2017年修订版报告显示，人口预期寿命增加，从全球范围来看，人口预期寿命从2000~2005年的男性65岁、女性69岁上升到2010~2015年的男性69岁和女性73岁。由于女性的平均寿命高于男性，因此老年人中女性明显多于男性。2015年，全球65岁及以上人口中女性占的比例为55%，80岁及以上人口中女性占的比例为61%。在欧洲，65岁及以上人口中女性占比最高达59%。但就劳动参与率而言，基本在所有区域都是男性高于女性，2015年，65岁及以上人口的劳动参与率男性为30.3%，女性为14.5%；在较发达国家，老年男性的参与率为16.8%，老年女性为9.4%；在欠发达国家老年男性为37.5%，老年女性为17.7%；在最不发达国家，56.8%的老年男性和35.8%的老年女性参加了劳动队伍（如图1所示），因此，鼓励有工作能力的老年人进入劳动力市场是合理的。

全球面临老龄化问题，澳门特别行政区也不例外。《澳门人口预测2016~2036》中指出，预计到2036年，澳门特区65岁以上人口比重将上升至近20%，澳门特区60岁以上的人口将达到21万人，而65岁以上的人口将达到16万人。除此之外，2036年男性预期寿命也提升至81.8岁，女性则是85.7岁。另外，国际上认为，生育率在2.1的水平才能达到世代更替，而澳门特区目前的生育率为0.94。因此，近年澳门特区政府也开始关注人口老化的问题，为了使老年人能够就业，政府尝试发展"银发产业"，建立"就业服务长者优先窗口"，主要目的是希望长者可以利用其学识和人生经验继续为社会做出贡献。

随着区域合作政策、"一带一路"倡议的推行和粤港澳大湾区建设的推进，澳门特区政府要为未来跨境养老和跨境银发产业发展做准备。目前，澳门特区政府向合资格全职低收入受雇人士发放补贴，并向聘用残疾人士的雇主提供税款扣减额度，甚至资助社会企业为长者创造再就业机会，这些都是提高弱势群体工作

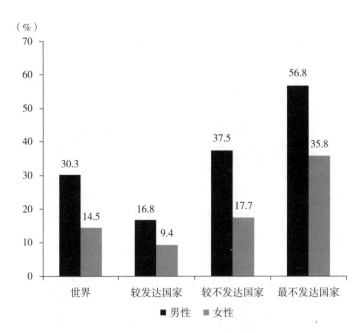

图1 2015 年按性别分列的 65 岁及以上人口的劳动力参与

资料来源：联合国：《2015 年世界人口老龄化》。

机会的财政措施。而继续第三阶段"持续进修发展计划"也可通过民间来帮助弱势群体提升谋生技能；还有与社会服务机构合作推出支持出行不便者计划，这一举措也有助于弱势群体融入社区。从这些措施可见政府已渐渐摆脱全能政府的行政做法，而走向引导民间和市场提供精准扶贫的方向。除此之外，特区政府还设立了《长者权益保障法律制度》，旨在保障长者老年生活，也希望社会团队制定措施鼓励和帮助长者参与社会活动和再就业。

澳门特区早前有社团也公布了本澳准退休居民再可就业需求调查，其结果显示大部分长者建议可以延长至 66~70 岁退休，一方面可以减轻家庭负担，另一方面也可以继续为社会做贡献。因此，本文希望通过问卷调查，揭示本地老年人对延迟退休的态度以及延迟退休的影响因素，期望为未来特区政府依法施政提供有效的依据。

二、文献回顾

在面对人口老龄化及人口预期寿命延长且部分老年人具备劳动能力的背景下，这一部分从四个方面进行文献回顾。首先从宏观政策方向，探讨精准扶贫与长者就业关系；其次分析男女就业差异；再次回顾男性延迟退休对传统行业带来正面影响；最后是女性投入养老和养生行业的正面影响。

（一）精准扶贫与就业

社会保障的精准扶贫核心要义在于"扶真贫、真扶贫"。中国共产党第十九次全国代表大会（简称中共十九大）报告提出了"精准扶贫"的战略思想，并要求：扶贫要实事求是，因地制宜；要精准扶贫，切忌喊口号。当前，最新的扶贫理念是"授人以鱼，不如授人以渔"，即扶贫模式是通过增强弱势群体自力更生能力的方法来替代过往分享社会剩余福利的方式。自力更生不但有助实现弱势群体自我认同感，还可以利用促进其工作技能来增强融入社会的自信心，以壮大社会民心所归之力量，共享国家经济发展之繁荣，展望谋划行稳致远之前景。大多数发展地区应对贫穷问题已经不再以剩余福利模式进行，反而积极地扶助弱势群体持续发展，从而让弱势群体可以为社会做出贡献，工作本身除了可以让弱势群体实现自身的价值外，还可以提高他们的技能，促进其融入社会。

（二）男女就业差异

根据 2017 年世界经济论坛发表的《2017 年全球性别差距报告》（Annual Gender Gap Report）排名显示，冰岛蝉联全球性别最平等国家榜首，中国位居第 100 位。2017 年的最新报告显示，全球 68.0% 的性别差距已消除，略低于 2016 年的 68.3% 和 2015 年的 68.1%。测评指标为女性在受教育程度、健康与生存、经济机会与政治赋权四大方面。男女就业差距首先表现为收入差距，全球男性的平均年收入为 2.1 万美元，女性仅为 1.2 万美元，若仅观察职场上的性别平等，需要 217 年可达到完全平等。

弗吉尼亚·瓦勒良（Virginia Valerian）在其《为何进展如此缓慢》（Why So Slow）一书中指出，尽管男性愿意付出努力来实现平等，如同等薪酬，但他们对于自身中心地位的丧失却很难接受。因为该中心地位涉及权利，意味着男性在家里、公司和社会中享有特权。而丧失这一特权导致他们十分不满。比如，制造业岗位正逐渐减少，而护理岗位则需求旺盛，这一点在未来老年市场进一步扩大的情况下将更为显著。

对于女性而言，工作环境的灵活性则更加重要。根据贝恩公司和澳大利亚非政府组织"首席执行女性"（Chief Executive Women，CEW）联合组织 2011 年的调查显示，女性认为若想扫清她们进入企业领导层道路上的阻碍，"创新工作模式，以帮助两性均能承担家庭责任"和"赋予明确、有保证的领导权"一样重要。对于处于企业初级及中层管理地位的女性而言，出于尽量兼顾事业成就和家庭关爱的考虑，工作环境的灵活性显得尤为关键。这一批女性还没有触及女性升职的"天花板"：尽管女大学生的毕业人数要比男大学生多，但在企业高管中，平均只有不到 15% 是女性。灵活的工作环境是影响未来女性进入劳动力市场的重要因素。

（三）老年男性劳动力就业

美国注重不同层次人力资源的使用方式，他们根据企业需要，确定了长期工、合同工、临时工、业余工、租赁工等多种方式。20世纪60年代，美国实行提前退休政策，把退休年龄从65岁提前到62岁，到70年代，美国有超过50%的劳动者提前退休，到90年代中期，这个比重上升至70%；提前退休政策使老年人的劳动参与率不断下降，鼓励提前退休不但导致政府为支付退休金而带来的财政压力，而且造成老年人的技能和智慧的浪费，不利于经济发展。1983年制定的法规把提前退休领取全额退休金的80%，减少为70%。同时为了鼓励推迟退休，把达到法定领取退休金年龄后，每推迟一年退休增加的津贴从3%逐渐提高到8%，对老年人延迟退休产生了显著的效果。据美国劳工部统计，在1994~2004年，65~69岁年龄段的老年男性就业率从27%上升到了33%，女性就业率也从18%上升至23%。

2010年吉林省老年人就业研究中，正在工作的男性老年人中，周劳动时间在48小时以上的有20359人（见表1），占比43.59%；20~34小时的有8365人，占比17.91%；周劳动时间为40小时的有9002人，占比19.27%；9~19小时的有2297人，占比4.92%；41~47小时的有2201人，占比4.71%；48小时的有2043人，占比4.37%。正在工作的女性老年人中，周劳动时间在48小时以上的有8490人，占比32.33%；20~34小时的有6775人，占比25.80%；周劳动时间为40小时的有5101人，占比19.42%；9~19小时的有2226人，占比8.48%；41~47小时的有1053人，占比4.01%；48小时的有923人，占比3.51%。男性老年人周劳动时间在40小时以上的比重为52.67%，女性老年人周劳动时间在40小时以上的比重为39.85%，正在工作的男性老年人周劳动时间超出正常工作时间的比例高出女性老年人近13个百分点。由此可见，吉林省正在工作的男性老年人的劳动强度要大大超出女性老年人。

表1　2010年吉林省正在工作老年人的周劳动时间

	合计	1~8小时	9~19小时	20~34小时	35小时	36~39小时	40小时	41~47小时	48小时	48小时以上	周平均工作时间（小时）
总计	72967	1448	4523	15140	1685	999	14103	3254	2966	28849	—
60~64岁	45096	632	2215	8370	1019	651	8867	2109	1964	19269	43.59
65~69岁	17438	359	1166	3977	425	234	3327	822	674	6454	41.06

续表

	合计	1~8 小时	9~19 小时	20~34 小时	35 小时	36~39 小时	40 小时	41~47 小时	48 小时	48 小时 以上	周平均 工作时间 （小时）
70~74 岁	6832	247	665	1827	172	77	1230	223	211	2180	37.78
75 岁及以上	3601	210	477	966	69	37	679	100	117	946	34.92
男性	46706	740	2297	8365	1058	641	9002	2201	2043	20359	—
60~64 岁	27792	289	991	4146	601	398	5406	1367	1310	13284	45.71
65~69 岁	11660	186	619	2341	279	159	2245	593	497	4741	42.78
70~74 岁	4834	149	387	1254	120	61	885	169	157	1652	39.01
75 岁及以上	2420	116	300	624	58	23	466	72	79	682	36.07
女性	26261	708	2226	6775	627	358	5101	1053	923	8490	—
60~64 岁	17304	343	1224	4224	418	253	3461	742	654	5985	40.18
65~69 岁	5778	173	547	1636	146	75	1082	229	177	1713	37.59
70~74 岁	1998	98	278	573	52	16	345	54	54	528	34.81
75 岁及以上	1181	94	177	342	11	14	213	28	38	264	32.56

资料来源：吉林省 2010 年人口普查数据。

（四）老年女性劳动力就业

从性别上分析，老年女性是比老年男性更丰富的劳动力资源。在发达国家[①]的城市和农村地区，女性明显多于男性，尤其是在成年人和老年人中，而在发展中区域的城市老年人口（但非农村老年人口）中，女性总体上略占多数（如图 2 所示）。

经济合作与发展组织（OECD）2017 年进行的一项调研表明，在不同的受教育水平下，尽管女性就业率呈现上升趋势，但老年女性仍低于老年男性就业率，就 OECD 国家而言，处于低教育水平和中等教育水平的 55~65 岁男女工作比例差距是 15%，略高于之前年份的 12% 与 10%。在智利、土耳其、爱尔兰、墨西哥等国家，处于低教育水平情况下的男性劳动力的就业水平是高于女性的。

以德国为例，2010 年女性平均寿命比男性高约 5 岁，而且在经济上升周期呈逐渐扩大趋势。然而，女性劳动力前期就业状况往往决定了其能否成为积极的老年劳动力。2010 年德国统计局的抽样统计显示，在拥有 3 岁以下小孩的

---

　　① 本报告中的"发达"或"较发达"区域是指欧洲、北美洲、澳大利亚、新西兰和日本；"发展中"或"较不发达"区域则涵盖全球所有其他区域。

较发达区域，城市（2015年）

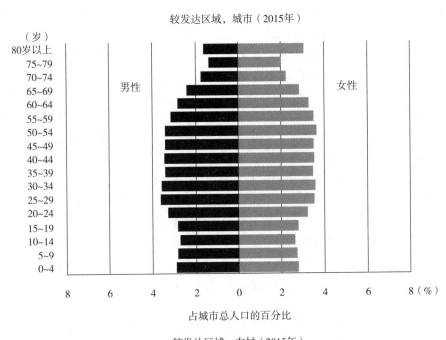

占城市总人口的百分比

较发达区域，农村（2015年）

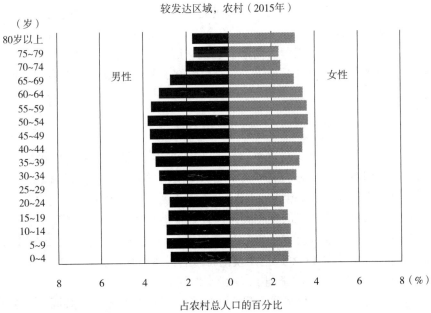

占农村总人口的百分比

图 2　按发展阶段划分三组国家城市和农村地区人口的年龄百分比（2015 年）

资料来源：联合国按年龄和性别分列的城市和农村人口（2014 年）。

家庭中，父亲就业率为82.6%，而母亲就业率仅为31.3%。虽然女性的就业率会随着孩子长大逐渐提高，但其中70%的母亲在15~64岁都是兼职工作（Keller，2011）。这一方面意味着大量女性因为家庭原因放弃工作；另一方面也使女性平等意识强的德国等发达工业国家的妇女普遍存在"生育疲劳现象"，低出生率问题难以得到根本的扭转，间接地加剧了人口老龄化。

为了鼓励女性就业，德国政府近年来推行一系列的家庭友好政策，政府开始实行免费的公立托儿所制度，在职的孕妇和哺乳期妇女享有免受解雇的权利；此外，德国还建立了十分完善细致的老年护理系统，高龄老人的护理基本上由社会护理机构完成。在这些政策的长期作用下，女性的就业率和就业质量得到不断提升，处于领导岗位的女性比例（按照岗位和工资级别计算）从2000年的7%提升到2010年的14%，几乎翻倍。特别是近10年来，以德国总理默克尔为代表的女性领导层活跃在政治经济等高端领域，其所占的比重已经可以与男性持平。德国时代报认为，德国60~64岁人口就业率从1991年的20.8%上升到2010年的44.2%，增长了一倍多，其中老年女性就业率显著提升是其决定性因素。

《2017年全球性别差距报告》提出"实现性别平等的经济意义同样存在于行业与企业层面，促进性别平等的一大关键途径是促进性别在行业间的平衡。来自报告研究合作机构领英（LinkedIn）的数据显示，男性在教育、健康、福利事业等领域较为稀缺，女性在工程、制造、建筑、信息、通信等方面代表性不足。这种性别分化对各行业来说都是损失，缺乏性别多样性也就缺少了更多创新创造的可能性与回报。"

三、研究方法

养老金的可得性（或人口覆盖范围）和适当性（或慷慨程度）影响老年人对延迟退休的理解并进而影响老年人参加劳动队伍的情况。本文通过电话调查的形式来检视延迟退休的相关因素，同时对老年劳动力以性别区分，期望获得更有针对性的研究结果。基于大湾区相同属性背景且港澳两地文化交流更为密切，相信本研究结果对邻近地区会有一定的参考价值。研究所的数据是采用CATI系统的电话调查，主要是向18岁以上的澳门特区居民进行访问，在2015年6月25~30日进行的电话调查，共收集到1045份有效问卷。

问卷主要由澳门社会保障学会研究小组和澳门社会保障基金共同商议及设计出来，问卷内容主要包括四部分。

（1）个人价值观，这部分所选用的项目主要参考林一星副教授（时任香港大学秀圃老人研究中心主任）的研究团队所发表的"当代考道量表"。

（2）社会网络量度表，本研究采用陆斌社会网络量表，而该量居民对延迟退休的态度与老年就业态度有一定相关性的基础上，表也广为学术界所使用，同时也把社会网络分作两部分——家人和朋友。

（3）澳门特区社会保障制度的评价与未来变革取向，此部分是根据世界银行提出的衡量养老金制度有效性的四个标准而设定，包括保障充足性、供款可承担性、财政稳健性以及制度可持续性。经过因子分析，澳门特区社会保障制度的评价便分为三个子量表——整体社会保障体系的足够性、退休保障体系的持续性和社会保障体系的金融安排的认同感。

（4）被访者社会背景。包括性别、年龄、婚姻状况、工作状况和收入状况等。因变量主要为延迟退休意向，此变量主要为五点李克特量表（1为非常不同意，7为非常同意）。自变量可分成三个类别，包括被访者社会背景（包括性别、年龄和受教育程度等）、个人价值观、社会资源，所以本研究便以层次性分析来看不同类别对因变量的影响。多项回归分析则主要补足双变量分析的缺乏，控制自变量间的相互影响，由于男性和女性在社会的角色有所不同，相信相关成因也有所不同，本研究便分作男性和女性样本各自进行比较，期望可以获得更有针对性的研究结果。

四、研究结果

（一）样本描述及社会背景对延迟退休意向影响

通过电话调查被访者的社会背景，其中较多的被访者为女性，占比为59.6%。年龄以55~64岁的比例最高，占20.7%。在家庭每月收入的项目中月收入为20000~39999澳门元所占的比例最高，为31.2%；样本中收入8000澳门元以下定为贫穷，该比例为15.4%。在受教育程度方面，大部分的样本拥有大专/大学或以上学历，该比例为33.4%。大部分的样本为雇员，占比为52.8%。而从澳门特区居住年限来看，90.5%的样本都居住了15年以上。但根据相关的方差分析结果，却未能显示社会背景对延迟退休存在显著的影响。

（二）文化价值观、社会网络及社保体系评价对延迟退休意向影响

以文化价值观、社会网络及社保体系评价为自变量的分析显示出量表与退休年龄这一维度的显著性不高（p-value >0.05），而社保体系评价这一自变量与退休年龄这一维度有较明显的显著性。其中可持续性及金融服务与因变量呈正相关关系，说明较认同社保体系可持续性及金融服务的被访者倾向认同维持原有的退休年龄。具体参考如表2所示。

表 2 文化价值观、社会网络及社保体系评价对延迟退休意向影响
（整体样本）

	无意		有意		p 值
	均值	标准差	均值	标准差	
样本	599		406		
文化价值观					
孝道（物质照顾）	6.256	0.728	6.304	0.668	0.287
孝道（精神照顾）	5.724	0.913	5.833	0.815	0.053
自身义务	5.236	1.290	5.464	1.178	0.005
自身权利	5.930	0.823	6.081	0.760	0.003
社会网络					
家庭	3.762	1.064	3.713	1.121	0.477
朋友	3.746	1.241	3.712	1.237	0.666
社保体系评价					
整体社会保障体系的足够性	4.210	1.280	4.587	1.223	0.000
退休保障体系的持续性	4.927	1.327	5.152	1.253	0.007
社会保障体系的金融安排的认同感	5.159	1.041	5.442	1.009	0.000

在整体样本的定量双变量研究中，社会保障体系的总体评价为显著性因素，但以性别区分之后，会发现男性、女性延迟退休意愿在社会保障体系评价之下有不同表现。其中，对于男性而言，整体社会保障体系的足够性发挥显著影响，对女性而言，社会保障体系金融安排的认同感发挥较大影响（见表3）。

表 3 文化价值观、社会网络及社保体系评价对延迟退休意向影响
（男女样本）

	男性		女性	
	无意	有意	无意	有意
	均值	均值	均值	均值
样本	238	165	361	241
文化价值观				
孝道（物质照顾）	6.215	6.275	6.283	6.324
孝道（精神照顾）	5.649	5.736	5.774	5.900
自身义务	5.151	5.476*	5.293	5.456

续表

	男性		女性	
	无意	有意	无意	有意
	均值	均值	均值	均值
自身权利	5.902	6.123 *	5.948	6.052
社会网络				
家庭	3.688	3.747	3.812	3.689
朋友	3.849	3.699	3.679	3.721
社保体系评价				
整体社会保障体系的足够性	4.055	4.607 **	4.312	4.573 *
退休保障体系的持续性	4.648	5.038 **	5.112	5.232
社会保障体系的金融安排的认同感	5.068	5.405 **	5.220	5.467 **

注：* 表示 p<0.05；** 表示 p<0.01。

(三) 延迟退休意向回归分析结果

根据表3、表4的研究结果可得出，在不对男女性别区分研究的情况下，服务的充足性与金融安排的认同感都表现出较大影响，但在区分性别的情况下可以明确发现，男性更为侧重考虑社会服务的足够性并以此来决定是否退休，当男性有足够的能力购买社会各项服务的情况下，倾向正常退休，但当不具备购买社会服务的能力时，则认同延迟退休。经过数据分析可以发现，女性更倾向考虑社会保障体系中金融安排的认同感，认同感越高，对延迟退休的偏好则越低，可能是受到文献回顾中提到的男女就业差异的因素影响。

表4　延迟退休意向的 Binary Logistic 回归分析结果
(整体和男女样本)

	整体		男性		女性	
	B	s. e.	B	s. e.	B	s. e.
社会及经济背景						
非永久居民					-1.407	0.768
社保体系评价						
整体社会保障体系的足够性	0.189	0.057	0.335	0.085		
社会保障体系的金融安排的认同感	0.200	0.071			0.241	0.091

对老年女性就业而言，由于社会对养老及养生产业需求的增加，有更多的工作机会，就业选择会受到社会经济背景的影响，女性有较大可能会选择与之前存在较大差异的职业，老年男性就业者则会选择与之前工作性质基本相同的工作，因此针对老年劳动者的不同性别有不同的就业鼓励策略。

五、讨论

世界经济论坛提出的"塑造教育、性别平等和工作的未来"系统行动倡议旨在让人们充分发挥自身潜力，开发并利用自身才能，共同打造更繁荣向上的经济和社会。本研究通过对整体社会服务的足够性和社会保障体系金融安排的认同感两方面，以不同性别为因素，通过电话调查可以发现男性女性是基于不同因素而改变自身对延迟退休的态度，研究结果表明男性对延迟退休的考虑更侧重考虑社会保障的充足性，女性则更为关注社会保障制度的金融安排。

本澳老年男性延迟退休会考虑社会保障充足性，在这里所探讨的充足性不仅是指金钱方面，也指个人需求。例如，在未来跨区养老的趋势中，是否能够购买得起这类型的服务以及满足自我个人需求，是老年男性延迟退休的影响因素。而女性则更多关注社会保障的金融的回报，包括养老金融、逆按揭及非强制性强积金等的回报。当老年女性发现金融体系有额外的收益时，她们会选择延迟退休。世界经济论坛项目合作人曾提出："不论在退休前还是退休后，女性都会面临许多逆风，而这些逆风最终将汇聚成一个完美风暴，导致女性退休后的经济担保能力远低于男性。"

六、建议

澳门特区三大社团对于延迟退休也有着一致的意见，认为需要为长者创造良好的再就业环境。当中澳门特区工会联合总会表示目前长者就业存在两方面问题，一是"银发精英"供不应求，二是缺乏一技之长的长者想再就业，却面临着年龄歧视、就业保障等问题。澳门特区街坊总会指出应该设立银发就业人才资源中心，为长者设立就业讲座及配对，方便长者取得信息；妇女联合总会则认为政府需要开设社会企业，为长者提供更多就业机会。

澳门特区政府需要结合未来经济的定位以及社会发展的路向，为长者开拓新的市场，例如一些新兴行业，特别是养老和养生产业对劳动力的需求，则更侧重女性，原因是女性在这方面经验较为丰富，有照顾家人的经验，因此一些与养老相关的产业更能吸引年长女性投身此行业，在提供劳动力方面会有助于该产业发展。所有国家尤其是那些处于人口老龄化后期阶段和面临劳动力相对稀缺的国家应当考虑采取促进安全、有序和正常的移民和支持老年人终身学习和就业的政策，以及可以补充促进社会保障制度长期可持续性的财政政策的关爱家庭政策。

影响老年人就业的因素很多，主要有经济因素、政治因素、文化因素和个人因素等。老年人力资源开发是一项系统工程，需要个人、企业及政府三方面的共同努力才能取得最终效果。从政府角度，政府主要发挥通过政策营造社会舆论，并制定相关的法规政策予以保护，企业则可以借助政府政策支持进行劳动力的培训投资、搭建相关的信息平台。同时，鉴于老年劳动力就业的医疗需求，政府可以通过粤港澳大湾区在智慧医疗方面的发展，进一步提升老年就业的可能性。

参考文献

[1] 联合国经济及社会理事会. 人口年龄结构变化与可持续发展秘书长的报告 [EB/OL]. http：//www. un. org/en/development/desa/population/pdf/commission/2017/documents/ECN920172/zh. pdf, 2007-02.

[2] 世界经济论坛. 21 世纪的市场宝矿：老龄化 [EB/OL]. 2015-11-09, https：//weibo. com/1640641777/D35Dg1rYY? from = singleweibo&mod = recommand _ weibo&type = comment#_ rnd1529306088080.

[3] 许鹿. 我国老年人力资源开发的意义和对策 [J]. 中国人才, 1999 (10)：42-43.

[4] 杨翠迎, 伍德安. 货币化子女赡养责任, 以制度推动居家养老服务—— 基于上海市的社会调查 [J]. 安徽师范大学学报 (人文社会科学版), 2015 (1)：37-44.

[5] Vegard Skirbekk. Ageing, Health and Work Potential [Z]. Presentation at the United Nations Expert Group Meeting on Changing Population Age Structures and Sustainable Development, New York, 2016.

[6] 澳门特别行政区政府统计暨普查局. 澳门人口预测 (2016~2036) [EB/OL]. https：//www. dsec. gov. mo/getAttachment/e7df9bb4-f55c-4c61-97ea-b07798e5f2ec/C_ PPRM_ PUB_ 2016_Y. aspx? disposition=attachment.

[7] 澳门特区长者服务信息网, http：//www. ageing. ias. gov. mo/service/job.

[8] 华侨报. "澳门准退休居民再就业需求" 调查显示逾六成受访居民冀延长退休年龄 [EB/OL]. 2018-07-15, https：//www. cyberctm. com/zh_TW/news/detail/2282024.

[9] 王丛虎. 十九大报告：续写脱贫攻坚、有效扶贫的新篇章 [EB/OL]. 2017-10-20, http：//www. china. com. cn/opinion/think/2017/10/20/content_ 41765916. htm.

[10] 世界经济论坛. 2017 年全球性别差距报告 [EB/OL]. https：//www. jianshu. com/p/ fd7563da3398? from=groupmessage.

[11] Laura Liswood. 实现男女平等, 前路依旧漫长 [EB/OL]. http：//cn. weforum. org/a-genda/2017/11/f6f3cd3-fc7a-4b59-bdd6-a6d2dd27560f, 2017-01-11.

[12] Melanie Sanders, Jayne Hrdlicka, Meredith Hellicar, Dale Cottrell and Joanna Knox. What Stops Women From Reaching the Top? Confronting the Tough Issues [EB/OL]. 2011-11, http：//www. bain. com/offices/australia/en_us/publications/what-stops-women-from-reaching-the-top. aspx.

［13］Melanie Sanders, Jennifer Zeng, Meredith Hellicar, Kathryn Fagg. 灵活的工作环境，能否帮助女性取得更高职位？［EB/OL］. http：//blog. sina. com. cn/s/blog_ 61ca34f10102w975. html，2016-03-29.

［14］澳大利亚统计局. Attainment of Bachelor's Degree or above, 25～29 Years, Gender Indicators：Education ［EB/OL］. http：//www. abs. gov. au/ausstats/abs @ . nsf/Lookup/by% 20Subject/4125. 0～Aug%202015～Main%20Features～Attainment～6153.

［15］丁盼盼. 福建省老年人力资源开发研究［D］. 福州：福建农林大学，2012.

［16］郭爱妹，石盈. 延迟退休与中高龄就业：国际经验与中国路径［EB/OL］. http：//www. sohu. com/a/167754487_759437.

［17］郝宝珠. 吉林省老年就业状况及其影响因素研究［D］. 长春：吉林大学，2017.

［18］OECD. Pensions at a Glance 2017 OECD and G20 Indicators，2017-12-05.

［19］向春玲. 德国社会保障制度的改革［J］. 学习期刊，2009：49-50.

［20］刘燕妮. 德国老年就业策略对中国城市老年就业的启示［J］. 齐齐哈尔大学学报（哲学社会科学版），2015（11）.

［21］鲁全. 德国的社会保障制度与社会公平［J］. 中国人民大学学报，2009：24-30.

［22］世界经济论坛. 2017 年全球性别差距报告［EB/OL］. https：//cn. weforum. org/press/2017/11/GGGR17/.

［23］Lum, T.Y.S., Yan, E.C.W., Ho, A.H.Y., & et al. Measuring Filial Piety in the 21st Century：Development, Factor Structure, and Reliability of the 10-Item Contemporary Filial Piety Scale ［J］. Journal of Applied Gerontology, 2015.

［24］Lubben, J., Blozik, E., & et al. Performance of an Abbreviated Version of the Lubben Social Network Scale Among Three European Community-Dwelling Older Adult Populations ［J］. The Gerontologist, 2006, 46 (4)：503 -513.

［25］Holzmann R., Hinz R. P., et al. Old-age Income Support in the 21st Century：An International Perspective on Pension Systems and Reform ［J］. World Bank Publications, 2005, 26 (1).

［26］Stephanie Lane. 养老金方面的性别差距［EB/OL］. https：//cn. weforum. org/agenda/2018/03/0df40af8-1dac-40f2-b890-b76973ca7629/.

［27］闫忠志. 人力资本视角下城镇低龄老人就业研究 ——以辽宁省为例［J］. 辽东学院学报（社会科学版），2017, 2 (19)：1.

21 世纪下半叶人类面对的挑战

——澳门特区双层社会保障制度与澳门特区长者养老保障探讨

洪婉婷① 岑丽嫦② 朱乃彤③ 阮丽梅④ 何钟建⑤

摘　要：随着全球人口老化，国际社会致力就养老保障制度议题进行深入探讨，亚洲地区亦面临人口严重老化所带来的社会挑战。预测至 2020 年，老年人口将占澳门特区总人口的 15.4%，人口的抚养比例也会给社会养老保障带来一定的压力。世界银行《21 世纪的老年收入保障——养老金制度改革国际比较报告》中提出，一个良好完善的养老制度目标在于力求以适合具体国际的方式实施能增进福利水平的计划的同时，提供足够、可负担、可持续和稳健的退休收入。澳门特区站在全球人均 GDP 最高的地区行列中，如何制定一个优质及稳健的退休保障制度是现时澳门特区政府重点关注的议题之一。本文就澳门特区与邻近四个国家/地区退休保障及养老金模式进行比较，从政策角度探讨各地区之间的不同。期望从中就现时澳门特区实施的养老保障制度提出长远有效的建议，以便补足现时出现的缺口。

关键词：养老保障；养老金；人口老化

一、研究背景

"养儿防老，积谷防饥"一直是中国传统思想中养老的最好保障。"养儿"在农业社会里是重要的，也是必要的，一为家庭带来劳动力，二为保障老后有所依靠；"积谷"的储蓄概念更是中国人良好的传统习性。但由农业社会走到工商业社会，养儿防老，积谷防饥对我们这一代还适用吗？还够用吗？

---

①　洪婉婷，圣公会澳门特区社会服务处主任；②岑丽嫦，圣公会澳门特区社会服务处协调主任；③朱乃彤，圣公会澳门特区社会服务处主任；④阮丽梅，圣公会澳门特区社会服务处协调主任；⑤何钟建，澳门城市大学社会工作系助理教授，本文通讯作者。

国家货币基金组织最新的统计数字预测，2020 年澳门特区人均 GDP 将超越卡塔尔，成为世界首富。澳门特区这种富有与我们的生活质量挂钩吗？能保障退休后的生活吗？当年青一代还未学懂与退休相关的名词时，澳门特区的老年人口比例将以火箭般的速度上升，预测 2021 年老年人口占总人口的 15.4%，2031 年占 23.1%，进入联合国定义的超老龄化社会。除了人口老化外，年龄中位数亦同时上升，2036 年年龄中位数为 45.6 岁，比 2016 年增加了 5.2 岁，而人口的抚养比率，由 2016 年的 36% 上升至 72.8%，即 1 名成人需供养 1 名长者。澳门特区的富有和我们现时的养老保障制度足以应付庞大的长者人口吗？

二、文献回顾

根据世界银行 2006 年《21 世纪的老年收入保障》报告，一个良好完善的养老制度目标在于力求以适合具体国情的方式实施增进福利水平计划的同时，提供水平充足、可负担、可持续性和稳健的退休收入。鉴于 2005 年世界银行再提出新的多层次老年经济保障模式，台湾地区学者柯木兴、林建成指出两种保障模式最大改变是将第四层"伦理性"家庭供养制度纳入，鼓励子女与长者一起生活，由子女负责对其老年父母提供衣、食、住等条件的传统家庭养老方式。这项建议的优点是能落实老人回到社区，实现在地老化的理想。同时，家庭供养的概念也能减轻政府对老年经济保障的责任。

澳门特区养老保障机制跨部门研究计划之《养老政策及理论研究报告》，整理了亚洲邻近地区（中国香港、新加坡、日本、中国台湾）的养老保障和政策现状，并将澳门特区与邻近地区的养老保障政策进行了比较（见表1）。

表 1　中国香港、中国台湾、新加坡、日本与中国澳门养老保障和政策现状

	退休保障/养老金模式	老年社会保障	长者就业
中国香港	强制性公积金 每月供款率为月收入的 5%。通过投资组合增值	综合社会保障援助计划 以安全网为原则，设高龄津贴、伤残津贴及长者生活津贴等	政府、机构和企业鼓励长者就业，社企模式及长者友善工作计划等
中国台湾	保险年金 国民年金：未参加劳保等社会保险的 25~65 岁人士（非军公教）参与。65 岁时每月获 9000 新台币 劳保年金：一般雇员每月供款为月薪的 6.5%，年满 60 岁即能提取老年金	老人生活津贴：中低收入长者特别照顾津贴：未有接受收容服务、居家服务，根据失能程度给付	银发就业资源中心 退休人士训练成为高年龄教育的老师

续表

	退休保障/养老金模式	老年社会保障	长者就业
新加坡	中央公积金 每月由雇主及雇员供款，为月收入的 11.5%~36%，供款率随着年龄增长而下降 可供不同需要使用，分别为退休后提取、医疗开支、65 岁前购买公共住宅 CPF LIFE（Lifelong Income For Elderly） 强制参与，保障长者得到每月固定收入	公共援助金分两层： ①现金给付； ②直接提供生活必需品，家具或医疗仪器	具有官、民、商合作的政策与措施，以及再就业政策及培训
日本	年金制度 20~60 岁必须加入年金保险系统 国民年金：为自雇人士、学生、无业人士等而设，可申请减免或全免供款 厚生年金：一般雇员。每月由雇员和雇主各负担一半供款 国民/厚生年金基金：由雇主或国民年金基金营运。按投资组合有不同回报	年满 65 岁可提取年金制度之年金 设社会保险及国民健康保险，亦设后期高龄者保险制度、"介护保险"等	《高龄人士雇用安定法》及银发人才中心
中国澳门	第一层社会保障——社会保障基金 主要为强制性供款制度，供款金额长工每月 90 澳门元（雇主 60 澳门元，雇员 30 澳门元）；亦设有任意性供款与非全职或就业人士供款。 第二层社会保障——非强制性中央公积金制度 2018 年 1 月 1 日推行 共同计划由雇主自愿设立，雇员自愿参与。雇主及雇员每月按雇员工资的 5%分别供款	以社会安全网为原则，设社会救济金、残疾金、丧葬津贴等 社保基金养老金 有参与非强制中央公积金人士于 65 岁后能提取供款和投资回报款项	政策没有设立正式退休年龄及长者就业政策

三、政策现况

政府现实施双层式社会保障制度，基本执行及运作模式如表 2 和表 3 所示。

表 2　澳门特区的双层式社会保障制度

第一层	第二层
社会保障基金	非强制性中央公积金制度
强制性供款制度	共同计划由雇主自愿设立，雇员自愿参与
长工每月供款 90 澳门元（雇主 60 澳门元，雇员 30 澳门元） 设任意性供款与非全职或就业人士供款 由社会保障基金执行及管理	雇主和雇员每月各按雇员基本工资的 5%供款 亦设有个人计划，自行增加供款比率 供款由私人基金公司营运，政府监管

　　长者于 65 岁退休后，估算全年从社会保障制度获得的款项（截至 2018 年 11 月的数据）为 69850 澳门元，即每月 5820 澳门元。

表 3　长者获得的社会保障款项

津贴款项类别		金额
政策固定津贴	敬老金	9000 澳门元/年
	养老金	3450 澳门元/月×13 个月
按政府当年财政状况及特首特别批示之津贴	政府现金分享	9000 澳门元/年
	政府于公积金个人账户额外注入款项	7000 澳门元/年
	医疗券（非现金发放）	600 澳门元/年

四、政策缺口

　　王卓祺指出量度富裕经济体的相对贫穷线，一般以住户中位数收入 50%之下为贫穷人口。赖伟良（2011）指出澳门特区养老保障虽较以前多，但只约是居民收入中位数的三成，调升至四成才符合国际劳工组织四成至五成的最低标准。赖伟良提出现时社保养老金、敬老金，加上央积金个人账户拨款，每名合资格长者每月平均合共 4988 澳门元，占个人工资中位数约 26.7%，建议上调至 35%~40%，并将敬老金与央积金个人账户的拨款合并，以节省行政资源。

　　陈观生反映澳门特区养老保障政策最早见于 1938 年葡萄牙殖民政府成立的救济及慈善总会，即现社工局的前身，以保障最低生存为目标。同时社保基金忧虑：基金未来支付或面临巨额资金缺口，未见有真正解决办法。退休规划主要包括：退休后的消费、其他需求及如何在不工作的情况下满足这些需求。单纯靠政府的社会养老保险，只能满足一般意义上的养老生活。建议在有工作能力时积累一笔退休基金作为补充，此外，也可在退休后选择适当的业余性工作为自己谋得补贴性收入。

五、研究发现

若按退休年龄为 65 岁，寿命为 84 岁，通胀率为 1.23%，人均每月开支 10976 澳门元计算，退休后的每月支出（以将来价值计算）是 16877 澳门元，即退休后基本生活所需的总金额（以将来价值算）为 3578789.9 澳门元。

以双层式社保为基础计算，第一层强制性社会保障基金每月获得 5820 澳门元，每年 69850 澳门元，第二层非强制性中央公积金制度，按统计暨普查局资料，澳门特区 2018 年第一季度每月收入中位数 20000 澳门元，雇员每月自愿供款 5%，雇主每月自愿供款 5%，预计每年投资回报率为 2%（以稳定资本基金计算），通胀率为 1.23%，预期非强制性中央公积金制度收入为 4558319 澳门元。

第一层社保强制性供款制度的退休预计收入为每月 5820 澳门元，只能达到澳门特区基本维生指数水平。而第二层非强制性中央公积金制度收入预计为 4558319 澳门元，此金额的累积必须要连续、无间断连续工作 35 年，期间没有任何突发支出或家庭变故，且是在投资有稳定的回报率情况下。减去固定房屋支出 1260000 澳门元后（2018 年经济房屋两房建筑面积七百尺单位售价计算），实际可用的金额为 3298319 澳门元。按退休所需金额 3578789.9 澳门元估算，实际可用的金额不足应付退休的基本支出。

除了计算个人养老保障外，澳门特区还将步入超老龄社会，统计暨普查局资料显示 2036 年抚养比率（%）72.9＝1 长者：1.37 成人，每名成人需给付 1 名长者的费用，每名成人除了要储备个人的支出外，还要承担额外一个人的支出，总计 6596638 澳门元。以目前的双层式社会保障制度，在全民参与的情况下也仅够 1 名长者退休的基本所需，难以应对澳门特区未来超老龄化社会的情况。要达到美好退休生活的大目标，仍有很大的距离。

六、政策建议

（1）增加现金分享 9000 澳门元，以注资央积金账户取代现金，鼓励长远储蓄，进行基金投资，累积退休财富。

（2）参考荷兰政府支付国民年金的制度，倡议澳门特区政府考虑强制性央积金由雇员、雇主和政府三方共同负担。

（3）增大目前央积金的供款比率（由 10% 升至 35%），为低收入人士设立供款上限，政府补贴。

（4）将现在澳门特区的非强制性央积金转为强制性央积金，让更多的澳门特区居民能够参与此计划。

（5）加强市民及早退休准备，研究市民的退休观念，多个国家为应对老龄化社会问题，都提出了加强长者就业政策措施。

（6）鼓励伦理性家庭供养制度模式，若子女或家人愿意与长者共住，政府会提供减税、照顾者津贴或房屋改装津贴及购置房屋优惠措施。

（7）设立创新的央积金方案，效法其他地区为央积金设立特别账户（作购屋、医疗、保险费或子女教育费之用）及退休账户。

（8）设立机制，鼓励未能参与非强制性央积金的澳门特区居民购买退休保险，如参与能豁免家庭直系亲属的税项。

（9）建议参照世界银行的老年经济保障模式制定社会福利政策，设立五层制度。

（10）建议澳门特区政府在经济许可的情况下，按澳门特区每年税收的特定百分比，回馈纳税人的强制央积金账户。

七、总结

2020 年澳门特区将成为全世界最有钱的地区，拥有丰厚财政储蓄的政府应还富于民，不只通过现金分享等措施，更要带动澳门特区完善社会保障制度，做好幸福城市规划。面对长寿，最大的财富忧虑在于"医疗费用不断上涨"，然后为"不晓得要做多长远的投资"，最后为担心要为了维持更长久的财富而"降低生活水平"，应尽早进行理财计划及退休准备。要打破退休的迷思，一般长者退休就完全停止进行有收入活动，倡议鼓励性措施使长者继续有效地工作。同时，优化澳门特区社会保障框架，其主要依靠政府的经济支持，建议通过研究及早制定社会保障的全面框架，达到长者十年规划提及的构建"老有所养、老有所属、老有所为"共融社会的目标。

参考文献

［1］陈嘉琪，梁嘉杰. 2020 年澳门将成世界最有钱地区［EB/OL］. http：//www.mastvnet. com/news/Macao/2018-08-17/175125. html.

［2］世界银行. 21 世纪的老年收入保障——养老金制度改革国际比较［EB/OL］. http：//documents. worldbank. org/curated/en/363541468142778753/pdf/3267200ld1Age1Inc1Supp1Full1Chinese.pdf.

［3］柯木兴，林建成. 浅谈世界银行多层次"老年经济保障模式"［J］. 国政分析，2005（3）.

［4］澳门社会工作局. 国际养老政策及理论研究报告［EB/OL］. http：//www. ageing. ias. gov. mo/consult/documents.

［5］王卓祺. 中央公积金与强积金扶贫及养老作用比较——"新加坡有 38% 穷人"的联想［EB/OL］. https：//news. mingpao. com/ins/instantnews/web _ tc/article/20180831/s00022/1535632125549.

［6］赖伟良. 养老保障应升至收入中位数四成［EB/OL］. http：//job853. com/MacauNews/news_list_show_macao. aspx？type = 1&id = 101746.

［7］赖伟良. 设长者医疗券增至二千元［EB/OL］. http：//www. macaodaily. com/HTML/2017-11/02/content_1219533. htm.

［8］陈观生. 让本澳居民过上体面退休生活仍任重道远［EB/OL］. http：//www. waou. com. mo/news_g/shownews. php？lang = cn&id = 16644.

［9］2018 财政报告施政报告［EB/OL］. http：//www. sohu. com/a/218737176_476397.

［10］统计暨普查局 2018 年 1 月至 3 月就业调查［EB/OL］. https：//www. dsec. gov. mo/Statistic/LabourAndEmployment/EmploymentSurvey/2018%E5%B9%B41%E6%9C%88%E8%87%B33%E6%9C%88%E5%B0%B1%E6%A5%AD%E8%AA%BF%E6%9F%A5. aspx.

［11］预测 2020 年本港 GDP 全球第 10　澳门势成最富裕地区［EB/OL］. https：//www. singtao. com. au/172%E5%8D%B3%E6%99%82/601557%E9%A0%90%E6%B8%AC2020%E5%B9%B4%E6%9C%AC%E6%B8%AFGDP%E5%85%A8%E7%90%83%E7%AC%AC10%E6%BE%B3%E9%96%80%E5%8B%A2%E6%88%90%E6%9C%80%E5%AF%8C%E8%A3%95%E5%9C%B0%E5%8D%80/？fromG = 1.

分论：

粤港澳大湾区
社会养老保障的发展

香港特区退休保障制度未来的发展方向

周永新① 蔡其新②

摘 要： 香港特区社会对退休保障制度改革进行大规模讨论已是 20 世纪 90 年代。随着近十年香港老龄化日趋严重，当前特区政府和社会已有强烈共识针对退休保障制度进行迫不及待的改革，以改善退休保障水平。本文将从香港特区老龄化日趋严重的具体背景，回顾近两届特区政府执政期间特区政府及劳资三方对香港特区退休保障制度改革尤其是取消作为社会保障第二支柱的强积金"对冲"解决方案的讨论和争议，从客观数据观察和案例分析香港当前社会保障制度改革的缺陷和误区，最后对香港退休保障制度未来发展方向提出一些有建设性的看法，尤其关注香港特区退休保障制度的可持续性和具体操作的公平性问题。

关键词： 香港；退休保障制度；发展方向

一、香港特区退休保障制度改革的背景

香港特区人口急剧老化，退休人口比例正不断攀升，预计到 2034 年，其所占比例将会增至 28%；而到 2064 年，更会高达 33%。香港特区已是一个成熟的经济体，加上人口老化，未来难以像过去 50 多年来长时间保持较高速的增长，随之而来的是香港特区人口年龄结构的深刻变化。

2005 年，世界银行进一步提出更完善的长者收入保障体系，即五条支柱结构，五支柱分别是：

0——给予贫困长者最低收入的社会保障制度；

1——公共退休保障金；

2——强制性职业或个人的退休保障计划；

---

① 周永新，香港大学社会工作及社会行政学系荣休教授；②蔡其新，澳门大学政府与公共行政学系硕士研究生。

3——自愿性的储蓄制度；

4——非正式的支援（如家人支援）及其他非财务的支援（如公共医疗服务）。

强制性公积金（强积金）制度可看作是第二层支柱，强积金制度于 2000 年 12 月实施之前，香港特区社会约 340 万的就业人士中，只有约 1/3 享有退休保障。在制度实施以后，截至 2013 年，约 85% 的就业人士已获得退休保障。

根据积金局的数据，2016 年底香港特区 379 万就业人口中，73% 的就业人员参加了强积金计划，参加其他退休计划的占 12%，无须参加本地退休计划的占 12%，剩下应参加强积金计划而未参加人士仅有 3%，强积金的覆盖率非常高（见表 1）。

表 1　香港强积金制度参与情况

年份	与强积金制度有关的人口（千人）			参与情况（千人）			登记率（%）		
	雇主	有关雇员	自雇人士	雇主	有关雇员	自雇人士	雇主	有关雇员	自雇人士
2011	258	2363	330	252	2341	229	98	99	70
2012	261	2392	337	260	2375	220	100	99	65
2013	268	2486	341	264	2485	212	99	100	62
2014	273	2540	317	271	2507	208	99	99	66
2015	276	2549	304	276	2549	205	100	100	68
2016	277	2584	298	277	2584	202	100	100	68

资料来源：2017 年香港统计年刊。

推行社会保障是香港特区政府的责任，它通过无须供款的社会保障计划，向有需要人士提供援助。由社会福利署管理的社会保障计划有以下几种：

第一，综合社会保障援助（综援）计划采用现金援助方式，协助有需要的家庭达到一定收入水平，以应付生活上的基本需要。援助金大致分为下列三类：按不同类别的综援受助人而发放的标准金额，以应付基本及一般需要；根据个别受助人的特别需要而发放的特别津贴，以支付租金、必需的交通费、学费及特别膳食费用等；发给特定类别受助人的长期个案补助金、单亲补助金、社区生活补助金、交通补助金及院舍照顾补助金。

第二，公共福利金计划设有高龄津贴（包括广东计划及福建计划）、伤残津贴及长者生活津贴。高龄津贴及伤残津贴分别为年龄在 70 岁以上或患有严重残疾的香港特区居民每月提供定额津贴，以应付年老或严重残疾。

第三，家庭及儿童福利服务：社会福利署或受资助非政府类机构提供各类家庭及儿童福利服务，目的是维持和加强家庭的功能。

2012 年 7 月，梁振英出任香港特别行政区行政长官，宣布在现有社会保障措施中，加入长者生活津贴，协助略有积蓄的长者，在综援和高龄津贴之外，每月可以领取约 2500 元的生活津贴。另外，鉴于雇主可以在雇员强积金账户中支付遣散费和长期服务金，梁振英认为此举不但引起社会极大争议，也削弱了强积金的退休保障功能，对中下层雇员尤为不利；因此，梁振英提出，香港特区政府必须尽快寻求解决方案取消"对冲"。

2017 年 7 月，林郑月娥出任行政长官，随即兑现她在竞选时的承诺，提出取消强积金"对冲"的具体方案，虽然方案仍有待雇主和雇员接受，但在加强强积金的退休保障功能方面，总算踏出重要的一步。另外，林郑月娥还提出，把长者生活津贴分为普通和高额两种，令资产和收入不多的长者可以领取高一些金额的生活津贴。2018 年 7 月，在改善退休保障制度的大前提下，香港特区政府推出"终身年金计划"，让有一定资产的长者可以自制"长粮"。

在 2018 年 10 月的最新施政报告中，提及取消强积金"对冲"，但未见具体方案出台。而施政报告中提及劳工事务局推行的两项新措施为方便长者到内地养老，将继续推行广东计划及福建计划，向选择移居广东省或福建省的合资格长者每月发放高龄津贴；以及扩展广东计划及福建计划，向选择移居广东省或福建省的合资格长者每月发放长者生活津贴（包括普通额和高额津贴）。通过跨部门及机构的协作，优化综合社会保障援助健全受助人的就业支援，以提供更聚焦的就业和再培训服务，促进自力更生。

二、过去有关退休保障制度的讨论

退休保障政策的争论点之一就是如何融资解决预期将会越趋严重的财政压力。当前香港特区政府推行的高额长者生活津贴是全民退保的翻版。

（一）高额长者生活津贴和公共年金

香港特区政府曾在宣传片上大力推广公共年金计划，同时社会福利署宣布，年满 65 岁的香港永久性居民，可申请新引入的高额长者生活津贴（高额长生津），每月 3485 元。劳工及福利局局长罗致光曾在网络上发文，表示公共年金计划于 2018 年中推出后，长者可按个人的经济状况，结合年金和长者生活津贴，确保自己老年有稳定的收入。

罗致光在文章中举例说，一名 65 岁男士退休时有 60 万元资产，已超出长者生活津贴限额，但若他用其中 50 万元购买公共年金，变相只剩 10 万元资产后则符合领取下月起实施的高额长者生活津贴资格，每月金额有 3485 元，加上每月年金收入 2900 元，每月共可获 6385 元。

现有退休保障安排最为人诟病的一点是，香港特区政府提供的社会保障措施中不设收入和资产审查的只有高龄津贴，但它每月 1345 元只够买水果用；若要申请金额较高的长生津或综援，长者必须接受收入和资产审查，即使长者不抗拒，也总觉得尊严受损。强积金到现在推行了 18 年，但雇员积累的金额，每个账户平均不到 20 万元，低薪的且因"对冲"多只有自己供款的部分，发挥的退休保障作用明显不足。

现在罗致光的想法是把高额长者生活津贴和公共年金结合起来，使之成为一般市民退休保障的安排，除了可以让市民对自己的退休生活有更好的打算外，还可冲破现有各项退休保障措施不同的局限。早于 2017 年财政司司长宣布公共年金计划的时候，罗致光就已提出公共年金可与长生津互相配合，不同经济状况的长者便可按需要计划自己的退休保障，他在 2017 年出版的《创建公平和关爱社会》一书中亦有详细分析。当时仍要澄清的问题是：长者投放于年金计划的金额，是否会被计算作为申请长生津的资产？现在罗致光做了解释，放在年金计划（包括公共和私营）的资产并不会计算在内，但从年金计划每月得到的收入，却必须计算作为长者的收入；换句话说，无论长者申请的是高额或普通长者生活津贴，每月收入必须少于两者所定的限额才符合领取的资格。

（二）结合年金和长者生活津贴对退休保障带来的影响

这样结合年金和长者生活津贴的安排，将会对香港特区未来的退休保障制度带来怎样的影响？从表 2 的长者社会保障的领取数字可见，截至 2018 年 3 月 31 日，领取综援的长者个案有 144129 宗、高龄津贴有 249587 宗、长者生活津贴有 483800 宗、广东计划有 16689 宗。领取综援的长者个案，有些是 60~64 岁，而整体个案中也有两老家庭，所以 65 岁及以上长者领取综援的数目，并没有准确数字，但估计应在 15 万宗左右；另外，领取伤残津贴的有 147485 宗，其中不乏长者，若以一半计算，加上高龄津贴、长者生活津贴、广东计划等长者的数目，合共 973818 人。香港现在 65 岁及以上的人口约有 120 万人，接受各项社会保障措施的长者占了长者人口的 80%，香港特区政府早前提及的相关数字是 78%。

表2　长者社会保障的领取个案（截至 2018 年 3 月 31 日）

项目	数量（宗）
长者综援	144129
高龄津贴	249587
长者生活津贴	483800

项目	数量（宗）
广东计划	16689
伤残津贴	147485

资料来源：香港特别行政区政府社会福利署网页。

现在的问题是：到 2018 年 6 月高额长者生活津贴推出后，多少长者会以年金与高额长者生活津贴结合的方式作为自己的退休保障？首先，现在领取长者生活津贴的 48 万多名长者，他们申请时填报的资产不会超过 33 万元（约数，下同），他们可以轻易把部分资产投放在年金计划，只要余下的不超过 15 万元，他们便可符合资格按月领取 3500 元的高额长生津。领取高龄津贴的，他们拥有的资产应在 33 万元以上，但就算现在他们拥有 115 万元，他们只要把 100 万元放在年金计划，每月收到的年金不会超过高额长生津定下的 6000 多元限额；换言之，他们应可符合资格领取高额长生津。至于有多少现在领取综援和伤残津贴的长者会转去申请高额长生津，很难有准确的预测，但相信数目不会少。总的来说，有了公共年金计划和高额长生津，本文的估算是有 70 万～80 万名长者领取高额长生津，约为长者人口的 70%。若以 75 万名长者计算，香港特区政府一年用于高额长生津的支出将达到 315 亿元（750000 名长者×3500 元×12 个月）。随着香港特区老年人口不断增加，这笔数目的增长率应高于香港特区的经济和特区政府经常性开支的增长率。

（三）高额长生津是老年金的翻版

还有一点必须指出，公共年金和高额长生津互相配合的安排，实际上已达到全民退休保障的要求。2014 年 8 月，香港大学社会工作及社会行政学系研究团队发表《香港退休保障的未来发展》报告书，建议香港特区政府设立老年金，按月发给每名符合资格的长者 3000 元，并不设立任何收入和资产审查。建议并未得到香港特区政府的接纳，而香港特区政府属意的，即今天推出的高额长者生活津贴。从另一个层面讲，若只协助经济有需要的长者，可仿效澳大利亚的做法，剔除拥有资产超过 100 万元的长者，如此，符合领取老年金资格的长者不会超过 80 万名。

现在香港特区政府提出的高额长者生活津贴与公共年金结合的方式，简单来说，就是容许拥有资产不超过 115 万元的长者都可领取高额长者生活津贴。香港特区政府始终必须给予大部分长者每月 3000 多元的生活津贴；但这样做除了增加行政审查费用外，得不到受惠长者的感谢，因为没有尊重他们应享的权益。所以，就算高额长者生活津贴发挥了老年金的退休保障作用，也只可视为老年金的翻版。

最后，如果拥有超过 100 万元的长者仍可申请高额长者生活津贴，这样，高额长生津设立的目的，真的为经济有需要的长者而设吗？还是为无论贫富的年长香港特区居民提供基本的生活保障？学习其他国家和地区为自己的居民设立老年金，应该明白时代不同了，市民的期望也不同了，如果香港特区政府的公共政策仍囿于"协助经济条件无法应付自己生活需要的市民"，现在市民面对的"上楼难、看病挤、等候住院时间长"的问题，将永远无法得到圆满解决。

三、香港特区退休保障制度改革的困局

（一）取消强积金对冲势在必行

取消强积金对冲机制的争议，提上议程已超过 10 年，到梁振英出任行政长官，承诺检讨取消对冲的安排，最终于离任前提出解决办法，但劳资双方皆称对方案不可接受。林郑月娥竞选特首时，曾承诺取消强积金对冲是她上任后首要处理的民生议题之一；2018 年 4 月，政务司司长张建宗和劳工福利局局长罗致光分别向工商界和劳工界介绍取消对冲方案内容。

为什么要取消强积金对冲？最直接和简单的答案是：对冲严重削弱了强积金的退休保障功能，对月入在工资中位数以下的雇员来说，对冲使 18 年来累积的强积金中雇主的供款部分剩余无几。大多雇主反对取消对冲的理由是：当遣散费和长期服务金（长服金）于 1974 年和 1986 年引入《雇佣条例》时，一开始便容许雇主按雇员年资储蓄的酬金或公积金的金额抵消遣散费和长服金，所以强积金的对冲机制只是承继过往有关安排，并非雇主在成立强积金时的额外要求；雇主认为他们是按法理行事，至于强积金未能发挥退休保障的作用，特区政府应该考虑引入其他措施，完善现有退休保障制度，不应把责任推到雇主身上，好像雇主是伤害雇员权益的罪魁祸首。

现在劳工界和雇主团体对取消对冲的关注，可以说各有道理：强积金对冲一日不取消，劳工的退休保障无法改善；但强积金对冲一旦取消，雇主必须承担额外支出。罗致光局长明言，取消强积金对冲势在必行，可是取消强积金对冲后，这笔每年数以十亿元计的遣散费和长服金的支出，又由谁来支付？

1. 谁来承担遣散费和长服金支出

对于取消强积金对冲以后的安排，劳资双方都曾提出建议。劳工顾问委员会曾有共识，在取消对冲后，特区政府一次性注资至少 200 亿元成立基金，并由雇主为每名雇员多供 200 元存入基金，以支付长服金及遣散费；这样的安排，特区政府承担的责任最大，因为基金一旦用罄，特区政府必须加码注资。职工盟也曾提出方案：取消对冲后，设立由雇主按雇员收入 0.5% 供款的基金，特区政府也

注资 50 亿元，但雇主支付的长服金和遣散费，只可从基金取回一半金额；这样的安排，雇主承担最大，特区政府的责任限于开始时注入的 50 亿元。而五大商会的意见是：保留对冲，然后由雇主和特区政府各按雇员薪金多供 1%，注入雇员强积金账户；这样的安排，简单来说，是雇主和特区政府各承担一半取消对冲后的支出。

2. 香港特区政府提出的方案构思复杂

香港特区政府在 2018 年 3 月底提出的方案，构思在取消对冲后，雇主额外按雇员薪金 1% 注入专项账户，用作支付遣散费及长服金；另外，特区政府投放 172 亿元为雇主提供两层补贴，办法是法例生效后，前三年的补助率是 50%，其后递减至第 12 年的 5%。香港特区政府提出的方案，劳工界大致表示欢迎和接受，声称多年取消强积金对冲的努力终于看到了曙光。雇主团体和商会的反应异常激烈，但并非针对方案的具体内容，而是香港特区政府事前没有咨询他们的意见，特别是没有接受他们保留对冲的要求。劳资双方对香港特区政府的方案，连基本的原则都无法达成共识，细节的商谈看来将遥遥无期，今届特首任期内取消对冲的前景并不明朗。

就算该方案原则上得到了劳资双方的接受，但其构思的方案其实十分复杂，不少地方需要澄清。即使对强积金制度有一定认识，但仍然对方案不太了解：例如雇主按员工薪金 1% 供款，指的是全部员工薪金的 1%，还是根据强积金供款的计算方法？又如香港特区政府的双重补贴，涉及的金额是预先存入专项账户，还是雇主每次支付遣散费或长服金都要申请？该方案也会令雇主和雇员难以明白自己的权益：雇主得留意补贴的比率，因前三年后每年都不相同，雇主要每年计算自己的责任；雇员虽可免去对冲之苦，但自己被遣散或终止服务时，雇主能否承担责任并非他们可以掌握，更有劳工界人士担心补贴终止前可能出现"解雇潮"。香港特区政府公布取消对冲方案后，劳工代表和工商界人士多坦言对方案仍有不少疑问，雇员一般不知方案的内容。

（二）终身年金反应冷淡　安老政策失误累事

香港特区政府推出的终身年金计划，截至 2018 年 8 月，认购的长者有 9410 宗，申请认购的金额 49.4 亿元，仅达到发行额的一半；香港特区政府原先估计反应会相当积极，且豪言可把发行额由 100 亿元增加至 200 亿元，现在看来没有这个需要了。为什么长者的反应这么冷淡？

1. 长者放弃申购终身年金缘由

终身年金是新鲜事物，尽管年金公司大力宣传，但长者购买需要考量的因素很多，而且都是一些十分个别的问题，年金公司提供的咨询热线并不能解答。

一方面，大多数长者不想向别人透露自己的储蓄。另一方面，终身年金的内部回报率预计约4%，评论一般认为过分保守和偏低，加上加息周期开始不久，长者觉得终身年金提供的回报并不吸引人；况且每月所得金额不会随物价调整，长者可能认为其他投资工具会更好。虽然以后可从年金得到稳定收入，但长者觉得钱离开了自己，就难以支配，尽管背后的保证人是香港特区政府，但一次性拿走多年的储蓄，种种原因就导致长者放弃了申购年金。

长者年纪大了没有固定收入，却有种种需要用钱的地方，特别是生病时的医疗费用，因此他们需要一笔随时可动用的资金。即使香港特区有接近免费的公共医疗服务，但市民都知道，除非急病或大病需要入住医院治疗，其他疾病最好还是到私家诊所或医院求诊，以免在公营医疗系统轮候；为了应付私家医疗服务高昂的收费，长者必须多预留些钱在身边。研究显示，人一生中用于看病的医疗费用，一半以上都是用在人生最后五年。无论年轻时如何健壮，过了65岁，病痛自然多起来。调查发现，香港特区超过一半长者都患有一种以上慢性病，例如高血压、糖尿病、关节痛等，这些病需要长期吃药和花钱治疗，长者需要一定积蓄来应对。

2. 长者最怕年纪大了需要他人照顾

其实，长者最怕的还是年纪大了需要由他人照顾：以前家庭成员较多的时候，照顾责任还可由家人分担，现在却多只能依靠老伴（如果老伴还健在）。特区政府推行"居家安老"（Care In the Community）的政策，鼓励长者如非必要情况则避免入住院舍；政策的原意是好的，但照顾在社区居住的长者，家人实在过于吃力，因为这是一份24小时终日不休的工作。

即使设计有社区"上门"的支援服务，也有各种形式的资助院舍，但需要他人照顾的长者都知道：社区支援服务轮候时间为半年至一年，而护理员只能在家中停留短时间，其他时间只能自理；至于入住资助院舍，轮候时间长达三年以上；有些急需入住院舍的长者，家人只好无奈地把他们送去情况不理想，甚至条件极度恶劣的私营安老院。

3. 总要有100万元应付长期照顾需要

长者无法避免无人照顾或入住院舍的情况，因此必须有足够金钱储备。粗略计算，聘用外佣在家中照顾自己（假设住所有空余地方），一年开支要10万元，还不包括自己所需的生活费和医疗开支；所以，就算长者自身有储蓄100万元，一旦需要他人照顾，也只能保证自己有五六年的安定生活。如果需要入住院舍，轮候资助院舍期内，自己最好有能力入住设备和人手较理想的私人院舍，以现在香港特区办得较好的院舍收费来计算，每月需2万~3万元，一年的住院支出就是30万~40万元，三年的轮候期就超过100万元。因此，长者要想安心，身边就要有 100 万元的储蓄，否则一旦需要由他人照顾或入住院舍，生活将陷入困境。

综合以上考虑，特区政府推出的终身年金不受欢迎是意料中的事，特区政府的"年金+长者生活津贴=全民退保"的完美规划也难以实现。现在认购终身年金的 9410 申请宗数中，看来只有极少数是为了符合资格领取长者生活津贴而申请，绝大部分是有相当储蓄的长者，目的是避免投资风险，于是把部分储蓄认购终身年金。换言之，终身年金只是"锦上添花"，没有足够储蓄，只好接受收入和资产审查（特区政府称是"申报"）才可领取的生活津贴，对这 50 万名受惠的长者来说，终身年金并不如特区政府说的"多一个选择"。

总而言之，终身年金最使长者望而却步的，还是一次性要交给年金公司 100 多万元，这对没有太多积蓄的长者来说是一个大数目。新加坡政府也要求国民在领取公积金后购买年金，但遭到国民强烈反对，最后特区政府只好让步，强制国民只需把部分公积金购买年金，足够他们退休后基本生活开支。中国香港没有效法新加坡做法的可能性，一来香港特区的强积金供款额低，到现在雇员账户积累的强积金不到 20 万元；二来特区市民自己应有如何使用资金的决定权，除非特区政府愿意补贴，例如长者购买年金所用金额，特区政府会等额资助，这样长者才可能会有意愿购买年金。

（三）揭示特区政府安老政策仍未到位

终身年金反应冷淡，揭示特区政府的安老政策仍未到位，至少在以下两方面有改善的空间：第一，特区政府应该重新审视长者生活津贴发挥的退休保障作用。终身年金无法协助长者解决养老问题，特区政府是否仍要长者接受收入和资产审查才可以领取生活津贴？这种做法不但十分扰民，而且漠视长者的应有权益。第二，特区政府应该重新审视长者长期照顾和院舍照顾的政策，并寻找更有效的应对办法，不应迫使数以万计有需要的长者长期轮候服务。终身年金不受欢迎是小事，安老政策失误是大事，令众多有需要的长者生活在痛苦之中更是大事。

四、香港特区退休保障制度未来的发展方向

本文同意香港特区政府取消对冲是势在必行。现在问题的焦点是：对冲取消了，雇主原先可用强积金雇主供款部分来支付遣散费和长服金，那笔钱现在由谁来支付？若有其他资金代替，代替的资金从何而来？

（一）融合各方意见的新安排

本文以特区政府最新提出取消对冲的方案作为蓝本，也参考了工商界及劳工团体的建议，构思了一个融合各方意见的安排，希望能打破僵局，雇员的退休保障不再因对冲而蒙受损失。构思新安排的时候，盼望代替对冲的资金，能符合以

下准则：

第一，新安排能尽快代替对冲，避免四五年的等待时间；对冲取消后，雇员享有的遣散费和长服金必须丝毫没有改变。因此，以新安排生效的日期作为分界线，在此日之前，雇员依例享有的遣散费和长服金，雇主必须承担责任，但可从强积金雇主供款部分扣除；在新安排生效之后，雇员享有的遣散费和长服金一切依旧，雇主可从新设的专项账户提取所需支付的金额，不足之数由雇主承担。也就是说，新安排不会改变雇员现行享有的权益。

第二，新设立的专项账户附属企业现有的强积金账户，将来注入的资金只供雇主用作支付遣散费和长服金，企业一旦倒闭，专项账户在扣除遣散费和长服金后若有剩余，应视作企业抵消债务的资产。换言之，新设的专项账户与强积金账户同时存在，在新安排生效之前，雇主从强积金雇主供款部分提款支付遣散费和长服金，新安排生效后，雇员相关权益重新计算，遣散费及长服金从专项账户支付。

第三，新安排必须简单易明，操作容易，雇主和雇员都清楚自己的权益和责任，以求达到雇员无须等候多时才可获发遣散费和长服金，雇主也不用经过繁复手续才可领取特区政府的补贴；简单一句："计数易、攞钱快"。

按照以上准则，新安排下的企业专项账户，本文建议账户的资金来自雇主和特区政府的供款，为期 10 年，两者的比例如下：雇主按照强积金条例下雇员薪金的定义增加供款 1%，连同原有的 5%，合计 6% 分别注入强积金及新设立的专项账户；特区政府注入的资金，是雇主增加供款的一半，即 0.5%。企业专项账户累积的资金，雇主只可用来支付遣散费和长服金；因雇员享有遣散费和长服金权益是重新安排生效之日开始计算，所以专项账户设立最初几年，账户应有足够资金应付支出。这样，新安排是否能被劳资双方所接受？

（二）企业专项账户是合理和妥善的代替安排

根据积金局提供的数字，2017 年已收的强制性供款是 564.94 亿元（见表 3），是雇员和雇主按照强积金条例下雇员薪金合计 10% 缴交的供款，雇主增加 1% 注入专项账户，即每年额外缴 56.4 亿元；特区政府的承担是雇主的一半，即每年 28.2 亿元，两者合计 84.6 亿元，10 年是 846 亿元。

表 3　2017 年强积金已收强制性供款

强积金已收强制性供款	2017 年（百万元）
第一季度	14483
第二季度	13871

强积金已收强制性供款	2017 年（百万元）
第三季度	13931
第四季度	14209
全年	56494

资料来源：强制性公积金计划管理局季刊。

专项账户 10 年内累积的 846 亿元，是否足够支付遣散费和长服金？强积金于 2001 年开始供款，至 2016 年，对冲拿走强积金雇主的供款共 320 亿元，虽然近年"冲走"的金额较多（2014 年是 30 亿元、2015 年是 34 亿元、2016 年是 39 亿元，2017 年是 43 亿元），但强积金成立初期，雇主的供款数额有限，所以到了近年，"冲走"的数目不断上升。不过，参考强积金的经验，新安排的专项账户 10 年内累积的金额既有 846 亿元，也可应付同期雇主支付的遣散费和长服金。

即使整体可以应付，但个别雇主是否会遭遇困难？个别情况可能发生，表 4 是两个假设的例子：企业 A 是小型企业，雇用 20 人，假设月薪平均 1.5 万元，5 年后离职或遭遣散 5 人，因专项账户累积金额达到 27 万元，支付的金额只需 25 万元，企业 A 的雇主应可应付；企业 B 是中型企业，注入资金也多于所需支付的遣散费和长服金。当然，可能有个别企业 10 年内超过一半雇员离职或遭遣散，但数目应属极少数。近年来，新成立的企业偏向中小型，甚至只雇用几位雇员，加上员工流动率高，服务超过 5 年可领取长服金的雇员不多。其实，更值得关注的是，饮食业和建筑业的雇员为数不少，如何处理他们的遣散费和长服金是大问题，但专项账户若与强积金账户连在一起，可参考强积金行业计划的做法。

表 4　新安排下专项账户的收支情况

企业 A
新安排实施后 5 年   雇用 20 人，假设月薪 1.5 万元，期内 5 人离职/遭遣散
注入资金：   雇主：1.5 万元×1%×60 个月×20 雇员＝18 万元   特区政府：1.5 万元×0.5%×60 个月×20 雇员＝9 万元   雇主支付 5 名员工的遣散费/长服金：1.5 万元×2/3×5 年×5 名雇员＝25 万元

续表

企业 B
新安排实施后 10 年 雇用 50 人，假设月薪 1.5 万元，期内 10 人离职/遭遣散

注入资金：
雇主：1.5 万元×1%×120 个月×50 雇员＝90 万元
特区政府：1.5 万元×0.5%×120 个月×50 雇员＝45 万元
雇主支付 10 名员工的遣散费/长服金：1.5 万元×2/3×10 年×10 名雇员＝100 万元

　　资料来源：强制性公积金计划管理局季刊。

　　为什么要以 10 年为期？参考以上强积金对冲的数字，本文的估计是：大部分企业的专项账户 10 年后都应有结余，而且数目不会太少；这笔余数，雇主可继续用来支付遣散费和长服金，雇主如果愿意，可继续注入雇员薪金的 1%以表明自己作为雇主的责任。但特区政府 10 年的财政承担应已足够，不应让纳税人的钱去长期补贴雇主的责任。雇主若要坚持特区政府必须无限期补贴下去，也不会得到多数民意的同意。其实，本文提出的新安排，特区政府 10 年内的支出达 282 亿元，比原先愿意承担的 172 亿元多了 110 亿元，但这是 10 年分摊的数目，即每年 11 亿元，为了 280 万劳动者的福祉，特区政府不应节省财政开支。

　　（三）结论
　　香港特区人口老龄化趋势日益严重已是不争的事实，特区政府除了需要正视人口老龄化对整体人口结构造成的负面影响，还要意识到其社会保障上的财政负担会持续加重，迫切需要建立一个符合自身社会需要和特殊情况的退休保障制度。
　　香港特区政府在设计和改善退休保障制度之时，能确保社会上所有的长者都得到足够的基本收入保障，同时必须考虑到制度公平性和可持续性，既要平衡特区政府、雇员和雇主三方的责任和义务，又要体现退休保障制度的社会价值。当前取消强积金"对冲"必须兼顾劳资双方的切身利益，提升强积金的退休保障功能。最终香港特区退休保障制度的完善还需要其他支柱的配合，才能进一步改善整体退休保障的效果。

参考文献
　　［1］香港便览. 强制性公积金［EB/OL］. 2015-12, https：//www. gov. hk/tc/about/abouthk/factsheets/index. htm.
　　［2］香港便览. 社会福利［EB/OL］. 2018-04, https：//www. gov. hk/tc/about/abouthk/

factsheets／docs／social_ welfare. pdf

　　［3］香港特别行政区政府. 2018 年香港特区行政长官施政报告 ［EB／OL］. 2018-10，ht-tps：∥www. policyaddress. gov. hk/2018/chi/policy. html.

　　［4］周永新教授研究团队. 香港退休保障的未来发展研究 ［EB／OL］. 2014-08，https：∥www. pico. gov. hk／doc／en／research_ reports／Future_ Development_ of_ Retirement_ Protection_ in_ HK_ main_ report. pdf.

东莞市建立城乡一体社会养老保险制度的探索与经验

熊素冰①

摘　要：东莞市委和市政府在经济发展的同时，积极完善基本养老保险制度，开创了社会保险的"东莞模式"。本文总结了东莞市农（居）民基本养老保险的发展历程、城乡一体社会养老保险制度的建立背景、制度的设置特色和制度的实施效果，期为其他地区建立城乡一体社会养老保险制度提供借鉴。

关键词：城乡一体化；养老保险；城乡统筹

东莞市位于珠江三角洲东北部、穗港经济走廊的中间，是广东省的一个地级市。目前，东莞市下辖4个街道、28个镇、2个园区，共248个社区、350个村。截至2015年末，东莞市常住人口825.41万人，其中本市户籍人口195.01万人，非本市户籍从业人员逾600万人。改革开放以来，东莞市坚持以经济建设为中心，充分发挥地理人文优势，不断改善投资环境，大力发展以加工出口为主的外向型经济。东莞经济一直保持着高速增长的态势，财政收入、城乡居民的可支配收入连年增长，人民物质和精神文化生活水平不断提高。在发展国民经济的同时，东莞市委、市政府高瞻远瞩，早在1992年就提出了按"现代化城市格局建设东莞"的战略构想，并积极推进农村工业化和城市化的进程。经过40年的长足发展，在工业化的推动下，东莞由一个典型的农业县变成了颇具现代化规模的中等城市。在经济发展的同时，东莞市城乡居民也获得了较高的人均可支配收入，而且城乡收入差距逐步缩小。良好的经济条件，为东莞市完善基本养老保险制度提供了坚实的物质基础。

随着东莞农村城市化和城市现代化步伐的不断加快，社会保障机制城乡二元化格局的调整步伐也在加快。自1984年城镇企业职工基本养老保险制度正式实施以来，为解决城乡居民的养老保障问题，2001年东莞市又建立起农（居）民

---

① 熊素冰，东莞市社会保障局养老保险科科长、东莞市社会保险协会常务理事。

基本养老保险制度。2010年，根据工业现代化和农村城市化发展的总体规划与要求，在市委、市政府的高度重视和正确领导下，在省委、省政府的领导和上级主管部门的鼓励下，东莞市先行先试、勇于探索、大胆创新，将原有的农（居）民基本养老保险制度和城镇企业职工基本养老保险制度合二为一，在全市范围内实现了养老保险制度的一体化，用统一的制度覆盖了东莞的城镇职工、城镇居民、农村居民以及外来务工人员等不同群体，使东莞的社会养老保险制度充分体现了公平、公正的原则，较好地保障了户籍人口及全体劳动者的社会保险权益，开创了社会保险的"东莞模式"。本文从东莞市农（居）民基本养老保险的发展历程、城乡一体社会养老保险制度的建立背景、制度的设置特色和制度的实施效果等方面，总结经验，以期为其他地区建立城乡一体社会养老保险制度提供借鉴。

一、东莞市农（居）民基本养老保险的发展历程

改革开放使东莞市的现代化建设取得显著成效，城乡产业结构发生了巨大变化，全市农村经济由单一农业经济向以工业为主体的农、工、商一体化方向发展，土地不断向城市和工商业转移，农民对土地的占有量日益减少，土地的养老保障功能日渐弱化。特别是年龄大、文化低的农村人口和部分城镇居民的老年生活缺乏基本保障，此外，计划生育政策的落实也使得家庭养老保障的功能逐渐弱化。市委、市政府为解决农民的养老保障问题，从稳定农村，稳定社会，保持社会经济持续健康发展的高度考虑，于2001年1月参照城镇企业职工基本养老保险有关规定，按照统账结合的模式建立并实施了农（居）民基本养老保险制度，将未参加城镇企业职工基本养老保险的本市户籍城乡居民纳入养老保障范围。当时已达到年龄条件的老年户籍城乡居民，被直接纳入享受待遇的范围。尽管农（居）民基本养老保险与城镇企业职工基本养老保险一样实行社会统筹与个人账户相结合的模式，但各自独立运行，两个制度有明显差别：

（1）缴费水平不同。当时东莞市城镇企业职工基本养老保险的缴费基数为个人工资收入，缴费比例为18%，其中单位13%、个人5%，个人账户记账规模为缴费基数的11%。而农（居）民基本养老保险的缴费基数为统一的定额，2001年为400元/月，以后每年递增2.5%；缴费比例为11%，其中单位6%，个人5%，单位缴费部分由市财政、镇（街道）财政、村（居）委会集体经济按比例负担，个人账户记账规模为缴费基数的8%。

（2）待遇计发办法不同。当时城镇企业职工基本养老保险的基础养老金为全市上年度职工月平均工资的20%，个人账户养老金为个人账户储存额除以120。农（居）民基本养老保险的基础养老金标准为每人每月150元；个人账户

养老金为个人账户储存额除以 120。

（3）管理体制不同。当时城镇企业职工基本养老保险由市社会保险管理局负责管理，农（居）民基本养老保险则由市农民基本养老保险管理委员会办公室负责管理。

2006 年 6 月，东莞市进一步深化农（居）民基本养老保险制度改革，缩小两个制度的差异，为农（居）民基本养老保险与城镇企业职工基本养老保险并轨奠定制度基础。一是缴费标准逐步向城镇企业职工基本养老保险看齐。农（居）民基本养老保险参保人的缴费基数调整为东莞市职工最低工资标准，从 2006 年 7 月起缴费比例调整为 12%（其中单位 6%、个人 6%），并从 2007 年 7 月起递增。其中，单位缴费比例每年增加 1 个百分点，直至与全市职保缴费比例统一；个人缴费比例每两年增加 1 个百分点，直至调整到 8%。单位缴费部分继续由市、镇（街道）、村（社区）按比例共同分担。二是个人账户规模与城镇企业职工基本养老保险相同。参保人的个人账户调整为按缴费基数 8% 建立，个人缴费部分全部划入个人账户，不足部分从单位缴费中划入。三是待遇计发办法逐步向城镇企业职工基本养老保险看齐。达到国家规定的退休年龄（男 60 周岁、女 50 周岁），缴费年限满 15 年者，基本养老金按城镇企业职工基本养老保险的方法计发。对原已享受农（居）民基本养老保险、基本养老金，或缴费年限不满 15 年的人员，基本养老金按原农（居）民基本养老保险办法计发。四是统一管理体制。将原市社会保险管理局和市农民基本养老保险管理委员会办公室合并，新成立了市社会保障局，作为市政府组成部门。同时，成立隶属于市社会保障局的市社会保险基金管理中心，负责经办城镇企业职工基本养老保险、农（居）民基本养老保险及其他社会保险业务。这为建立城乡一体的社会养老保险制度提供了组织保障。

二、建立城乡一体的社会养老保险制度的背景

农（居）民基本养老保险制度自实施以来，经过 2006 年的进一步深化改革，在一定程度上保障了城乡居民晚年的基本生活，但随着东莞市城乡一体化进程的加快，农（居）民基本养老保险制度的可持续性逐步下降，主要体现在以下三个方面：

（1）农（居）民的养老金水平较低。农（居）民基本养老保险制度刚实施时，农（居）民的基本养老金由基础养老金和个人账户养老金组成，基础养老金标准为 150 元/人·月，从 2006 年 1 月起，基础养老金调整为 200 元/人·月。截至 2009 年 12 月，农（居）民月人均基本养老金为 231 元，水平较低。

（2）按不同群体来建立养老保险制度和两种制度的分设运行，既不便于参

保人衔接其养老保险关系，又增大了社会保险经办机构的管理难度。为适应城乡发展转型，东莞大力推进"创业东莞"工程，引导、支持广大城乡居民灵活择业、充分就业、再就业和自主创业，全市城乡居民就业形式多样。但是，由于养老保障机制的城乡分设、城乡两途，不断变换就业形式的城乡居民，不得不在农（居）民基本养老保险制度和城镇企业职工基本养老保险制度之间频繁转换养老保险关系。当时东莞市还没有形成一套完善的衔接机制，使相当部分的参保人在接近退休年龄时，都要面临农（居）民基本养老保险和城镇企业职工基本养老保险的艰难选择。社会保险经办机构也要花费大量的人力、物力资源处理参保人在两种制度之间频繁转换关系的业务。

（3）基金难以实现自我平衡、自我发展，统筹能力逐步下降。农（居）民基本养老保险制度建立之初，对全市从未参加城镇企业职工基本养老保险的年老农（居）民（男年满60周岁、女年满55周岁），不需缴费就发放养老金，而且随着户籍人口老龄化，领取养老金的人员将不断增加。此外，随着"村改居"步伐加快，部分农（居）民因转到城镇就业或大学毕业后进入机关、事业单位或企业工作而转为参加城镇企业职工基本养老保险，使得农（居）民基本养老保险的参保缴费人员逐年减少。一方面是参保人数的逐年减少，2001年底农（居）民参保人数为59.28万人，2009年底为46.06万人（减少了13.22万人）；另一方面是领取养老金人数的逐年增加，2001年底农（居）民领取养老金人数为16.63万人，2009年底为25.96万人（增加了9.33万人），导致农（居）民基本养老保险的抚养比（即参保缴费人数与领取养老金人数的比例）逐年降低，基金统筹能力也逐步下降，影响了农（居）民基本养老保险制度的可持续发展。

党的十七大报告指出，要统筹城乡发展，加快建立覆盖城乡居民的社会保障体系，缩小城乡发展差距，让广大农民共享改革发展成果。其后党的十七届一中、二中、三中全会均强调"大力推动城乡统筹发展"的要求。《中共广东省委、广东省人民政府关于贯彻实施〈珠江三角洲地区改革发展规划纲要（2008—2020年）〉的决定》更明确提出"到2020年，珠三角地区全面建立城乡一体化的社会保障体系，实现公共服务均等化"的任务。

基于上述背景，加快东莞农（居）民基本养老保险制度和城镇企业职工基本养老保险制度的整合，建立保障水平适度、全市城乡一体的东莞社会养老保险制度已十分必要、十分迫切。在坚实的制度基础、广泛的社会基础、充分的资源保障下，东莞市按照科学发展、先行先试的要求，以科学发展观为统领，立足实际，尊重规律，着眼落实东莞人民的民生福祉，经多年研究、探索、反复测算、论证，并在总结两个镇试点经验的基础上，实行全市农（居）民基本养老保险与城镇企业职工基本养老保险统筹发展，全面建立城乡一体的社会养老保险制度。

三、城乡一体社会养老保险制度的特点

（一）分类办理

对农（居）民基本养老保险制度中的农（居）民，按照不同类别，采取不同办法。将从未缴费的老年农（居）民从原农（居）民基本养老保险制度中分离出来，改由政府筹集资金按原来标准（250元/人·月）继续发放"养老金"直至终老。发放"养老金"所需资金，设置独立账户管理，按以支定收方式，列入年度财政预算安排，由市财政、镇（街）财政和村（社区）集体经济按比例筹集。

对农（居）民基本养老保险制度中有参保缴费年限但缴费不足15年的退休人员，按相关规定及标准补足15年后，与缴费已满15年的退休人员统一转入社会养老保险制度。正在农（居）民基本养老保险制度中参保缴费的人员也转入社会养老保险制度继续参保缴费。

（二）完全依照城镇企业职工基本养老保险的制度框架建立

2001年启动的东莞农（居）民基本养老保险制度，原本就是参照城镇企业职工基本养老保险制度的设计原则和框架进行设置。2006年，东莞再次调整农（居）民基本养老保险制度，使之与城镇企业职工基本养老保险制度基本同构。因此，2010年把农（居）民基本养老保险、城镇企业职工基本养老保险两个制度整合成统一制度、统一标准、统一管理、统一基金调剂使用的城乡一体的社会养老保险制度时，没有制度障碍。整合后的城乡一体社会养老保险制度不论是整体制度框架，还是在缴费费率设定、缴费基数设定、基金管理使用、个人账户构成、养老保险待遇计发标准等方面都保持同城镇企业职工基本养老保险制度一致。

（三）实行高强度的财政投入

在改革过程中，为保证城乡一体社会养老保险制度顺利实施，东莞市坚持强化财政用于民生的二次分配。由于农民没有工作单位，无法像企业职工一样由企业承担单位缴费部分资金，为减轻农民参保人负担，对参加社会养老保险的农民的单位缴费部分资金，东莞市一直以来都坚持由市、镇（街）、村（社区）三级共同承担。农（居）民基本养老保险制度实施初期，三者的承担比例为2：2：6。为减轻村级经济负担，2006年7月，此比例调整为3：3：4。2010年实施农保、职保制度整合后，东莞市继续坚持多方筹集资金，单位缴费仍由市、镇（街）和村（社区）按3：3：4比例承担。2015年1月以后，市、镇、村的分担比例调整为4：4：2。同时，为确保经济欠发达镇村农保费的征缴，东莞市还建立了贫困村参保扶持制度，其村级承担部分，根据所属镇（街）经济实力，由市及所属镇（街）按四档比例（2∶8、4∶6、6∶4、8∶2）承担。对无经济联社组织、无集体资产的原街道居委会，其村级承担部分由所属镇或街道统筹解决。

在不断增加正常参保缴费财政补贴的基础上，各级财政还将改革所需的专项资金列入其年度预算项目。2010年，东莞市共为此次改革投入15.4亿元，其后5年每年还分期投入约6.6亿多元，推动了城乡一体社会养老保险制度的建立，有力地保障了养老保险基金的良性运行。

四、城乡一体社会养老保险制度的实施效果

东莞市的城乡一体社会养老保险制度建立并实施以来，制度运行平稳、待遇大幅提升、基金保障有力，取得了良好的效果。

（一）真正实现了东莞市社会保障的城乡统筹发展

建立城乡一体社会养老保险制度，适应东莞市城乡经济社会快速融合的要求，在制度上消除了养老保障的城乡差别，有效地化解了不同类别参保人在养老保险城乡两制之间频繁转换的矛盾。在城乡一体化社会养老保险体制内，有效地形成了不分单位性质、不分城镇乡村、不分户籍归属的人员均可享受统一政策、均等服务的养老保险参保缴费新格局。在促进社会保障城乡一体化发展，改善民生福祉，建立健全同经济发展水平相适应的社会保障制度，促进经济社会发展"双转型"，建设和谐东莞等方面产生了巨大的社会效应。

（二）增强了基金的统筹调剂能力

在城镇企业职工基本养老保险基金增值幅度抵消不了通货膨胀率的情况下，城镇企业职工基本养老保险基金积累得越多，则基金运用的效用越低。通过将农（居）民基本养老保险基金和城镇企业职工基本养老保险基金进行整合，实现农（居）民基本养老保险和城镇企业职工基本养老保险基金的统筹调剂使用，有利于更好地发挥基金的互助共济功能，增强基金的保障能力，用活用好城镇企业职工基本养老保险的结余基金，促进全市养老保险事业的可持续发展。

（三）增强了民生福祉，农（居）民的养老待遇水平逐年提高

在城乡一体社会养老保险制度正式实施前，农（居）民月人均养老金为266元；在城乡一体社会养老保险制度正式实施后，农（居）民月人均养老金提升到385元，其后经过2011~2017年的年度待遇调整后，农（居）民的月人均养老金进一步提升到1096元。可见，实施城乡一体社会养老保险制度，通过基本养老金年度增长机制，进一步提高了农（居）民的养老保障水平，有效缩小了城乡差距，让城乡居民共享全面小康社会和现代化建设成果，进而使其公平感和幸福感明显增强，有效促进了社会和谐稳定，产生了良好的社会效应。

　　总体而言，东莞市通过城乡一体的社会养老保险制度建设，在社会养老保障制度架构上打破了城乡二元分割，实现城乡统筹，在经办操作上实现城乡一致，真正缩小城乡贫富差距，确保了"人人公平享有"，切实推动了社保公共服务的均等化，并同时提升了保障水平，有效地保障了农居民的"老有所养"，真正实现了发展成果由人民共享，化解了社会矛盾和不同阶层的对立冲突，用最小的改革代价取得了较大的社会效益，得到了社会各界的充分肯定。

通过智慧城市发展粤港澳大湾区长期照护服务

张 锐① 陈建新②

摘 要： 粤港澳大湾区是国家最具发展潜力的湾区，但伴随着经济成熟发展的是人口老龄化问题，在此背景下不少大湾区内的城市都开始研究长期照护保险或现金券的可行性，澳门特区政府更是把中医药产业定为重点发展产业；此外港澳地区都面对跨境养老的问题，可见长期照护市场会是粤港澳大湾区内的朝阳产业。而长期照护发展是需要公私协作，西方社会在较早时期便面对人口老龄化问题，并已经发展了不少服务和系统来应对长期照护的需要，因此本文从新公共管理视野来检视美国 InterRAI 系统发展，再从智能医疗角度，借鉴中国内地在应对人口老龄化的工作，例如北京大学发展的《中国健康与养老追踪调查》，从而以粤港澳大湾区的视角来检视澳门政府在老人服务发展或长期照护市场的工作。

关键词： 粤港澳大湾区；老年服务；InteRAI；新公共管理；澳门特区

一、前言

李克强总理所做的 2018 年《政府工作报告》提出，要出台实施粤港澳大湾区发展规划。多名港澳代表委员在两会期间表示"粤港澳大湾区经济总量庞大、发展潜能巨大，其广阔前景为港澳提供了与广东携手创造世界级湾区的难得机遇，助推港澳搭上国家发展快车，加快融入国家发展大局。"澳门特区 2018 年施政报告明确提出努力把握本澳"一中心、一平台"的发展定位与"一带一路"建设、粤港澳大湾区规划紧密结合，抓住重点、形成合力。继续推动"一个平台"的建设，发挥中葡平台建设委员会的统筹作用。2018 年 1 月 9 日，在广东

---

① 张锐，澳门大学社会科学学院硕士研究生，澳门社会保障学会研究员；②陈建新，澳门大学社会科学学院，助理教授，澳门社会保障学会理事长。

惠州召开会议提出《深化粤港澳合作,推进大湾区建设框架协议》,促进中国内地与香港特区、澳门特区建立更紧密交流合作关系,推动粤港澳大湾区卫生和健康事业协同发展。会议达成共识将加强粤港澳大湾区医疗卫生交流合作,提高卫生服务质量,促进粤港澳健康产业发展,构建粤港澳大湾区健康共同体,打造大湾区优质生活圈。

大湾区面对人口老龄化问题的同时,具备发展老年研发市场的经济、技术、区域的优势。就老年市场而言,澳门特区积极探索新型模式,例如在服务规划上有长者服务十年行动计划、服务供给模式则有类似公私合伙制模式的"官办民营"机制以及新公共管理服务改革模式的医疗券的引入,同时,国家近年在长者长期照护服务方面取得长足发展,两地服务融合也需要信息流通,以此可构建粤港澳大湾的大数据,从而引入智能城市并引发长者长期照护服务的创新力量。因此本研究主要通过文献回顾来检视相关概念,并以美国的 InterRAI 制度发展作为案例分析,再以中国和美国的制度进行比较,最后对澳门特区的长期照护发展提出建议。

二、文献回顾

近年中国内地和澳门特区政府都是以新公共管理的原则对各公共服务进行改革,在此背景下大湾区可以以其更大的规模效应来提高改革红利,更为重要的是配合智慧城市在大湾区的实践来刺激创新服务发展。所以本章先讨论"新公共管理与长者长期照护服务发展",然后引入"大湾区长者照护服务市场的智慧化"并论及"创新研发市场的发展"。

(一)新公共管理与长者长期照护服务发展

政府提供服务趋向于以绩效管理为指导,利用评估信息建立体系目标,优化社会保障服务资源的分配。绩效管理思想来源于"新公共管理理论"学说,提倡构建以顾客和质量为导向的"服务型政府"。在 2018 年的施政报告里,提出了开展"长者服务十年行动计划"的相关措施,落实"澳门特区养老保障机制"的中期目标,并在卫生中心增设长者健康评估服务。事实上,推动信息化发展不仅是新时代的社会需求,而且也是政府管治的要求。例如,实施电子健康记录互通系统计划,优化手机应用程序及网上信息平台,更主动地向居民发送健康信息,以及医疗券电子化等措施有助于政府收集全澳居民的健康大数据,以实现构建智慧城市的发展指标。为进一步提升医疗和社会服务水平,需要制定评审专业人士专业资格的相关机制,如《医疗人员专业资格及执业注册制度》和《社会工作者专业资格认可及注册制度》。澳门特区已经在 2004 年被世界卫生组织接纳为健康城市,2017 年施政报告再次强调会优化健康城市。绩效管理可以帮助澳门市民监察政府在社会民生方面的工作进度，也可让学界参与相关研究工作，从而扩大社会各界在社会服务政策发展中的参与程度。

尽管澳门特区长期照顾服务统一评估工具是参考香港社会福利署的长者健康及家居护理评估 2.0 版（即 InterRAI 的评估工具 MDS-HC Version 2.0 中文版）和《澳门特区长期照顾服务使用者健康状况研究》的建议订立，但总体而言，政府已经做了不少工作来确保长者长期照护服务朝向新公共管理原则发展。订立一套简单有效的工具，并以此评估工具结果进行长者照护服务分配，这或许可处理资源分配问题。但是这套工具的评估方法却不像香港和美国的做法把评估准则公开，甚至向业界提供课程，这就限制信息在业界内流动；同时这些指标引用于长期照护服务的水平也没有充分向外说明，这便可能限制公众对政府在社会服务提供商的监督；此外，社工专业认证仍处于发展中，对比内地长期照护体系的所有专业都已经有一定发展的现状，这也会构成粤澳两地人才流动。

（二）大湾区长者照护服务市场的智慧化

2009 年历时三年的《大珠江三角洲城镇群协调发展规划研究》编制完成，在"一国两制"框架下，通过"粤港城市规划及发展专责小组"和"粤澳城市规划及发展专责小组"这两个合作平台，首次开展的策略性区域规划研究。《2017 年国家级新区体制机制创新工作要点》提出，深化粤港澳深度合作探索，推动建设粤港澳专业服务集聚区、港澳科技成果产业化平台和人才合作示范区，引领区域开放合作模式创新与发展动能转换。10 月 18 日，国家主席习近平代表第十八届中央委员会在中国共产党第十九次全国代表大会上作了报告，报告提出支持香港特区、澳门特区融入国家发展大局，以粤港澳大湾区建设、粤港澳合作、泛珠三角区域合作等重点，全面推进内地同港澳互利合作。李克强总理所做的 2018 年《政府工作报告》中提出，今年要出台实施粤港澳大湾区发展规划。2019 年两会期间，多名港澳代表委员表示"粤港澳大湾区经济总量庞大、发展潜能巨大，其广阔前景为港澳提供了与广东携手创造世界级湾区的难得机遇，助推港澳搭上国家发展快车，加快融入国家发展大局。"

在此背景下，粤港澳湾区的发展为长者照护跨境服务提供了制度红利。广东承接港澳居民养老，可更充分地利用闲置或利用率不高的养老服务设施，增加休闲旅游观光收入，提升经济效益，促进承接地养老产业发展与人口就业。而中国内地各城市都不断推动智能城市发展，以大数据应用为核心，广东省位居全国 31 个省域"大数据发展指数"得分首位，深圳已经成为广东省的创新动力来源，这也促使了澳门特区和深圳两地进一步深入合作。尽管实践中澳门特区政府已与阿里巴巴集团签署构建智慧城市战略合作框架协议，让澳门特区可以在基础建设方面融入大湾区的智慧城市体系内，但信息和资历不通仍是一大问题，有效融入湾区大数据体系，仍需加深合作。

（三）创新研发市场的发展

国家未来发展趋势——以创新技术引领国家经济持续增长，根据经济合作与发展组织的定义，创新包括产品创新（Product Innovation）、生产过程创新（Process Innovation）、市场推广创新（Marketing Innovation）和组织创新（Organizational Innovation）。产品创新是指新产品或服务跟之前相关产品产生的价值存在差异，产品创新需要有效结合现有技术和知识形成；生产过程创新则是在生产过程或物流程序出现重大突破，因此信息科技的应用便显得很重要；市场推广创新即市场推广方面的创新，其中包括包装、宣传、定价和定位，因此市场推广便可以让产品重新定位至合适的地方；组织创新即是在内外组织架构引入创新元素，例如近年不少组织为避免组织官僚化，进行了组织扁平化，而对外则鼓励多与不同性质的机构进行分工和协作。

长者服务是需要跨专业合作，也就意味着养老服务产品创新空间巨大，同时，"互联网+"的技术应用在长者服务也是越来越成熟，例如佩戴式技术（Wearable Technology）的广泛应用和网上诊症也逐渐渗透到长者的医疗服务中。随着大数据的发展，长者服务的大数据会逐渐得到完善，长者服务发展便趋向于精细化，意味着需要不同服务的长者会得到来自市场各式的创新服务。老年服务是涉及不同机构，特别是老年人贫穷问题，长者服务是涉及很多专业服务，除医疗服务用户和提供者信息不对称的问题，还涉及服务使用者也不一定是服务购买者（通常是政府或慈善组织），就会出现如道德风险和逆向选择的问题，此时组织创新在提升长者服务质素考虑上显得尤为重要，这便是近年中国内地引入公共私营合作制的原因，香港的安老服务现金券计划和美国的现金加咨询服务都是组织创新方案的案例。

三、研究方法和案例分析

本研究方法主要通过文献回顾来检视较接近新公共管理原则的长期照护服务管理体系——InterRAI 系统，然后再探讨该体系如何融入美国长期照护体系内，再简述中国内地老人服务（主要是涉及机构养老和小区养老）发展，并跟美国的相关系统作比较，最后以研究结果讨论对澳门特区的启示。

（一）美国 InterRAI 系统发展

很多国家已经将大数据应用于长者医疗与长期照顾的服务中，有不少发达地区都已发展了相关体系，经济合作与发展组织已经将发达国家在应用 InterRAI 评估系统的相关经验进行了归纳。完善医疗与科技相结合的体系对不同身份的人都会带来效益，对于服务接受方可以有效比较服务机构的服务质量，在评估过程中合理安排手中资源；对于服务机构而言可以有效管理照护服务和员工，服务提供中根据信息选择不同的照护工具和方法；政策制定者则可以订立服务标杆并让业界进行跨国照护服务比较。在社会层面，相关数据也可以整合于一些社会指标如使用者满意度和经验，从医疗体系扩散至各种社会服务中。推广标准评估系统的其他正面外部性还包括提倡科学决策文化、把系统延伸至所有利益相关者如市民、商业机构、政府等，同时整合于其他系统，例如长者福利、养老金融和保险，善用科技于数据收集和与政策持份者的交流、提高工具应用范围，如以数据建构新型商业或服务模式，最终为有服务需求者提供更有效的服务，对于政府而言提升服务透明度，让市场或社会大众监察服务发展和质量，并善用病例组合提高资源分配效率，由此体现评估体系的信度和效度的重要性。但是，由于不同地方存在文化和应用层面的差异，在建构这类数据和数据面对的定义挑战、方法挑战和量度标准时，不少国家和地区都会引入学术机构进行跨专业的认证工作。

外地较为成功的经验包括服务机构需制定共同目标、立法规定国家级标准、订立主要评估工具、设立认证要求和水平及质量认证范畴覆盖输入、过程和产出方面。在实际操作方面，设立相关标准下，也需要临床指引，让前线员工可以有指引可依，而服务机构也可以更有效管理前线员工。提升政策成效可考虑这几个方向：引入市场机制，例如长期服务市场中，外地已经建立不少养老模式，部分较优良模式已被引入中国内地市场；以顾客为主运作，以近年中国内地提倡的"创新创业"为例，其中较重要的发展方向便是用户导向创新，特别是医疗服务界；引入激励机制，市场化运作是有效反映服务提供效率的方式，并通过市场机制给予相关回报。在提升服务整合方面，长者服务除了涉及不同专业外，还涉及政府、民间机构和私营机构，所以近年中国内地都提倡以公共私营合作制为主。为有效推动公共私营合作制运作或提升相关服务质量，经济合作与发展组织的研究归纳出了五个因素：高质量指标是前题；提升服务质量的说明；提供持续改善诱因；把已认证管理和改善方法引入运作机制；引入标准和具有针对性的服务准则。

美国自 20 世纪 80 年代开始对老年人的长期照顾进行探索，美国国家科学院（the Health Care Financing Administration，HCFA）与医学研究所（Insitution of Medicine，IOM）对美国的养老服务机构开始调研评估，并在两年后的 1986 年发表报告：建立一套全面的、统一的居民评估系统（Resident Assessment System）。1987 年国会通过综合预算调整法案（Omnibus Budget Reconcilia-tion Act of 1987,

OBRA-87）采纳了美国医学会的建议，要求获得医疗保险和医疗救助认证的养老机构采用标准的、综合的居民评估工具对老年人健康进行有效评估。此次 InterRAI 工具以最小数据集（the Minimum Dataset，MDS）为核心内容，主要功能是对老年人不同身体层面进行需求评估，制定详细的护理计划以期待提高对老年人的服务质量。其后美国分别在 1995 年和 2008 年颁布了 MDS2.0 与 MDS3.0，不断优化最小数据集，完善 InterRAI 系统的发展。1998 年，美国医疗保险（Medicare）全部项目和部分美国医疗补助（Medicaid）项目将 MDS 数据纳入资源利用分组（Resource Utilization Groups，RUGs），2002 年护理之家比较（Nursing Home Compare）网站成立并向民众公开各机构的 MDS 评估信息；随后在 2010 年，医疗保险和医疗补助服务中心发布修订版 MDS3.0，并对其进行全国性测验，结果显示，评估时间从 112 分钟减至 63 分钟，并且绝大部分老年人都能够顺利完成访谈，且信度与效度明显优于之前的版本，更加注重老年人生活质量的提高和用药安全问题，但处于实行阶段不久的 MDS3.0 仅在美国得到应用，未来发展还有待实践检验。

在 2011 年 11 月左右，美国国家研究委员会提出了"精准医疗"（Precision Medicine）的概念。2015 年初，美国总统奥巴马在国情咨文中宣布了"精准医疗计划"将"精准医疗"推向一个研究高度。精准医疗的内涵在于，强调个体的基因构成、环境、生活方式和其他特定的信息，不仅可以预测个体未来的健康，还能区分个体对治疗的反应。简而言之，可以概括为 5P，即预测性（Predictive）、预防性（Preventive）、个性化（Personalized）、参与性（Participatory）和精准性（Precision）。

美国医疗保险中心委托开展的研究医疗补助服务（Medicare and Medicaid Services，CMS）证明 RAI 长期护理院在我们日常使用的项目是可靠的，他们可以用于刺激护理的改善和对公众报告。对于大多数的质量指标（Quality Indicators，QIS），一些风险调整是必要的，以保障不同设施的切实有用性。在确定质量识别与敏感护理实践的关系中，QIS 能够发挥足够的作用力。在 CMS 的委托下使用了四步的方法：选择专业的护理指标；与护理质量相关的指标；定义个人风险指标；定义服务水平偏好。

美国发展 InterRAI 系统的过程以服务需求者的需求为导向，不断优化服务系统。在绩效管理原则的指导下，利用 InterRAI 评估信息优化长者照顾服务，为社会服务的资源优化配置发挥了极大作用。

（二）InterRAI 评估机制的发展及其应用

长者的长期照护管理模式多是通过跨专业综合健康评估系统建立的，以 InterRAI 模型应用原理为例，该模式通过病例组合分类系统（Case Mix）、结果评估量表（Outcome Measurement Scales）和质量指标（Quality Indicators），体现了资源优化（Optimization）、筛选过滤（Screening）以及标杆管理（Benchmarking）的工作。过程中涉及政府、公民与企业之间联动的循环过程（见图1）。在病例组合与结果评估量表的过程中，体现了政府与公民（评估对象）之间的互动关系。公民以结果量表评估的方式向政府提供健康信息，体现的是公民对政府（Citizen to Goverment，C2G）；政府通过病例组合的方法将不同类型病人采用科学的方法进行分类，得出评估对象某种病例的最小数据集（Minimum Data Set，MDS）为客观评价医疗产出提供科学依据，此可视为政府对公民（Government to Citizen，G2C）；公民通过结果量表评估的方式向政府提供健康信息，体现的是公民对政府（Citizen to Goverment，C2G）；企业根据信息，整理出临床评估协议（Clinical Assessment Protocols，CAPs）作为护理的依据（Evidence Based Care），为评估对象制定合适的照护计划（Care Plan），可视为企业对公民（Business to Citizen，B2C）；公民接受结果评估量表的测试给予企业相关的临床信息，可视为公民对企业（Citizen to Business，C2B）；在质量指标与病例组合的过程中，企业提供行业信息给政府，让政府设立一个标杆来评估行业的服务质量，可视为企业对政府（Business to Government，B2G）。政府通过病例组合的信息制定质量指标，利用标杆管理帮助企业根据需要进行有针对性的研发以实现资源优化，可视为政府对企业（Government to Business，G2B）。在信息科技应用普及化和"互联网+"趋势下，政府、机构和服务用户之间的信息协调更为流畅。

现在InterRAI评估系统由30多个国家的跨业研究学者通过网络合作发展，主要目的是改善长者和残障人士的照顾服务。主要交流语言是该机构所研发的评估工具获得的数据，而各地的代表机构需要把相关工具进行翻译及认证。当地的评估工具还需要经过学术的信度和效度的检视，从而得出有效的结果量度工具、评估指引、病例组合和质量指标等。香港特区政府已经在2000年引入InterRAI评估系统用于"安老服务统一评估机制"，从而使香港特区的情况可以与国际进行比较，也让香港特区更有效地学习外国经验。从1998年至今，香港大学秀圃老年学中心完成了InterRAI相关档案从英文到繁体中文的翻译工作，并进行了信度和效度的验证。在获得了InterRAI总部的许可后，2016年8月，繁体版的InterRAI用户手册及CAPs已经出版。在翻译过程中，他们的经验是一定要有专业的医疗团队成员加入并通过实践来检验译本。该中心的运行理念为个别关怀、全面照护（Individual Caring，Overall Concern），通过全面而科学的评估、持续不断的质量评价及改进，与时俱进地更新照护手段。

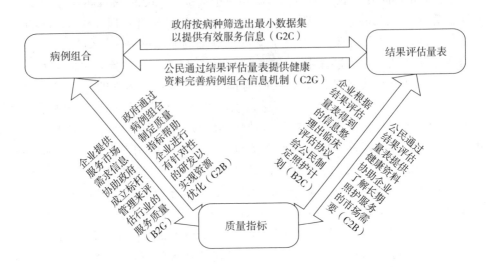

图 1　政府、公民与企业在 InterRAI 评估系统之间的联动模式

资料来源：陈建新，刘昱初，李楠. 澳门社会保障体系发展与改革方向 ［M］//四川社会发展报告 (2017). 北京：社会科学文献出版社，2017.

（三）中国健康与养老追踪调查

根据美国的经验可知，通过建立长者长期照护服务大数据，再经政府把大数据结果应用于病例组合和质量指标，便可以使政府监督服务质量和公平分配资源。截至 2016 年，中国内地关注国内外研究中国老年人问题的主数据库有：

（1）2008 年、2011 年、2012 年、2013 年北京大学国家发展院《中国健康与养老追踪调查》（China Health and Retirement Longitudinal Study，CHARLS）。

（2）北京大学健康老龄与发展研究中心 1998 年、2000 年、2002 年、2005 年、2008 年和 2011 年《全国老年人口健康现状调查项目》（又名中国老人健康长寿影响因素研究，Chinese Longitudinal Healthy Longevity Survey，CLHLS）。

（3）中华人民共和国统计局的国家数据。

（4）中国老龄科学研究中心 2000 年、2006 年、2010 年以及 2016 年《中国城乡老年人生活现状抽样调查》。

在这四个数据库里，除了中国老龄科学研究中心《中国城乡老年人生活现状抽样调查》数据无法通过公开途径取得之外，其余数据库均能从官网下载。从样本取样模式来看，中国老龄科学研究中心和统计局的国家数据属于宏观数据，目前主要应用于政策制定研究；CHARLS 和 CLHLS 属于微观数据，目前主要应用于临床卫生实证研究。从样本取样对象来看，CHARLS 比 CLHLS 范围更广。

CHARLS 数据库在本研究用于分析老年人健康评价、老年人医疗服务使用方式以及老年人医疗支出现状。按照老年人的养老需求，60 岁以上老年人分为青年老年人（60~74 岁）和成年老年人（75 岁以上）两个阶段，本研究选取 2013 年 CHARLS 数据库青年老年人（60~74 岁）和成年老年人（75 岁以上）作为比较样本，而且该样本不能为社会经济地位相关选项的缺失值。

过去国家在老人服务和家庭照顾方面已经采取不少措施，例如引入大数据的公开数据库以及中国健康与养老追踪调查（简称 CHARLS），激发民间、学术界和商业机构进行相关研究，并促使养老服务发展。为了发展养老服务，特别是长期照护，国家已提出不少方案，包括构建老年人长期照护费用保障机制和老年人长期照护服务保障措施。

对比美国 InterRAI 发展与北京大学《中国健康与养老追踪调查》调查数据，都搜集并建立了大数据，但是缺乏对调查中数据的使用，具体表现在利用数据进行病例组合、质量指标与结果评估量表的方面，下一步可利用数据建立类似与 InterRAI 系统相似的综合评估体系。

四、讨论

澳门特区受制于其细小经济体系，长期照护发展面临不少瓶颈，由于缺乏相关数据，老人服务的创新不足，而长期照护保险亦因缺乏成本的有效评估而难以推动。所以让澳门特区和中国内地两地机制整合，才可以让澳门特区有更为理想的发展空间，情况犹如澳门特区的五年规划和国家"十三五"规划的结合。

澳门特区政府已经做过的工作包括建立统一的老年人评估机制与老年院评估机制。澳门特区的老人服务采用持续服务体系，它是一个类似于现代零售市场"一站购物"概念的完整体制，包括了医疗保健、急性治疗、康复服务、长期照顾和善终服务。老人可以独立生活或接受他人照顾。本澳也有一套长期照顾的基本管理和组织基础，主要是政府资助服务机构开展服务，采取分区管理，方便长者到其所属堂区接受服务。然而该服务被批评未能满足长者需要，也没有上升到政府政策的层面，亟待政府采取如照顾管理、现金加服务咨询、病例组合等方法。

其实粤港澳大湾区对澳门特区既是挑战也是机遇，特别是在信息流层面。粤港澳三地养老服务的定义和情况都不同，会妨碍三地长者服务的整合，不利于合作发展大湾区的研发市场和面向全球的研发市场。因澳门特区是微型经济体系，本身已经很难发展自身的研发市场，尽管澳门特区的社会服务的历史颇长，甚至比香港特区和中国内地更长，可是澳门特区的长者服务却仍未能形成品牌，澳门特区政府或可参考职业认证制度来发展"一试两证"，让长者服务融入大湾区体系内。

参考文献

[1] 刘欢. 前景·机遇·路径——代表委员畅谈粤港澳大湾区建设 [EB/OL]. http：//news. ifeng. com/a/20180309/56591564_0. shtml.

[2] 澳门特别行政区政府. 二○一八年财政年度施政报告 [EB/OL]. http：//www. policy-address. gov. mo/policy/download/2018_policy_cn. pdf.

[3] 中华医疗健康旅游协会. 2018 首届粤港澳大湾区卫生与健康合作大会成功召开 [EB/OL]. http：//www. cihmta. com/index. php？_m = mod_article&_a = article_content& article_id=651.

[4] 郝多. 粤港澳签署协议助推大湾区医疗卫生服务发展 [EB/OL]. 2018-01, http：//www. xinhuanet. com/politics/2018-01/09/c_1122233218. htm.

[5] 政府发言人办公室. 粤港澳大湾区提供多元机遇 [EB/OL]. 2017-06-16, http：//www. gcs. gov. mo/showNews. php？DataUcn=112872&PageLang=C.

[6] 张再生, 杨勇. 新公共管理视角下的中国服务型政府建设 [J]. 东北大学学报（社会科学版）, 2009, 11 (2)：139-142.

[7] 澳门特区长者服务信息网, http：//www. ageing. ias. gov. mo/elderly/index. php/consult/principle？lang=gb.

[8] 马志毅. 2016 智慧城市研讨会致词 [EB/OL]. http：//www. fdct. gov. mo/6/-/asset_publisher/Za6U/content/id/415597；jsessionid = CDA6A4C92056D20FC51A2DAB5A3 BE523？redirect = http% 3A% 2F% 2Fwww. fdct. gov. mo% 2F6% 3Bjsessionid% 3DCDA6A4 C92056D20FC51A2DAB5A3BE523%3Fp_p_id%3D101_INSTANCE_Za6U%26p_p_lifecycle% 3D0%26p_p_state%3Dnormal%26p_p_mode%3Dview%26p_p_col_id%3Dcolumn-1%26p_p_col_ count%3D1%26_101_INSTANCE_Za6U_advancedSearch%3Dfalse%26_101_INSTANCE_Za6U_ keywords%3D%26_101_INSTANCE_Za6U_delta%3D15%26_101_INSTANCE_Za6U_cur%3D2% 26_101_INSTANCE_Za6U_andOperator%3Dtrue, 2016.

[9] 卫生局. 医疗人员专业资格及执业注册制度 [EB/OL]. https：//www. gov. mo/zh-hans/news/125085/.

[10] 澳门特别行政区政府社会工作局. 2011 年第一次全体会议 [EB/OL]. http：//www. ias. gov. mo/archives/gonggaotongzhi/2011%E5%B9%B4%E7%AC%AC%E4%B8%80%E6%AC% A1% E5% 85% A8% E9% AB% 94% E6% 9C% 83% E8% AD% B0？list = no&type = gonggaotongzhi, 2018.

[11] 北京大学城市规划与设计学院. 大珠江三角洲城镇群协调发展规划研究成果发布会 [EB/OL]. 2009-11, http：//urban. pkusz. edu. cn/index. php？m = content&c = index&a = show&catid=757&id=1811.

[12] 中华人民共和国国家发展和改革委员会. 国家发展改革委关于印发《2017 年国家级新区体制机制创新工作要点的通知》 [EB/OL]. http：//www. ndrc. gov. cn/zcfb/zcfbtz/

201704/t20170406_843663. html.

　［13］田新朝. 跨境养老服务：粤港澳大湾区的协同合作 ［J］. 开放导报, 2017 （5）.

　［14］国家超级计算深圳中心. 深圳超算助力广东大数据发展 ［EB/OL］. 2017-06-13, http：//www. nsccsz. gov. cn/news, 2017-06-13.

　［15］中华人民共和国科学技术部. 来自深圳自主创新的报告之二 ［EB/OL］. 2005-07-11, http：//www. most. gov. cn/ztzl/jqzzcx/zzcxmtbd/200507/t20050711_23089. htm.

　［16］澳门特别行政区政府新闻局. 2015 年深澳合作会议在深圳举行 ［EB/OL］. 2015-12-02, http：//www. gcs. gov. mo/showNews. php? PageLang=C&DataUcn=94981.

　［17］Manual, O. Guidelines for Collecting and Interpreting Innovation Data ［EB/OL］. France：OECD. http：//www. oecd-ilibrary. org/docserver/download/9205111e. pdf? expires=1500780946&id=id&accname=guest&checksum=EEA9B31BE7332E6F1FBCD9AA07F60116, 2005.

　［18］国家信息中心分享经济研究中心. 中国医疗分享发展报告 2017 ［EB/OL］. http：//www. sic. gov. cn/archiver/SIC/UpFile/Files/Htmleditor/201703/20170307103905535. pdf.

　［19］Wu, Z. L., Wang, F., Chan, K. S., Li, N. The Role of Medical Insurance in the Chinese Elders' Behaviors of Smoking and Quit Smoking ［J］. Journal of US-China Medical Science, 2017 （14）：99-111.

　［20］陈建新, 陈慧丹, 伍芷蕾. 从新公共管理的效率与效益看医疗改革——以香港和澳门医疗券发展为例 ［J］. 公共管理与政策评论, 2014 （3）：67-76.

　［21］陈建新, 陈慧丹, 区耀荣, 齐铱. 澳门长者长期照顾政策 ［M］//澳门经济社会发展报告 （2008~2009）. 北京：社会科学文献出版社, 2009：189-203.

　［22］OECD. A Good Life in Old Age? Monitoring and Improving Quality in Long-Term Care ［EB/OL］. http：//www. keepeek. com/Digital-Asset-Management/oecd/social-issues-migration-health/a-good-life-in-old-age_9789264194564-en#. WXPbjYSGOM8#page0, 2013.

　［23］Kim H., Jung, Y., Sung, M. & et al. Reliability of the interRAI Long Term Care Facilities （LTCF） and interRAI Home Care （HC） ［J］. Geriatrics & Gerontology International, 2015 （15）：220-228.

　［24］Rotnes, R. & Staalesen, P. D. New Methods for User Driven Innovation in the Health Care Sector ［EB/OL］. Norway：Nordic Innovation Centre. http：//nordicinnovation. org/Global/_Publications/Reports/2010/New% 20methods% 20for% 20user% 20driven% 20innovation% 20in% 20the% 20health%20care%20sector. pdf, 2009.

　［25］Hawes C., Mor V., Phillips C. D. The OBRA-87 Nursing Home Regulations and Implmentation of the Resident Assessment Instrument：Effects on Process Quality ［J］. Journal of the American Geriatric Society, 1997, 45 （8）：977-985.

　［26］Castle N. G., Ferguson J. C. What is Nursing Home Quality and How is it Ensured? ［J］. Gerontologist, 2010 （50）：426-442.

　［27］Saliba D., Buchanan J. Making the Investment Count：Revision of The Minimum Data Set for Nursing Homes. MDS3. 0 ［J］. Journal of the American Medical Directors Association, 2012

（13）：602-610.

[28] 何帆. InterRAI 居民评估工具 [EB/OL]. 2016-06, http：//www. interraichina. org/science/info/42.

[29] Mor V., Angelelli J., Jones R., Roy J., Moore T., Morris J. Inter-rater Reliability of Nursing Home Quality Indicators in the U. S. [J]. BMC Health Serv Res, 2003 (3)：1-13.

[30] Dinnus H. M Frijters, Iain G. I Carpenter, Harriet Finne-Soveri, et al. The Calculation of Quality Indicators for Long Term Care Facilities in 8 Countries (SHELTER Project) [J]. BMC Health Services Research.

[31] 江芹, 张振忠, 赵颖旭, 于丽华, 张智国, 郎婧婧, 常欢欢. 试论病例组合 DRGs 与临床质量管理 [J]. 中国卫生质量管理, 2012 (1)：2-6.

[32] 陈建新, 刘昱初, 李楠. 澳门社会保障体系发展与改革方向 [M] // 四川社会发展报告. 北京：社会科学文献出版社, 2017：228-254.

[33] 香港特别行政区政府社会福利署. 安老服务统一评估机制 [EB/OL]. https：//www. swd. gov. hk/doc/elderly/ERCS/Leaflet% 20on% 20SCNAMES% 20（Chi）-revised（20140912）. pdf, 2007.

[34] 香港大学秀圃老年研究中心. 长者社区照顾服务顾问研究（研究报告）[EB/OL]. http：//www. elderlycommission. gov. hk/cn/download/library/Community% 20Care% 20Services% 20Report%202011%20chi. pdf.

[35] 伍芷蕾, 郁俊莉. 中国社会养老服务政策变迁分析：基于政策网络视角 [J]. 湖北行政学院学报, 2018.

[36] 中华人民共和国人力资源和社会保障部. 人力资源社会保障部对政协十二届全国委员会第四次会议第 4051 号（社会管理类 378 号）提案的答复 [EB/OL]. http：//www. mohrss. gov. cn/gkml/xxgk/201611/t20161123_260128. html.

[37] 中国日报. 澳门发布首个"五年发展规划"与"十三五"规划对接 [EB/OL]. 2016-09, http：//www. chinadaily. com. cn/interface/yidian/1138561/2016-09-28/cd_26926025. html.

[38] 梁健菱, 岑慧莹, 杨明理, 蔡绮霞, 李卫燕, 赖锦玉. 澳门地区老年痴呆症患者照护服务的资源分配及政策分析 [J]. 中华护理杂志, 2010 (1).

[39] 姚赢志. 澳门社会服务质素探讨 [J]. 小区发展季刊, 2007：137-148.

[40] 陈慧丹, 陈建新. 从相关利益者视角探讨澳门长期照顾政策 [J]. 行政, 2011：59-75.

紧密型医联体支付方式研究

张　邹① 段亚男②

摘　要：随着我国医改进入深化阶段，通过分级诊疗制度的实施、医联体的建设等手段，助力健康中国战略，旨在建立覆盖城乡居民的基本医疗卫生制度，为群众提供安全、有效、方便、价廉的医疗卫生服务体系，最终实现全民健康。然而，由于基层医疗机构建设基础薄弱，以"社区首诊"为基础的分级诊疗发挥的力量有限。为了破解这一难题，2017年我国启动多种形式的医联体建设试点，而医联体建设能否成为医改的有力推手，还取决于医保支付制度。从国内实践来看，紧密型医联体是目前我国构建分级诊疗体系的有效载体。国外经验也表明，真正促进健康医疗模式运行的核心，是在建立医疗利益共同体内科学有效支付方式的基础之上，通过支付方式引导医疗行为，达到降低医疗费用，提升服务质量，促进参保人健康的目标。

关键词：紧密型医联体；支付制度；分级诊疗

一、研究背景

我国自2009年启动第二轮医改以来，以"建立覆盖城乡居民的基本医疗卫生制度，为群众提供安全、有效、方便、价廉的医疗卫生服务"为改革总体目标，不断推进医疗保障和医疗服务体系建设。特别是近年来，医药卫生体制改革进入深化阶段，为了加快破解老百姓"看病难、看病贵"的难题，我国逐步建立分级诊疗制度。2015年9月7日，国务院出台《关于推进分级诊疗制度建设的指导意见》（以下简称《指导意见》），正式推行分级诊疗制度。2016年中共中央推出《"健康中国2030"规划纲要》，2017年10月习总书记在十九大报告中

---

① 张邹，北京师范大学珠海分校管理学院讲师；②段亚男，武汉大学政治与公共管理学院在读硕士。

指出，实施健康中国战略，全国各地都在积极推动分级诊疗，助力"健康中国"战略。

分级诊疗是深化医药卫生体制改革、建立中国特色基本医疗卫生制度的重要内容，对于促进医药卫生事业长远健康发展、提高人民健康水平、保障和改善民生具有重要意义。其意义不仅在于引导群众合理就医，更在于促进医疗资源合理分布，同时通过在各级医疗机构之间建立协作机制——基层首诊、双向转诊、急慢分治、上下联动的分级诊疗模式，实现各级医疗机构的合理分工，将预防、治疗、康复、护理等服务形成有机联系的整体，实现医疗服务的连续化，最终为老百姓提供优质、便捷、公平、连续的健康管理服务。

分级诊疗试点实施至今，群众就医的便利性明显提高，然而，这项制度实施起来并未取得预期效果。由于长期以来我国基层医疗机构力量薄弱，医疗技术水平、医疗设备、医疗技术人才等因素制约其发展，靠行政手段支撑的分级诊疗制度遇到极大的阻力。虽然有些地方靠付费方式发挥经济杠杆的作用，使得在一定时期内就诊分流效果凸显，但是参保人会选择"用脚投票"，这种效果并不长久，无法真正实现"社区首诊、双向转诊、急慢分治、上下联动"的就医格局，更不用说达到促进健康的目的。

在这样的背景下，医联体建设被视为解决老百姓"看病贵、看病难"问题、促进人民群众健康的一方良药，并在 2017 年上升为国家层面的政策。从发达国家经验来看，通过医联体建设能形成科学有序的就医格局，提高人民健康水平，合理控制医疗费用上涨，进一步保障和改善民生。我国各地进行了医联体建设的积极探索，初步形成四类医联体模式。其中，以罗湖医院集团为代表的城市医疗集团模式和以安徽天长为代表的县域医疗共同体模式，是以健康为导向的医联体模式。同时，国内外研究表明，医保支付改革是区域纵向医联体形成长效内生动力的制度引擎。

二、医联体的产生与发展

"医联体"这一概念是在 2003 年"两会"期间，由原卫生部部长陈竺首次提出。它是医疗联合体的简称，指由多家不同层级或类型的医疗卫生机构有机组合形成的利益共同体和责任共同体。

2015 年 5 月，国务院办公厅印发了《关于城市公立医院综合改革试点的指导意见》（国办发〔2015〕38 号）。这是在政策文件中首次明确提及医联体，医联体建设正式进入探索实施阶段。同年 9 月，国务院办公厅下发《关于推进分级诊疗 制度建设的指导意见》（国办发〔2015〕70 号），明确提出了医联体建设对分级诊疗制度的保障和促进作用。

2016 年 8 月，国家卫生计生委（原）下发《关于推进分级诊疗试点工作的通知》（国卫医发〔2016〕45 号），将医联体建设和家庭医生签约服务等一同列为推进分级诊疗的重点工作，进一步明确了医联体和分级诊疗之间的关系。此外，初步提出了城市、县域两种类型的医联体模式。

2016 年 12 月，国家卫生计生委（原）出台了《关于开展医疗联合体建设试点工作的指导意见》（国卫医发〔2016〕75 号），对医疗联合体、医疗共同体、专科联盟、远程医疗协作网四种模式进行了初步归纳。我国医联体开始进行试点实施，形成了四种医联体模式：一是以深圳罗湖医疗集团为代表的城市医疗集团模式；二是以安徽天长为代表的县域医疗共同体模式；三是以北京市儿童医院儿科联盟为代表的跨区域专科联盟；四是以中日友好医院远程医疗网络为代表的远程医疗协作网。

三、紧密型医联体的典型代表及其支付方式

从实践情况来看，我们认为前两种模式是以健康为导向的医联体模式，并且这两种模式在各级医疗机构之间形成利益共同体，紧密合作，也称为紧密型医联体。除了罗湖和天长两个典型地区以外，紧密型医联体还有镇江京口、武汉黄陂等。

（一）城市纵向医联体的典型模式——罗湖模式

2015 年 8 月，深圳市以罗湖区为试点，启动以行政区（功能区）为单元的医疗机构集团化改革，推动医疗卫生服务向"以基层为重点""以健康为中心"转变，让居民少生病、少住院、少负担、看好病。

罗湖模式的改革举措主要包括以下三点。

1. 成立罗湖医院集团

罗湖区整合区属 5 家医院和 23 家社康中心，成立了唯一法人的罗湖医院集团，实现"人员编制一体化、运行管理一体化、医疗服务一体化"的"管理共同体"。

（1）医疗机构的重新定位。

重新调整和明确集团内各医疗卫生机构的功能定位，医院逐渐向危急重症、疑难复杂疾病的诊疗服务机构和科研教学机构转变；社康中心逐渐向常见多发病诊疗机构、预防保健和公共卫生服务机构转变。

（2）集团资源共享。

在集团成立后，合并集团内资源"同类项"，设立医学检验、放射影像、消毒供应、社康管理、健康管理和物流配送 6 个资源共享中心，实现检验结果互认、医疗资源互通；设立人力资源、财务、质控、信息、科教管理和综合管理 6

个资源管理中心，统一管理行政后勤事项，降低运营成本。

2. 做强做实社康中心

罗湖医院集团不断将工作重心和优质资源下沉，着重引进与培养人才，配备药品、优化设备配置，并建立财政补助、收费价格激励引导机制，做强做实社康中心。

（1）壮大人才队伍。

公开招聘优秀全科医生，组织专科医生进行全科医生转岗培训，鼓励集团专科医生到社康中心开设工作室，聘请优秀外籍全科医生对集团内全科医生进行培训。

（2）配齐药品。

社康药品目录与集团内各医院药品目录一致，达到 1350 种。针对缺货药品，集团 24 小时内配送到家。

（3）优化设备配置。

改善社康中心医疗装备水平，在部分区域社康中心配置了 CT、胃镜、眼底照相等设备，并打造"社康检查、医院诊断"模式。

3. 探索医保基金"总额管理、结余留用"

罗湖医院集团对医保基金管理方式进行突破性改革，实行医保基金"总额管理，结余留用"，发挥医保支付经济杠杆的倒逼作用，促使集团主动下沉资源做强社康中心，做好预防保健和健康管理，让签约参保人少得病、少得大病。签约参保人越健康，集团越受益，推动医保从"保疾病"向"保健康"转变，促进医院集团从"治病挣钱"向"防病省钱"转变。

罗湖医改启动三年来，有效解决了"缺医少药""检查不方便""只签约不服务""重医轻防""医养分离"五大难题，初步实现了社康中心能力、预防保健能力、患者满意度、医务人员收入"四提升"和医院运营成本、居民就医成本"两下降"。"强基层、促健康"的医改目标成效初显。

（二）县域纵向医联体的典型模式——天长模式

作为我国首创"医共体"概念的安徽，已在天长市、阜南县等 66 个县（或县级市）推开医共体建设，是按照中央"保基本、强基层、建机制"要求，针对农民卫生健康存在的现实问题，利用新农合资金杠杆作用，促进县域内各医疗机构形成责任共担、利益共享、发展共赢的紧密型县域医疗卫生服务共同体，构建覆盖全生命周期，提供连续、协同健康服务的模式。这是当代中国的基本卫生保健（PHC），或者称作中国基本卫生保健的升级版（PHC Upgraded）。

天长市坚持以大健康理念为指导，积极打造医改升级版，以市人民医院、市中医院和民营天康医院为牵头单位分别与 36 家乡镇医院、163 个村卫生室和 2 个社区服务中心组成 3 个医疗服务共同体，推行"基层首诊、双向转诊、急慢分治、上下联动"运行机制。"医共体"采用"1+1+1"模式，由牵头单位、乡镇医院、村卫生室组成"师徒结对"服务团队。市级医院为下辖医院提供技术支持、人才培养、结对帮扶、远程诊断等帮助，"医共体"内实现资源共享。

天长医改中设置了临床路径和按病种收费。目前，已经设置 247 个病种的 263 条临床路径，已有 200 个病种列入目录。以阑尾炎住院手术为例，收费标准上限为 3500 元。天长市在推行按病种付费与临床路径管理的同时，实施差异化的医保基金报销政策。适当设定省外、省内市外和市级、乡镇就诊的报销门槛与报销比例，一般疾病患者就近诊疗不仅省去了交通、住宿及陪护费用，而且大大节省了医疗支出。

天长医改明确了"定项+专项"财政补偿办法，仅 2017 年就投入 6260 万元医改专项经费，2017 年县域内就诊率达 92.89%。天长市在推进医改过程中，把"强医"放在首要位置，不仅逐年提高对医护人员财政补贴的额度，加大对医院基础设施建设与添置医疗设备的扶持力度，而且通过明确医院独立法人资格、实行薪酬制度改革与编制备案制管理等一系列改革举措，催生"强医"的内在动力。通过加强医疗机构人员队伍建设，添置设施设备，天长市级医院可治疗病种 2254 种，比 3 年前增加 357 种；而乡镇卫生院可治疗的病种从 3 年前的 50 种，提高到 90 种。

下一步还将把其他医保资金、基本公共卫生服务经费等也按人头预付给医共体，加大医共体推进力度，加快医疗卫生服务转型发展，更好地应对老龄化、慢性病上升等挑战，更好地改善大众健康服务质量。

紧密型医联体被视为目前我国构建分级诊疗体系的有效载体，形成基于责任、利益、发展、服务、管理、信息一体化的内外部激励约束机制，是构建紧密型医联体发展长效机制的关键。但在实际探索过程中，内生动力机制的缺失阻碍着我国区域纵向医联体长效机制的形成。而医保支付制度是紧密型医联体形成长效内生动力的制度引擎。

依靠紧密型医联体达到提升居民健康的目的，其核心环节是完善其支付方式及配套制度。只有以科学合理的支付制度为支撑，才能真正实现为人民群众提供全方位、全生命周期的健康保障服务的目的，还有助于卫生与健康事业发展向结构调整及质量效益提升模式转变，让人民群众感受到更多的获得感及幸福感。

四、紧密型医联体支付方式改革现状

（一）紧密型医联体供方支付的特色

1. 形成以人头总额预付为主的多元复合支付方式

武汉市黄陂区医联体探索复合支付路径，改变过去以对单机构支付为以多机构整合形成的医联体为支付对象，并由单一后付制向混合预付制过渡，逐步形成以按人头总额预付为主体的多元复合支付方式。

2. 建立多元化的人头总额核定机制

黄陂医联体建立了多元化的人头费总额核定机制，武汉黄陂医联体根据新农合当年统筹总额，预提10%调节基金后，按两家医联体所辖区域内参保人数、年均接诊总人次数、次均诊疗费用水平进行核定。安徽天长医联体根据新农合当年统筹总额，提取10%风险基金后，将预算的95%作为新农合预算基金。

3. 建立多阶段的支付机制

武汉黄陂医联体预算基金支付包括按月预拨和按季度考核结果兑付两部分。每个季度初期按照付费额的80%预拨到医联体，其余20%根据季度考核结果兑付。

4. 引入购买服务方式的医保结算制度

安徽天长医联体规定，医联体之间和医联体之外的县内其他定点医疗机构收治的医保患者，由医联体以购买服务方式相互结算。市外就医补偿基金若有结余，则可参与所属医联体的年终结算和再分配。

5. 基本公共卫生服务经费同医保基金部分捆绑支付

镇江京口社区卫生服务中心门急诊医疗费用预算总额年初根据各中心上年的就诊人头、每个就诊人头年度医疗费用定额、"3+X"健康档案签约人头、每签约人头医疗费用定额、慢性病档案有效建立人数，各种慢性病年度医疗费用定额等指标测定。

（二）紧密型医联体需方支付的特色

同时，医联体对医保支付需方支付进行同步改革，具体措施如下：

1. 调整需方支付政策，引导患者就诊行为

武汉黄陂硬性规定新农合参合住院患者必须基层首诊、逐级转诊；未经批准到上级医疗机构就诊，新农合基金不予报销；并给予需方调整起付线与共付比例等政策优惠。镇江京口规定，上级医院对转诊患者实行"一免三优先"服务，即免挂号费、优先预约专家门诊、优先安排辅助检查、优先安排住院。深圳罗湖拟取消居民个人医保账户，将全额医保基金纳入共济基金，可实行居民患病就医时不再自付医药费用，只缴适当诊金。

2. 给予患者自由就医的权利

镇江京口、安徽天长、深圳罗湖不限制参保居民在区域内和区域外的就医自由，患者可以根据对医联体所提供服务的满意度来决定去留，通过鼓励竞争、鼓励创新来改善服务质量。武汉黄陂虽然强制新农合参合住院患者必须基层首诊、逐级转诊，但新农合参合住院患者可自由选择不同医联体首诊。

3. 建立多元弹性结算机制

各医联体的弹性结算制度融合了激励机制和约束机制，并表现出多元化特征。镇江京口将年度结余部分的40%奖励给医联体，不合理超支部分由医联体全额承担，合理超支部分视不同情况给予补助。武汉黄陂将15%作为年度结余奖励的分界线：年度结余15%以内的，结余全部奖励给医联体；结余15%以上的，将结余的60%奖励给医联体。超支部分由医联体承担80%。安徽天长将年度结余的部分奖励给医联体，由县级公立医院、乡镇卫生院、村卫生室按6：3：1比例分配。

4. 建立了易于量化的质量与绩效考核评价体系

镇江京口以医疗服务数量、次均费用、就诊人头、就诊人次比等12个量化指标为核心，建立了质量与绩效考核评价体系。武汉黄陂以管理组织和制度建设、新农合服务质量管理指标、新农合运行指标为核心，建立了医联体新农合住院费用总额控制考核体系。安徽天长以新农合住院可补偿费用占比、新农合住院实际补偿比、患者县外住院回流情况等五个核心指标为重点，建立了完整的绩效考核体系。武汉黄陂将医联体预算基金支付分为按月预拨和按季度考核结果兑付两部分，按季度考核结果兑付预算基金同量化的质量绩效考评结果挂钩。安徽天长将10%的按人头预算总额作为年度绩效考核奖励基金，对医联体牵头医院和中心/乡镇卫生院考核结果总得分低于60分者，每低1分扣减全年按人头预算总额的1%。

五、紧密型医联体支付方式改革建议

(一) 建立按人头付费的医保支付体系

按人头付费即是在一定的服务周期内，按服务人群的数量和约定的人头付费标准计算出付费总额，将费用包干给医疗机构按规定使用。

考究目前医保主要的几种付费方式：按项目付费、按平均定额付费、按床日付费、按病种付费等，都是以增加治疗项目量、床日量或增加治疗人次等而获益的，即便是总额预付制，虽然有总额控制、结余留用的机制，但医疗服务量还是和费用的增长挂钩，没能转变医务人员"以治病为中心"的观念和行为，医疗方和保险方始终处在激烈的博弈之中。

纵观全世界，目前真正能促进健康的医疗服务方式不外乎两类：第一类是英国、加拿大等国的家庭医生守门人制度；第二类主要是美国实施的健康维持组织（HMO）、管理式医疗（managed care），以及近几年兴起的以病人为中心的医疗之家（PCMH）等。究其核心，都是按与提供健康医疗服务的组织或家庭医生签约的人数实行按人头费用定额包干的医保付费方式。这种付费方式与整个服务人群挂钩，是将健康和医疗连在一起的，并能使医疗方、保险方的利益和目标逐步一致。其他支付方式都是指向服务量，都是以量为基础，没有把健康放在首位。

中国由于多年来过于市场化的医疗服务状况，导致医疗资源大部分集中在城市的三级医院，基层医疗机构和医疗队伍力量太弱，根本无法承担健康守门人的职责，也无法完成分级诊疗的任务。为了能够较快扭转这种混乱的医疗秩序，目前可采用的有效措施就是大力支持发展医联体，特别是在县区层级的医共体。但是要想使医联体（医共体）的改革发挥促进健康的作用，没有类似国际上那些科学的医保按人头付费制度的支持引导是做不到的。过去几年我国医联体改革大多流于形式的现状已经说明了这一点。

按人头付费方式可通过调整医保费用使用流向，促进医疗机构从注重疾病治疗向健康保障、疾病预防转变，引导医疗卫生资源合理配置。同时，管理部门的工作重点可放在监督服务质量上，用不着为如何分配资金而操心。对医疗机构来说，其"收入"变为"成本"，多花的每一分钱都是自己的，外转病人花的钱也要自己"掏腰包"，倒逼医疗机构主动做好健康管理、主动控制费用，合理上下转诊，尽量减少居民患病和患者外转。

因此，按人头付费方式是促进医联体从"以治病为中心"向"以健康为中心"转变的最适宜选择。

在上述医联体建设中，也有采用按人头付费方式，但是缺乏科学的人头费厘定机制，应设定人头费总额风险调整机制。

国际经验表明，精准设定人头费总额是实行按人头总额预付机制的核心要素，而风险调整是人头费总额设定的一项重要机制。建议在人头费总额设定过程中将性别、年龄、人口结构、参保人口增长率等风险调整因素纳入。需要注意的是，应分步分类将风险调整因素纳入人头费总额设定，纳入年龄、性别、物价水平、人口结构等宏观风险因素是第一步，而后再纳入与疾病相关的微观风险因素，比如主要诊断、次要诊断、并发症与合并症等。

具体来看，镇江京口人头费总额的设定路径为：

人头费总额=上年度就诊人头数×上年度就诊人头人均医疗费用×（1+就诊人头风险校正后年人均医疗费用增长率）。

武汉黄陂与安徽天长的人头费总额设定路径为：

人头费总额＝本年度区域统筹总额×[（医联体辖区内参保人头数／本年度区域参保人头数）×（医联体辖区参保人头风险因素/区域两个医联体参保人头风险因素之和）]。

（二）健全评价考核体系

按人头付费的医保支付方式改革路径引导医联体注重提高医疗服务质量和绩效，而不是提高医疗服务数量。与此同时，医联体医疗考核评价方式，应注重数量转向注重质量与效果。因此，在设计考核指标体系时，要体现质量指标与绩效指标一体化，过程指标与结果指标一体化，治疗指标与预防指标一体化。

1. 合理设置监管评价指标

（1）费用评价指标：如药品占比、检查检验占比、材料占比、次均费用、床日费用、总额使用率或结余率、自负率、自费率、高费用病人比例、工资总额实施情况等。

（2）医疗评价指标：如就诊人头人次比、空挂号率、住院率、基层就诊率、平均住院天数、重复就诊、重复住院、转诊转院率、手术率、择期手术率、重症病人比例、医生平均接诊病人时间、候诊时间等。

（3）健康管理评价指标：如各种慢病管理率、预防接种率、健康档案合格率、健康档案使用率、健康教育社区普及率、健康评价规范率、健康风险干预率、健康促进率等。

（4）外部评价指标：如签约人满意度、投诉率等。

2. 健全监管评价办法

开展日常监督管理，做好年度考核评价工作，建立健全现场监督与非现场监督相结合的监管办法。开发信息系统，建立非现场监督平台，设置预警指标。实行信息公布制度，对医疗费用、服务人群满意度等指标定期进行公开。建立签约人参与管理机制，开展电话随访、制定投诉指南、进行满意度调查等。

（三）建立供需双方联动的渐进性医保自由就医机制

目前，居民自由就医机制并未改变非理性就医的现状，而仅靠需方支付方式调整难以改变这种就医习惯。因此，建议建立供需双方联动的渐进性医保自由就医机制，其核心是使用竞争性政策工具调节供需双方的行为，这种竞争性政策工具应在维持居民自由就医权益不变的前提下，引导居民理性就医，增强居民对医联体的依从性。同时，应允许居民在区域范围内可自由选择签约医联体，在医联体内自由就医。明确契约期限，使居民每年可根据就医体验自由更换医联体。并在按人头总额预付制下，将签约人头费和非签约人头费标准区别开来（签约人头费高于非签约人头费）。

（四）完善配套措施

1. 加快推进试点单位内部改革

对医联体实施按人头付费制度相对多年来的医疗秩序来说是一场全新的变革，没有试点单位内部的配套改革，是难以达到预期效果的。罗湖医院集团要及时推进充分体现医务人员劳动价值和适当激励机制的薪酬制度改革，以健康为导向的医疗机构的医务人员收入不应低于其他现有医疗机构同职别医务人员的收入，同时工资总额要控制在合理的范围内。要加快推进事业单位人事制度改革。要以为参保人提供全生命周期健康管理为目标，建立一切以病人为中心的理念，调整和完善集团内健康医疗服务项目、制度、流程和标准等，逐步建立中国式PCMH（以患者为中心的医疗之家）模式。

2. 积极发展与健康管理相关的技术和服务

医联体实施按人头付费制度，不仅推动了试点单位内部的改革，也会带动全社会发展与健康管理相关的技术和服务，以适应和支持这一改革。要建立和发展不同于传统 HIS 系统、服务于医联体、以健康管理为中心的信息系统，用大数据和人工智能为健康管理服务。要加快引进和实施先进的糖尿病、高血压等慢性病管理、癌症早查早治的技术和方法。要鼓励和支持发展健康体检、健康评估、智能家居、可穿戴设备和健康呼叫中心等健康管理支持服务业。要为参保人设计和引入与基本医疗保险相衔接的商业补充健康保险，以满足参保人多层次的健康医疗需要，为医联体的进一步发展创造条件。

在大健康背景下，医联体的实施，将医疗机构的办医导向由"以治病为中心"转向"以健康为中心"，推进"健康中国"建设，对医联体实行按签约人头定额付费，对于推进医联体建设有着重要意义。

综上所述，要想依靠医联体达到提升居民健康的目的，其核心环节是完善医联体支付方式——按人头总额预付制及其配套制度，只有以科学合理的支付制度为支撑，才能真正实现为人民群众提供全方位、全生命周期健康保障服务的目的，并能有助于卫生与健康事业发展向结构调整及质量效益提升模式转变，让人民群众感受到更多的获得感及幸福感。

参考文献

[1] 孙自学，龙俊睿，段光锋，等. 我国医疗联合体发展的动态分析 [J]. 中国医院管理，2016，36（10）：1-4.

[2] 张彦生，王虎峰，刘宪伟，等. 自发型医疗联合体运行机制研究——以大连医科大学附属第二医院医疗联盟为例 [J]. 中国医院管理，2018，38（1）：17-21.

[3] 王虎峰. 我国医联体的功能定位与发展趋势 [J]. 卫生经济研究，2018（8）：3-6.

［4］张杰. 全国医改示范的"天长样本"［N］. 滁州日报，2016-12-27（001）.

［5］李陈续. 安徽天长：农村分级诊疗模式强医便民［N］. 光明日报，2016-10-04（001）.

［6］杨振然，谭华伟，张培林，等. 我国区域纵向医疗联合体医保支付改革：实践模式与政策路径［J］. 中国卫生资源，2018，21（2）：127-132.

［7］李伯阳，张亮，张妍. 不同支付方式促进卫生服务整合的作用分析［J］. 中国卫生经济，2016，35（2）：32-34.

［8］鲍勇，王倩，梁颖. 台湾全民健康保险发展的现状与问题［J］. 中国卫生政策研究，2011，4（1）：42-45.

［9］邓倩，吴荣海，肖黎，等. 台湾地区全民健康保险按人头付费改革介绍及述评［J］. 中国卫生经济，2015，34（8）：28-31.

可持续发展视域下广州市失能老人长期照护保障研究

摘　要：随着现今中国人口老龄化问题日渐突出，失能老人的数量也不可避免地呈上升态势，对失能老人长期照护的保障制度的可持续发展则成为未来国家政策关注的方向。本文基于可持续发展视角，系统地梳理了现今广州市失能老人养老状况、我国失能老人长期照护制度的发展现状以及相关学者对长期照护制度长足发展的探索发现三方面内容，同时简要整合一些过往在失能老人长期照护制度上具有代表性意义和参考价值的发达国家的相关研究实践和经验。综述认为相关研究首要应制定明确规范的失能老人评定标准，同时注重维持制度运行的资金筹措以及提供相应的持续服务的人力资源，以维持此项制度的可持续发展。

关键词：可持续发展；失能老人；长期照护

一、前言

在人口老龄化日趋严重的今天，广州市老龄人口数量也随之增长，在老人的照护方面出现越来越多问题。一方面，广州市老龄人口数量在不断增长，并且在未来很长一段时间内仍然呈不可逆转的态势，对于老龄人口尤其是失能老人的照护服务需求日趋突出。另一方面，随着社会发展，家庭结构变化，仅仅依靠传统的家庭承担照护责任的方式难以有效缓解照护压力。在这一背景下，广州市政府正在积极探索新的长期照护保障体系，以期通过该体系推进养老模式的社会化进程，逐步形成一套完整有效的长期照护保障体系来实现对老人照护的可持续发展，而失能老人的照护问题则成为这一体系发展中的一个难点。要解决老龄人口

---

①　申若茜，广东药科大学医药商学院讲师。

照护问题，就需要先解决老龄人口中更为弱势的失能老人的照护问题。

人口老龄化是随着社会发展而出现的必然现象，且这一现象将持续很长一段时间，需要协调政府、社会组织、家庭、个人等多方资源，实现养老资源的有效配置和可持续发展，因而在一个可持续发展的视角下研究失能老人的照护问题是十分有必要的。国家人力资源和社会保障部办公厅《关于开展长期照护制度试点的指导意见》（人社厅发〔2016〕80号）提出，要建立健全可持续的社会保障体系，一项重要的制度安排就是探索建立长期护理保险制度，并同时探索建立多层次长期护理保障体系。作为15个试点城市之一，广州市积极响应该项政策，陆续出台了一系列政策探索长期护理保障服务。鉴于此，本文将基于可持续发展视角，立足于当前我国发展长期照护保障制度的迫切需要，深入探讨目前广州市和其他一些地区长期照护保障制度在失能老人照护方面的发展研究。本文拟通过这一综述，梳理出广州市失能老人养老状况、国内学者对失能老人长期照护保障体系的相关构想和探索，同时简要梳理其他发达国家在失能老人长期照护方面的发展历史和实践经验。

二、失能老人现状分析

（一）广州市失能老人养老状况分析

失能老人的人口规模取决于老年人口总量和失能率两个因素。2016年，广州市失能人口为147317人，其中，完全失能人口为34854人，半失能人口为112463人。预计到2020年，广州市失能人口将达到209568人，其中，完全失能人口为49709人，半失能人口为159859人。而根据2011年中国老年健康影响因素追踪调查数据，年龄增加会带来失能风险机会的增加，在中国九成以上失能老人为80岁以上，属于高年龄组；失能老人中女性数量是男性的两倍；城镇失能老人人口比例高于农村。以此推测出广州市失能老人高龄比例同样较高。然而，虽然失能老人照护问题需求日渐增多，由于高频率持续性增长的人力成本以及服务成本导致失能老人的照护问题不能得到妥善处置。一方面，随着我国经济的发展，经济因素和政策因素带来的家庭结构小型化和核心化，以及城市化进程以及人口流动的加快，导致失能老人的照护问题缺乏人力资源，尤其是专业陪护人员，无法仅仅依靠个人和家庭这两种传统的赡养模式解决。白丽萍的研究发现，广州市的大部分失能老人的照护服务依托机构进行，其中70%的失能老人接受机构护理服务，30%的失能老人接受居家护理服务，但是陪护人员缺口较大这一情况随着老龄人口照护服务外包现象的出现变得更加严峻，且随着老龄人口规模扩大，陪护人员"护工荒"的问题更为凸显，因此招收到的许多在职护理人员专业性不强。另一方面，由于针对失能老人照护保障体系并不完善，甚至是零散而缺失的，导致照护成本大多只能依靠家庭全数负担。全国范围内，失能老人的生活费用66%来自家庭，仅有6%的费用来自政府和相关社团。袁乐欣等人对广州市越秀区失能老人照护的调查显示，即便是居家养老，在经济上依旧普遍存在不同程度的负担压力。2016年，广州市社区居家一级及以上护理成本为2700元（人/月），机构一级及以上护理成本为2300元（人/月），这些费用尚未包括伙食费。2016年社区居家护理和机构护理的总费用达到28.73亿元，预计到2020年，该项费用将达到50.06亿元。然而，根据广州市企业退休人员的养老金3200元/月以及农村的人均可支配金额1610元/月来看，一般老龄人的月可支配金额已经无法正常填补居家养老或机构养老，而失能和半失能老人的护理费用则更高。若要失能老人以个人养老金支付护理费用，无论是居家养老还是机构养老都显得有些困难。目前，广州市针对失能老人照护问题，响应国家《"十三五"国家老龄事业发展和养老体系建设规划》（国发〔2017〕13号）以及《关于开展长期照护制度试点的指导意见》（人社厅发〔2016〕80号），探索建立长期照护保障体系。2016年，广州印发《广州市人民政府办公厅关于印发广州市社区居家养老服务管理办法的通知》（穗府办规〔2016〕16号），按照区级、街道、社区开设服务设施，服务内容包括：康复护理、生活照料、助餐配餐、医疗保健、日间托管、临时托养、文化娱乐、精神慰藉、临终关怀、"平安通"等服务项目。这项政策对失能老人提供了日常照护的服务，一定程度上缓解了居家养老服务供给不足以及费用紧张的现状。在机构服务方面，广州市出台《广州市特殊困难老年人入住养老机构资助办法》（穗民规字〔2016〕10号），针对机构养老资源不足的问题，为特殊困难老年人提供安排自愿入住，同时提供相应资金资助有资金困难的老人。对于人才队伍的建设，《广州市加强养老服务人才队伍建设行动方案》中提出扶持老年专业的培训和教育平台，设立专门招收老年护理人力资源站以及设立最低薪酬制度和提供就业补贴，以此弥补存在长达十几年的护理人才缺口。

（二）中国失能老人长期照护体系构想

"长期照护"一词最早源于2000年世界卫生组织报告（名为《建立老年人长期照顾政策的国际共识》）。长期照顾是由非正式提供照顾者（家庭、朋友或邻居）和专业人员（卫生、社会和其他）开展的活动系统，以确保缺乏自理能力的人能根据个人的优先选择保持最高可能的生活质量，并享有最大可能的独立、自主、参与、个人充实和人类尊严。在2016年世界卫生组织发布的《关于老龄化与健康的全球报告》和《中国老龄化与健康国家评估报告》的中文版中，已经将Long-term Care改译成"长期照护"。基于对此定义的理解，立足于可持续发展理论，国内学者对长期照护体系构想主要由四个方面内容组成：服务定位、保障对象、保障责任以及筹资机制。

1. 服务定位

任何一项新的社会保障制度，都是基于新的风险保障需要而设置。失能老人面临的风险更多属于长期且相对稳定的风险，由于失能老人重大疾病的医疗保障属于社会医疗保险范畴，何文炯提出将长期照护保障制度定位于保障生活照护服务，而非医疗护理服务，保障失能老人的日常需求。中国对于失能老人长期照护保障的政策发展路径是从长护医疗护理保险，到长期护理保险，再到长期照护保障。这在内容上是从医疗护理的资金保障，到医疗和生活照护的资金保障，再到医疗和照护的资金保障与服务体系这样一个体系不断完善的过程。现行政策并不能较为系统准确地定位失能老人的服务范围，对于生活照护保障和医疗服务保障的界限划分在各个试点城市之间差异较大。例如，广州市出台的《广州市人民政府办公厅关于印发广州市社区居家养老服务管理办法》强调了信息平台的建设、居家养老服务及医疗机构的合作机制等一系列计划，但是对于失能老人的服务范围并没有明确规定，界限显得过于笼统，使政策执行时可操作性不强。在各种针对失能老人的条例中，被强调较多的是从资金补助上保障失能老人的生活，这也是较为容易落实且有明显效果的一项举措。据《国务院办公厅关于制定和实施老年人服务项目的意见》要求，全面建立针对经济困难高龄、失能老人的补贴制度，并做好与长期护理保险的衔接。该条例强调了对于贫困失能老人的资金支持，保障贫困失能老人的基本生活要求，但是在其他方面则没有很明细的服务规定。且法案表明政府更多的资金流向了建设基础服务设施的供方，服务不能有效从供方转移到需方。因此，对失能老人的照护服务应该更加重视对他们日常服务范围的划定，给予失能老人一个良好的生活环境，将他们视为可进步的，有所改变的，并基于不同的失能等级给予不同层次的照护服务。

2. 保障对象

为了瞄准失能老人需求靶向，有针对性地为失能老人提供相应可持续性的服务，需要首先对失能老人设置一个统一的、具备可操作性的评估标准；其次重点针对失能老人中的完全失能老人群体，从这一部分取得突破，再逐步扩大到部分失能老人，这样制度的发展和运行才有可持续性。准确制定失能老人的等级分类标准是失能老人长期照护制度体系中基础性的一环。中国学者在介绍引进国外失能老人长期照护的经验时，同时引进了失能的定义和概念及其相关测量方法，国内主要引用的方法有三种。现在中国普遍应用的是第一种 ADL/IADL 以及相关的 Katz 评估量表。该量表根据人体功能发育学的原理制定，设置洗澡、穿衣、上厕所、移动、控制大小便和吃饭六项从难到易的评估项目，这些项目最早由 Katz 提出。但有学者认为此度量标准过于单一，并引入了第二种：工具性日常生活自理能力 IADL（Instrumental Activity of Daily Living）的概念。该标准是衡量失能老人借助外力完成基本社会性活动的工具，国际化居民评估工具（International Residen Assessment Instrument，interRAI）是一套适用于国际间无缝对接的评估系统网络，该体系拥有一套规范、完整、统一的临床概念和评估编码，使得被评估者避免重复评估，可提高效率。但由于该系统对信息要求高、数据资料系统庞杂以及成本较高，较难推广。第三种方法是 ICF，一种通过身体—个人—社会三维度对身体功能和结构以及活动进行描绘的方法，适用于多种照护设施。在发达国家，评估工具及其标准的完善对长期照护人群的识别具有关键性作用，可以极大地促进资源链接的吻合性以及资源的合理利用。但在目前中国的体制中，对于失能老人的评估标准较为笼统且没有统一规定。由于目前很大程度上把普通老人划归失能之列，并且未将失智老人列入范围之内，国内对于失能老人的界定未能与国际接轨。缺乏对服务对象的界定和等级标准的划分，将使长期照护制度无法落实和完善，后续研究也就无法进行。对于 15 个试点城市，有学者认为这些城市仍旧较为偏重医疗和临床护理，在实际操作过程中容易将照护服务与医疗服务混淆，没有彻底区分两者。同时，基于实际情况，中国需要设置合理统一的评估标准。目前中国即使有标准，也较为笼统，并未科学引用国外经验，而且未能准确实际地考察人口，精准地把握失能人口，由于缺乏上述条件，失能率测量的数据差异很大（10%~20%）。这种大差异的调查研究加大了政策落实的难度，无法准确估量失能人口数量。由于中国失能老人基数庞大，要解决失能老人服务问题，需先抓住最需要服务的占老年人总数 2.5% 的 700 万左右的完全失能老人来取得政策设计的突破，把制度建立起来；然后再考虑逐渐扩大到另外 2.5% 的 700 万左右部分生理功能丧失的老人，这样的政策目标是完全有可能实现的。因此，在落实养老政策之前，需要完善制度中保障对象的各项评估标准，对服务对象有明确的界定和政策划分，这样才能够做到有的放矢，从而减少甚至避免资源与需求的不匹配。

3. 保障责任

通过三类养老模式（机构养老、社区养老、家庭养老）互为补充，以承担失能老人照护的责任。第四次中国城乡老年人生活状况抽样调查结果显示，我国失能老人、半失能老人大致为 4063 万人，占老年人口的 18.3%。此外，未被算入失能老人之列的失智患者以 1000 万人的速度增加，在世界排名第一。几十年来中国一直在实行计划生育政策，家庭结构的小型化，以核心家庭为主女性地位的提高（使其与男性一般外出打工），由家庭提供照护的模式难以为继。子女被束缚在失能老人照料服务上，发展机会受限，家庭财政可能出现各种危机，"因失能致贫"的新型贫困形式成为了主要致贫形式。因此，一种能够整合机构资源、社区资源以及家庭资源的模式成为大势所趋。就我国的养老模式而言，袁乐欣等人对广州市居家失能老人的调查研究表明，该地区居家老人及其照护者普遍存在不同程度上的负担。医养结合的出现是解决失能老人养老问题的一次创新性的探索。在2015年，卫生计生委等九个部门发布《关于推进医疗卫生与养老服务相结合的指导意见》，为医养结合做出了整体布局，中国开始实施"医养结合"的政策，开始了对"医养结合"的探索。它重新调整了医疗与养老之间的关系，将二者结合起来，既减轻了医疗负担，又较好地满足了养老的照护需求。邓大松、李玉娇的研究表明在我国养老产业迅速发展的过程中，开始有目标地形成以居家为基础、社区为依托、机构为补充的基本养老模式，一定程度上满足了老年人多层次、多元化的需求，并解决了一部分失能老人专业护理的需求。通过以社区为代表的多元主体提供相应的专业护理以及简单医疗服务，减轻失能老人家庭照护者的负担。然而，杨团则认为这样的描述只是原则性的表达，并非良好的政策选择。实现保障责任分担，实现从身体机能到心理健康的多维度、多层次的综合护理。虽然在医养结合持续实施的今天，地方已经探索出较为丰富的实践经验，但是医养结合仍受到较大的阻碍。邓大松、李玉娇指出，由于政策支持不足、制度供给缺位以及筹资不足，该模式受到一定程度上的阻滞。朱凤梅等指出，即使是政府不断下发推行文件，但"条块分割"管理体制的行政孤岛导致医养难结合，该模式发展显得动力不足。因此，要实现多元化养老机制的任务任重而道远。

4. 筹资机制

与其他保障项目一样，长期照护保障需要通过有效的筹资机制来保障，只有筹得足够的资金，才能保障制度的有效运行，从而实现既定目标，以此实现该体系的可持续发展。对于筹资问题，国内学者大多支持从社会保险方向入手维持长期照护保障的运行。首要原因在于原来的社会医疗保险资金不足，难以支撑长期照护体系的日常生活照料和非治疗性的康复护理，而政府补贴和社会救助等保障手段资金来源单一，主要来自政府财政，一般只能面向少数群体。社会保险，则可以用广泛的社会筹资手段来帮助少部分有需要的群体，即所谓"大数定律"。因此，建立社会保险制度是筹资模式的一个较好选择。然而这种模式也存在问题，长期照护保障体系较为特殊，它更需要频繁的人力与时间的投入，产生的费用不小，且随着时间的推移，需要的资金还会持续增加，对社会保险的保障力度需求较其他社会保险制度更大。另一个困难在于国际上将长期照护保障体系纳入社会保险范畴的国家并不多，且这些国家都属于社会保险制度发展十分成熟的国家，学习借鉴它们有一定程度上的困难和风险。

三、国外失能老人长期照护相关研究

大多数发达国家都比中国先进入老龄化社会，因此这些国家在建立长期照护保障制度方面拥有更丰富的经验。斯皮尔曼（Brenda Spillmann）和卢比兹（James Libitz）以 8 万名 65 岁以后去世的老年人的病案为样本进行统计分析，研究结果显示：即便"临终前的短期医疗费用"大幅增加，主要也还是护理费用的增加。因此，这些发达国家从 20 世纪 80 年代开始就将政策视野聚焦于"长期照护"。

1883 年，德国首创疾病保险制度，开社会保险制度之先河，并对后来其他国家的类似制度产生了重要的影响。德国长期照料保险对长期残疾和疾病实行强制性的覆盖，将社会保险与强制性商业保险组合起来，以提供广覆盖、保基本与有差异、多层次的长期照护风险融资体系。这一项制度不受年龄限制，任何年龄段的国民都可以申请，申请评定也只有两个阶段，服务项目上主要分为居家照顾服务和机构护理服务两种类别且提倡由家庭内外照护人员提供非正式照护服务。美国的长期照护保险制度虽然以商业保险著称，然其早在 1965 年就建立了两项国家制度，即针对老年人的医疗照护（Medicare）制度和针对低收入者的医疗救助（Medicaid）制度，这两项制度都包括了为长期照护服务托底的功能。1997 年美国出台了"综合性老年人照护计划"（简称 PACE），为居家老年人提供长期照护服务，其费用由上述医疗照顾和医疗救助制度支付。日本的长期照护保险被称作介护保险，给付模式采取的是"福利+保险"，资金一半来自财政，一半来自保险费。其保障对象同样采纳折中的方式，保障对象除了 65 岁以上老年人，还包括 45~64 岁患有特定老化型疾病的人群。而其资格审定较为严苛，包括初审（七个级别和五层次界定）和复审。服务提供方面，日本则重点发展由特殊疗养院（大部分受益者在这里度过生命的剩余部分）、长期医疗卫生设施（专为出院后老年人康复和过渡到社区设计）和长期照护医院三种机构提供的照护服务。另一亚洲国家韩国社会长期照护保险和社会医疗保险费由国家医疗保险服务（National Health Insurance Service）部门集中征缴，这一征收举措与德国类似，而其给付对象又与日本类似，65 岁以上老年人口以及未满 65 岁但罹患老年慢性病的人群。在失能老人的界定划分上，韩国采取了三大评估方法之一的标准化方式评估其日常生活能力（简称 ADL）。韩国更多强调的是依靠长期照护医院以及相关配套政策落实。

四、简评及启示

人口快速老龄化是我国开始探索可持续性长期照护保障体制的根本原因。我国正在进行长期照护制度试点研究，这项制度的探索必定是一个逐渐完善的过程，广州市作为 15 个试点城市之一率先在长期照护制度上开始实践探索，如何制定实施这一项制度成为政府政策关注的焦点。本文回顾了广州市失能老人养老状况，同时主要从服务定位、保障对象、保障责任以及筹资模式四个方面了解国内学者的长期照护体系构想。这个探索方向无疑是正确的，所提供的建议及相关构想对我们探索长期照护制度有着较强的启示性。

但是，关于长期照护保障研究的不足同样较为明显。其一，由于起步晚、时间短等问题，广州以及其他试点城市的长期照护政策和管理主体呈现碎片化、稳定性低等特点。其二，由于国内该项政策的可获得经验较少，同时国际上的实践经验与中国实际国情并不十分契合，研究者多以理论研究为主，缺乏对现实数据的调查和获取，因此研究结果相对理论化且不同学者之间的研究结果差异较明显，研究结果的准确性受到一定程度的制约，缺乏可行性和可持续性。其三，对该项保障体系的筹资模式略有争议，要维持稳定长期可持续的资金运营有较大困难和风险。

因此对于可持续视域下失能老人长期照护问题，需要构建一套符合未来较长一段时间的长期照护保障体系，切实优先制定失能老人保障政策，同时注重筹资模式的选择，通过充足的资金保障长期照护体系的可持续运行。

参考文献

［1］白丽萍. 广州老年人口失能规模及护理保险费用预测［N］. 中国社会科学报，2017-12-08（007）.

［2］庄绪荣，张丽萍. 失能老人养老状况分析［J］. 人口学刊，2016（38）：47-57.

［3］袁乐欣. 广州市越秀区居家失能老人主要照顾者负担及影响因素分析［J］. 广东医学，2017，38（10）：1578-1582.

［4］"中国长期照护保障需求研究"课题组. 长期照护：概念框架、研究发现与政策建议［J］. 河海大学学报，2018，20（1）：8-11.

［5］世界卫生组织. 建立老年人长期照顾政策的国际共识［R/OL］.（2018-01-01）［2000］. http：//www. who. int/publications/list/WHO_HSC_AHE_00_1/z.

［6］世界卫生组织. 关于老龄化与健康的全球报告［R/OL］.（2018-01-15）［2016］. http：//apps. who. int/iris/bitstream/handle/10665/186463/9789245565048_ chi. pdf；jsessionid = E25163A4E1D98ED6F2C72134A4AD7DDE？ sequence=9.

［7］何文炯. 长期照护保障制度建设若干问题［J］. 中共浙江省委党校学报，2017（3）：5-11.

［8］潘屹. 长期照护保障体系框架研究——以青岛市长期护理保险为起点［J］. 山东社会科学，2017（11）：72-79.

［9］彭希哲，宋靓君，茅泽希. 中国失能老人问题探讨——兼论失能评估工具在中国长期照护中的发展［J］. 新疆大学学报，2018，39（5）：110-126.

［10］北京义德社会工作中心课题组，唐钧. 长期照护保险：国际经验和模式选择［J］. 国家行政学院学报，2016（5）：42-48.

［11］Hospital S O R. Multidisciplinary Studies of Illness in Aged Persons［J］. Journal of Chronic Diseases，1959，9（1）：55-62.

［12］M. P. Lawton，E. M. Brody. Assessment of Older People：Self-maitaining and Instrumental activites of Daily Living［J］. Materials Science Forum，1969（3）.

［13］Word Health Organization. International Classification of Function. Disability and Health［EB/OL］. 2001. Available online：http：//apps. who. int/iris/handle/10665/65990.

［14］朱凤梅，苗子强. 老龄化背景下"医养结合"的内涵、现状及其困境［J］. 中国卫生经济，2018，37（3）：11-15.

［15］唐钧. 长期照护保障制度要兼顾资金与服务保障［N］. 社会科学报，2018-04-19（001）.

［16］黄兰君等. 失能失智老人养老体系困境及对策研究［J］. 知识经济，2014（12）：68，76.

［17］邓大松，李玉娇. 医养结合养老模式：制度理性、供需困境与模式创新［J］. 新疆师范大学学报，2018，39（1）：107-114.

［18］杨团. 中国长期照护的政策选择［J］. 中国社会科学，2016（11）：87-110.

［19］唐钧."长期护理保险"解除老龄化危机［J］. 中国医院院长，2015（17）：89.

［20］和红. 国外社会长期照护保险制度建设经验及启示——基于韩国、日本、德国的比较研究［J］. 国外社会科学，2016（2）：76-83.

［21］赵斌，陈曼莉. 社会长期护理保险制度：国际经验和中国模式［J］. 四川理工学院学报，2017（5）：1-22.

［22］何玉东，孙湜溪. 美国长期护理保障制度改革及其对我国的启示［J］. 保险研究，2011（10）：122-127.

基于"医养结合"视角的广东省社会养老服务实证分析研究

伍芷蕾①

摘　要：无论在医疗方面还是养老方面，广东省都拥有软实力和硬实力。尽管广东有先发优势，但是后发动力较弱，主要原因为社会养老服务的发展存在服务同质化高、区间差异化大、政策创新不足等。目前，大部分学者研究切入点主要从公共财政的角度来研究养老服务供给的经验，缺乏从老年人养老健康现状、医疗服务使用方式和支出等"医养结合"的角度来实证研究社会养老服务。为此，本文尝试从老年人养老健康现状、医疗服务使用方式和支出等"医养结合"的角度，探讨广东如何打破养老服务发展后劲不足的限制。

关键词：广东；医养结合；社会养老

一、前言

中国社会养老研究始于20世纪80年代，主要研究方向是家庭规模和人口流动及迁移，主要研究对象是城市，主要研究内容包括了经济供养和生活照料，主要研究目的是为了更好地控制人口，而不是解决现实的养老问题。在决策方面，政府以补缺型和选择型的社会政策作为导向，特别针对"三无老人"（无劳动能力、无生活来源、无法定赡养人和扶养人）提供相关服务。直到国务院办公厅出台《社会养老服务体系建设规划（2011~2015年）》，中国社会养老服务体系才纳入专项规划范围，明确由居家养老、社区养老和机构养老三种服务提供形式组成，其目标是形成9073或9064的养老格局，即90%的老年人实现居家养老；6%或7%的老年人实现社区养老；4%或3%实现机构养老。2015年，国务院出台了《关于推进医疗卫生与养老服务相结合指导意见的通知》，认为加快推进医疗

---

① 伍芷蕾，北京大学博士、澳门社会保障学会理事。

卫生与养老服务相结合，有利于满足人民群众日益增长的多层次、多样化健康养老服务需求，有利于扩大内需、拉动消费、增加就业等。然而，大部分学者主要从公共财政的角度研究养老服务供给的经验，缺乏从老年人养老健康现状、医疗服务使用方式和支出等"医养结合"的角度对社会养老服务的实证研究。

无论在医疗方面还是养老方面，广东省都具备软实力和硬实力。在医疗方面，省委、省政府在《关于建设卫生强省的决定》中强调要大力发展健康服务业，有序推进医养结合各项重点工作，其中包括加快分级诊疗制度建设、提升社区医疗服务水平、将各类符合医疗定点条件的养老机构纳入医保定点医院范围等。在养老方面，广东省从 20 世纪 90 年代开始，就允许养老机构自由选择工商登记或者民办非企业单位登记，其养老机构的社会化运作在全国先行先试积累了经验。截至 2017 年 6 月，广东省老年人服务床位数发展到 348616 张。事实上，广东省在国务院出台《社会养老服务体系建设规划（2011~2015 年）》前，不但已经制定了一系列机构管理和评估的办法，而且颁布了《广东省 2011~2015年社会养老服务体系建设规划》。除此之外，广东省拥有地缘上的优势，经常和港澳地区交流社会服务经验。同时，广东省允许港澳服务提供商入粤开办养老和残疾人福利机构，允许港澳服务提供商以独资民办非企业单位形式设立居家养老服务机构。自 2015 年粤港澳大湾区首次写入国家文件，2017 年 7 月签署了《深化粤港澳合作推进大湾区建设框架协议》，粤港澳在养老服务方面的往来愈见紧密。

尽管广东省有先发优势，但是后发动力较弱，主要原因为社会养老服务的发展存在服务同质化高、区间差异化大、政策创新不足等问题。同质化高是指大部分养老机构只能提供日常生活等"疗养型"服务，普遍缺乏针对高龄和失能老人的医疗、康复、护理和临终关怀等"护养型"服务；区间差异化大是指收费低、距离近的养老机构一床难求，而收费高、距离远的养老机构则有大量床位闲置；政策创新不足是指制度建设方面给社会福利供给职能的定位是"适度惠普型"，一直强调"以民办为主，以公办为辅"的模式。事实上，环杭州湾大湾区的上海市和浙江省在 2018 年被国务院认为在健全养老服务体系和推进养老项目建设方面成效明显，还被给予了财政上的系列支持。值得留意的是，2015 年初上海在全国率先实施老年照护统一需求评估标准和具有全市统一数据库、资源调配、监管等功能评估信息管理系统；同时，还培育了第三方老年照护统一评估机构和评估队伍，注重老年照护资源的整合，按照护等级提供相应的养老服务，并且积极探索建立轮候、转介机制等。而浙江省绿城乌镇雅园则是国内首个学院式颐乐养生养老项目，以学校的组织方式构成园区内老年人的日常组织形态，成为中国养老小镇产品开发的样本。为此，本文尝试从老年人养老健康现状、医疗服务使用方式和支出等"医养结合"的角度，探讨广东如何利用大湾区的优势来消除养老服务发展后劲不足的弊端。

二、广东省社会养老服务发展过程

广东省社会养老服务发展起源于国企改制分流，成长于社会组织参与治理，最终步入服务产业化。

（一）出发点：国企改制分流化

广东省社会养老服务发展以"国有企业改制分流"为出发点。广州市社会福利服务协会成立过程是从市民政局的内部组织转化为自负盈亏的民间组织，受民政局委托制定行业规范、开展政策调研和咨询服务、组织培训和技术交流，在民办养老服务机构中推广先进的管理服务经验。广州市广船养老院成立的初衷是想通过发展养老服务来安置分流的人员、使国有资产保值并推动国有企业单位改革。事实上，改革开放之后，中国社会福利建设经历了从单位福利和集体福利到市场化改革的过程。近年来，这种制度理念开始从市场化逐步转向强调公平正义等价值理念，从为经济改革服务逐步转向为社会建设服务。这一阶段社会福利服务对象主要为老年人、残疾人、困境儿童，社会福利供给方式从"制度型"转向"补缺型"，通过弥补家庭和市场的失灵，防止个体由于不能获得基本的经济收入而陷入贫困境地。自 2005 年起，民政部提出要把开展养老服务社会化示范活动作为社会福利工作的重点，并且解决国企下岗失业职工问题。

（二）支撑点：社会组织治理化

广东省社会养老服务发展以社会组织治理化为支撑点。广州市社会福利服务协会和荔湾区民政局组成检查工作组，多方面对养老机构进行评估，并对制度的执行情况进行重点检查，通过为政府提供服务获取运营资金。而民办养老机构通过政府资助引导建设，参考市政府物价部门的价格和周边地区机构的价格，按照床位费、住宿费、护理费、其他费用（医疗费、伙食费）以及客户数量来确定老年人服务费用。事实上，自 2011 年民政部和广东省民政厅《社会养老服务体系建设规划》出台后，养老服务的发展特征是"以政府向社会力量购买为方向，以价格优惠、减免收费和补贴为手段"。特别地，党的十八大确立了改革社会组织管理体制、加快形成现代社会组织体制以及提出"创新社会治理体制"新命题，解决了传统由政府主导的线性管理模式不能对多元的社会养老服务问题给出有效解释和应对方案的困境，社会组织成为了社会养老服务治理体系中的重要主体。而且，通过引入竞争机制、淡化行政色彩及强化重点培育等措施，利用委托、承包、采购等方式，激发了社会组织的自主发展活力。

（三）落脚点：医养结合产业化

广东省社会养老服务发展以医养融合产业化为落脚点。广州市社会福利服务协会聘请了主任医师、主管护师以及中级社工等，相关的服务评估工作由专业的医疗护理专家负责。广州市广船养老院向卫计委申请医疗机构执业许可证，然后成立医疗社保定点门诊，让有需求者可通过医保卡进行消费。除此之外，养老服务机构通过和医院合作，设计了一些"互联网+社区养老"的方案来推动社区—居家养老服务。事实上，这一阶段养老服务发展特征就是主要依靠与医疗机构合作，通过和医疗机构签订绿色通道、合作协议来解决养老机构难以满足入住老年人的医护需求、大型医院难以提供细致的养老服务等问题，以实现养老机构和医院的资源共享，使养老、医疗、康复全程实现无缝链接。而且，"平安通"智慧养老服务实现提标扩面，全天候为长者提供紧急呼援、GPS定位、咨询转介、心理慰藉、定期关怀、提示服务等基本服务，并通过智能腕表、智能手机、云血压计、生命体征检测等智能终端设备，为用户提供健康监测、移动医疗、电子围栏、智慧保姆、智能预警、服务定制等智能居家养老服务。为了进一步满足居家养老医养结合的需求，2018年底市卫生计生委牵头，将在全市11个区试点60个医养结合工作站。

三、实证分析

为了进一步了解广州市医养结合在全国各省中的发展水平，本文以老年人健康评价、医疗服务使用方式和医疗支出作为"医养结合"的切入点进行研究。

（一）研究数据

截至2016年，国内外研究中国老年人问题的主要数据库有：①2008年、2011年、2012年、2013年北京大学国家发展研究院《中国健康与养老追踪调查》（China Health and Retirement Longitudinal Study，CHARLS）；②北京大学健康老龄与发展研究中心1998年、2000年、2002年、2005年、2008年和2011年《全国老年人口健康现状调查项目》（又名中国老人健康长寿影响因素研究，Chinese Longitudinal Healthy Longevity Survey，CLHLS）；③中华人民共和国统计局的国家数据；④中国老龄科学研究中心2000年、2006年、2010年以及2016年《中国城乡老年人生活现状抽样调查》。在这四个数据库里，除了中国老龄科学研究中心《中国城乡老年人生活现状抽样调查》数据无法通过公开途径取得之外，其余数据库的数据均能从官网下载。从样本取样模式来看，中国老龄科学研究中心和国家统计局的数据属于宏观数据，目前主要应用于政策制定研究；CHARLS和CLHLS属于微观数据，目前主要应用于临床卫生实证研究。从样本取样对象来看，CHARLS比CLHLS范围更广。CHARLS数据库在本研究中用于老年人健康评价、分析老年人医疗服务使用方式以及老年人医疗支出现状。按照老年人的养老需求，60岁以上老年人分为青年老年人（60~74岁）和成年老年人

（75 岁以上）两个阶段，本研究选取 2013 年 CHARLS 数据库青年老年人（60～74 岁）和成年老年人（75 岁以上）作为比较样本，而且该样本不能为社会经济地位相关选项的缺失值。其中，研究指标如表 1 所示。

表 1　老年人健康评价指标

老年人健康评价		医疗服务使用方式				医疗支出	
主观评价	客观评价	综合医院和专科医院	中医院和社区卫生服务中心	乡镇卫生院和卫生服务站	村诊所/私人诊所	有医疗支出	医疗支出占各项消费支出百分比

（二）研究结果

通过对各省市区老年人健康评价、医疗服务使用方式以及医疗支出的变量进行平均值和标准差的排名，研究结果如下。

1. 老年人养老健康评价现状

老年人养老健康评价现状分为客观评价和主观评价，客观评价主要指 IADL 和 BADL，主观评价主要指抑郁评价和自我评价。

（1）客观评价。从表 2 可知，在各省市区样本分布中，广东省的 IADL 排名第 5；BADL 排名第 6。

表 2　中国各省市区老年人健康客观评价排名结果

	IADL				BADL			
	n	平均值	标准差	排名	n	平均值	标准差	排名
云南	510	0.5059	0.5005	24	510	0.2863	0.4525	18
福建	223	0.3946	0.4899	12	223	0.2466	0.4320	10
青海	61	0.6066	0.4926	28	61	0.3115	0.4669	24
四川	908	0.4868	0.5001	23	908	0.2974	0.4573	21
河北	357	0.4510	0.4983	17	357	0.2997	0.4588	22
江西	473	0.4038	0.4912	14	473	0.2643	0.4414	15
新疆	49	0.5306	0.5042	25	49	0.4286	0.5000	28
北京	61	0.1967	0.4008	1	61	0.0984	0.3003	1
内蒙古	329	0.4650	0.4995	19	329	0.3526	0.4785	27
江苏	437	0.3547	0.4790	4	437	0.1579	0.3651	3
重庆	154	0.4675	0.5006	20	154	0.2792	0.4501	16

续表

	IADL				BADL			
	n	平均值	标准差	排名	n	平均值	标准差	排名
甘肃	216	0.5417	0.4994	26	216	0.2824	0.4512	17
黑龙江	181	0.3591	0.4811	7	181	0.2597	0.4397	12
广东	435	0.3563	0.4795	5	435	0.2115	0.4088	6
辽宁	255	0.3804	0.4864	9	255	0.3020	0.4600	23
山西	254	0.4843	0.5007	22	254	0.3465	0.4768	26
上海	40	0.2750	0.4522	2	40	0.1750	0.3848	4
天津	60	0.4000	0.4940	13	60	0.3167	0.4691	25
浙江	381	0.3360	0.4729	3	381	0.1024	0.3035	2
吉林	193	0.3627	0.4820	8	193	0.2228	0.4172	7
广西	363	0.3939	0.4893	11	363	0.2452	0.4308	8
安徽	490	0.4755	0.4999	21	490	0.2633	0.4409	14
湖北	272	0.4449	0.4979	16	272	0.2463	0.4317	9
陕西	274	0.4234	0.4950	15	274	0.2628	0.4409	13
山东	754	0.3568	0.4794	6	754	0.1950	0.3964	5
河南	671	0.4590	0.4987	18	671	0.2891	0.4537	19
湖南	401	0.3840	0.4870	10	401	0.2893	0.4540	20
贵州	117	0.5812	0.4955	27	117	0.2479	0.4336	11
合计	8919	0.4257	0.4945		8919	0.2571	0.4371	

（2）主观评价。从表3可知，在各省市区样本分布中，广东省的抑郁评价排名第15，自我评价排名第7。

表3　中国各省市区老年人健康主观评价排名结果

	抑郁评价				自我评价			
	n	平均值	标准差	排名	n	平均值	标准差	排名
云南	510	0.3020	0.4596	26	510	0.1843	0.3881	23
福建	223	0.2108	0.4088	14	223	0.1973	0.3989	17
青海	61	0.4754	0.5035	28	61	0.2459	0.4342	6
四川	908	0.2654	0.4418	23	908	0.1344	0.3412	27
河北	357	0.2409	0.4282	21	357	0.1933	0.3954	20

	抑郁评价				自我评价			
	n	平均值	标准差	排名	n	平均值	标准差	排名
江西	473	0.2283	0.4202	19	473	0.1607	0.3676	26
新疆	49	0.1020	0.3058	3	49	0.2857	0.4564	4
北京	61	0.0328	0.1796	1	61	0.3115	0.4669	2
内蒙古	329	0.2796	0.4495	25	329	0.2006	0.4011	15
江苏	437	0.1648	0.3714	8	437	0.2700	0.4445	5
重庆	154	0.2727	0.4468	24	154	0.1169	0.3223	28
甘肃	216	0.4028	0.4916	27	216	0.2083	0.4071	12
黑龙江	181	0.1436	0.3517	7	181	0.2320	0.4233	8
广东	435	0.2115	0.4088	15	435	0.2322	0.4227	7
辽宁	255	0.1686	0.3752	10	255	0.1922	0.3948	21
山西	254	0.2126	0.4100	16	254	0.2205	0.4154	10
上海	40	0.1250	0.3349	4	40	0.2000	0.4051	16
天津	60	0.0833	0.2787	2	60	0.2167	0.4155	11
浙江	381	0.1365	0.3438	5	381	0.3307	0.4711	1
吉林	193	0.1710	0.3775	11	193	0.2073	0.4064	13
广西	363	0.2204	0.4151	18	363	0.1818	0.3862	24
安徽	490	0.2653	0.4419	22	490	0.2041	0.4034	14
湖北	272	0.2022	0.4024	12	272	0.1949	0.3968	18
陕西	274	0.2153	0.4118	17	274	0.1934	0.3957	19
山东	754	0.1419	0.3492	6	754	0.2891	0.4537	3
河南	671	0.1654	0.3718	9	671	0.1863	0.3896	22
湖南	401	0.2344	0.4242	20	401	0.1771	0.3822	25
贵州	117	0.2051	0.4055	13	117	0.2308	0.4231	9
合计	8919	0.2170	0.4122		8919	0.2072	0.4053	

2. 医疗服务使用方式

（1）综合医院和专科医院。

从表4可知，在各省市区样本分布中，广东省的综合医院服务使用排名第17，专科医院服务使用排名第14。

表4 中国各省市区老年人医疗服务使用方式（综合医院和专科医院）排名结果

	综合医院				专科医院		
	n	平均值	标准差	排名	平均值	标准差	排名
云南	510	0.0588	0.2355	20	0.0078	0.0883	13
福建	223	0.0852	0.2798	13	0.0135	0.1155	9
青海	61	0.1148	0.3214	6	0.0000	0.0000	21
四川	908	0.0771	0.2669	15	0.0132	0.1143	10
河北	357	0.0980	0.2978	10	0.0084	0.0914	12
江西	473	0.0930	0.2908	11	0.0042	0.0650	19
新疆	49	0.1224	0.3312	4	0.0000	0.0000	21
北京	61	0.4262	0.4986	1	0.0656	0.2496	2
内蒙古	329	0.1094	0.3126	7	0.0000	0.0000	21
江苏	437	0.0481	0.2141	27	0.0046	0.0676	18
重庆	154	0.1039	0.3061	8	0.0000	0.0000	21
甘肃	216	0.0509	0.2204	26	0.0046	0.0680	17
黑龙江	181	0.0663	0.2495	18	0.0055	0.0743	15
广东	435	0.0667	0.2497	17	0.0069	0.0829	14
辽宁	255	0.0902	0.2870	12	0.0196	0.1389	4
山西	254	0.0551	0.2287	22	0.0000	0.0000	21
上海	40	0.1250	0.3349	3	0.0750	0.2667	1
天津	60	0.1333	0.3428	2	0.0500	0.2198	3
浙江	381	0.1207	0.3262	5	0.0157	0.1247	7
吉林	193	0.0777	0.2684	14	0.0155	0.1240	8
广西	363	0.0606	0.2389	19	0.0193	0.1377	5
安徽	490	0.0531	0.2244	23	0.0000	0.0000	21
湖北	272	0.0699	0.2554	16	0.0000	0.0000	21
陕西	274	0.0985	0.2986	9	0.0036	0.0604	20
山东	754	0.0584	0.2346	21	0.0106	0.1025	11
河南	671	0.0432	0.2035	28	0.0164	0.1271	6
湖南	401	0.0524	0.2230	24	0.0050	0.0705	16
贵州	117	0.0513	0.2215	25	0.0000	0.0000	21
合计	8919	0.0748	0.2631	667	0.0094	0.0966	84

（2）中医院和社区卫生服务中心。

从表5可知，在各省市区样本分布中，广东省的中医院服务使用排名第7；

社区卫生服务中心服务使用排名第 13。

表5　中国各省市区老年人医疗服务使用方式（中医院和社区卫生服务中心）排名结果

	中医院				社区卫生服务中心		
	n	平均值	标准差	排名	平均值	标准差	排名
云南	510	0.0098	0.0986	19	0.0275	0.1636	3
福建	223	0.0135	0.1155	12	0.0045	0.0670	22
青海	61	0.0000	0.0000	25	0.0164	0.1280	11
四川	908	0.0220	0.1469	4	0.0077	0.0875	16
河北	357	0.0112	0.1054	17	0.0168	0.1287	9
江西	473	0.0127	0.1120	13	0.0233	0.1509	4
新疆	49	0.0204	0.1429	6	0.0000	0.0000	24
北京	61	0.0164	0.1280	9	0.0984	0.3003	2
内蒙古	329	0.0061	0.0778	21	0.0061	0.0778	18
江苏	437	0.0137	0.1165	11	0.0229	0.1497	5
重庆	154	0.0000	0.0000	25	0.0065	0.0806	17
甘肃	216	0.0417	0.2003	1	0.0093	0.0960	15
黑龙江	181	0.0110	0.1048	18	0.0055	0.0743	20
广东	435	0.0184	0.1345	7	0.0115	0.1067	13
辽宁	255	0.0039	0.0626	24	0.0000	0.0000	24
山西	254	0.0118	0.1082	16	0.0000	0.0000	24
上海	40	0.0000	0.0000	25	0.1500	0.3616	1
天津	60	0.0000	0.0000	25	0.0000	0.0000	24
浙江	381	0.0157	0.1247	10	0.0210	0.1436	7
吉林	193	0.0052	0.0720	22	0.0052	0.0720	21
广西	363	0.0331	0.1790	2	0.0165	0.1277	10
安徽	490	0.0041	0.0638	23	0.0020	0.0452	23
湖北	272	0.0294	0.1693	3	0.0184	0.1346	8
陕西	274	0.0182	0.1341	8	0.0219	0.1466	6
山东	754	0.0119	0.1087	15	0.0119	0.1087	12
河南	671	0.0209	0.1430	5	0.0060	0.0770	19
湖南	401	0.0125	0.1111	14	0.0100	0.0995	14
贵州	117	0.0085	0.0925	20	0.0000	0.0000	24
合计	8919	0.0150	0.1217	134	0.0131	0.1138	117

（3）乡镇卫生院和卫生服务站。

从表6可知，在各省市区样本分布中，广东省的乡镇卫生院服务使用排名第7，卫生服务站服务使用排名第1。

表6 中国各省市区老年人医疗服务使用方式（乡镇卫生院和卫生服务站）排名结果

	乡镇卫生院				卫生服务站		
	n	平均值	标准差	排名	平均值	标准差	排名
云南	510	0.0373	0.1896	19	0.0176	0.1318	8
福建	223	0.0404	0.1972	16	0.0000	0.0000	21
青海	61	0.0492	0.2180	12	0.0164	0.1280	10
四川	908	0.1167	0.3213	2	0.0297	0.1700	2
河北	357	0.0392	0.1944	17	0.0168	0.1287	9
江西	473	0.0655	0.2477	5	0.0063	0.0795	18
新疆	49	0.0000	0.0000	25	0.0000	0.0000	21
北京	61	0.0000	0.0000	25	0.0000	0.0000	21
内蒙古	329	0.0274	0.1634	20	0.0091	0.0952	13
江苏	437	0.0595	0.2368	9	0.0229	0.1497	6
重庆	154	0.1429	0.3511	1	0.0000	0.0000	21
甘肃	216	0.0602	0.2384	8	0.0278	0.1647	3
黑龙江	181	0.0000	0.0000	25	0.0110	0.1048	11
广东	435	0.0621	0.2416	7	0.0759	0.2651	1
辽宁	255	0.0392	0.1945	17	0.0000	0.0000	21
山西	254	0.0236	0.1522	22	0.0079	0.0886	14
上海	40	0.0500	0.2207	11	0.0000	0.0000	21
天津	60	0.0000	0.0000	25	0.0000	0.0000	21
浙江	381	0.0262	0.1601	21	0.0079	0.0885	14
吉林	193	0.0052	0.0720	24	0.0052	0.0720	20
广西	363	0.0634	0.2439	6	0.0193	0.1377	7
安徽	490	0.0510	0.2203	10	0.0245	0.1547	4
湖北	272	0.0919	0.2894	3	0.0074	0.0856	17
陕西	274	0.0474	0.2130	13	0.0109	0.1043	12
山东	754	0.0212	0.1442	23	0.0053	0.0727	19
河南	671	0.0656	0.2477	4	0.0238	0.1527	5

	乡镇卫生院				卫生服务站		
	n	平均值	标准差	排名	平均值	标准差	排名
湖南	401	0.0474	0.2127	14	0.0075	0.0863	16
贵州	117	0.0427	0.2031	15	0.0000	0.0000	21
合计	8919	0.0536	0.2252	478	0.0172	0.1299	153

（4）村诊所/私人诊所。

从表7可知，在各省市区样本分布中，广东省的村诊所/私人诊所服务使用排名第15。

表7 中国各省市区老年人医疗服务使用方式（村诊所/私人诊所）排名结果

	村诊所/私人诊所			
	n	平均值	标准差	排名
云南	510	0.1353	0.3424	4
福建	223	0.1076	0.3106	6
青海	61	0.0984	0.3003	9
四川	908	0.1002	0.3005	8
河北	357	0.0812	0.2736	11
江西	473	0.0740	0.2620	12
新疆	49	0.0204	0.1429	22
北京	61	0.0000	0.0000	26
内蒙古	329	0.0243	0.1543	21
江苏	437	0.0412	0.1990	19
重庆	154	0.1429	0.3511	3
甘肃	216	0.1713	0.3776	1
黑龙江	181	0.0110	0.1048	24
广东	435	0.0598	0.2373	15
辽宁	255	0.0471	0.2122	18
山西	254	0.0591	0.2362	16
上海	40	0.0000	0.0000	26
天津	60	0.0000	0.0000	26
浙江	381	0.0131	0.1140	23

续表

	村诊所/私人诊所			
	n	平均值	标准差	排名
吉林	193	0.0104	0.1015	25
广西	363	0.0689	0.2536	14
安徽	490	0.1347	0.3417	5
湖北	272	0.0846	0.2787	10
陕西	274	0.0693	0.2545	13
山东	754	0.0531	0.2243	17
河南	671	0.1446	0.3519	2
湖南	401	0.1072	0.3098	7
贵州	117	0.0342	0.1825	20
合计	8919	0.0806	0.2723	719

3. 老年人医疗支出现状

从表8可知，在各省市区样本分布中，广东省有医疗支出行为排名第24，其中，医疗支出占各项消费支出百分比排名第21。

表8　中国各省市区老年人医疗支出现状排名结果

	有医疗支出				医疗支出占各项消费支出百分比		
	n	平均值	标准差	排名	平均值	标准差	排名
云南	510	0.4745	0.4998	8	0.1789	0.2199	16
福建	223	0.4484	0.4985	14	0.1729	0.2102	18
青海	61	0.6066	0.4926	1	0.1401	0.1448	26
四川	908	0.5253	0.4996	2	0.1632	0.1908	24
河北	357	0.5154	0.5005	3	0.2402	0.2307	3
江西	473	0.4123	0.4928	21	0.1726	0.2031	20
新疆	49	0.5102	0.5051	4	0.2234	0.2404	7
北京	61	0.4590	0.5025	12	0.1214	0.1089	27
内蒙古	329	0.4802	0.5004	7	0.2571	0.2441	2
江苏	437	0.4005	0.4906	23	0.1893	0.2170	13
重庆	154	0.4870	0.5015	5	0.1774	0.1781	17
甘肃	216	0.4676	0.5001	10	0.2313	0.2405	6

	有医疗支出				医疗支出占各项消费支出百分比		
	n	平均值	标准差	排名	平均值	标准差	排名
黑龙江	181	0.4586	0.4997	13	0.1706	0.2034	23
广东	435	0.3931	0.4890	24	0.1721	0.2097	21
辽宁	255	0.4314	0.4962	17	0.1728	0.1857	19
山西	254	0.4291	0.4959	19	0.2000	0.2278	11
上海	40	0.3500	0.4830	27	0.1813	0.2496	15
天津	60	0.3833	0.4903	25	0.2977	0.2775	1
浙江	381	0.4278	0.4954	20	0.2393	0.2523	4
吉林	193	0.4611	0.4998	11	0.2131	0.2513	8
广西	363	0.4298	0.4957	18	0.1714	0.1987	22
安徽	490	0.4367	0.4965	15	0.1846	0.2048	14
湖北	272	0.4706	0.5001	9	0.1563	0.2037	25
陕西	274	0.3832	0.4871	26	0.1920	0.2018	12
山东	754	0.4072	0.4916	22	0.2373	0.2383	5
河南	671	0.4814	0.5000	6	0.2047	0.2225	10
湖南	401	0.4364	0.4966	16	0.2058	0.2252	9
贵州	117	0.3419	0.4764	28	0.0851	0.1460	28
合计	8919	0.4493	0.4974		0.1940	0.2176	

四、结论及展望

在健康养老状况方面，广东省老年人的身体机能水平和健康认知水平在全国水平之上，而精神健康则为全国中等水平。在医疗服务使用方面，广东省老年人初级保健意识高，偏向使用卫生服务站、乡镇卫生院服务以及中医院服务。过去，广东省委、省政府出台《关于乡镇卫生院管理体制改革与建设的意见》，要求在每个乡镇办好一所公立卫生院。富余的卫生院，或者成为乡镇卫生院分院，或者吸收社会资金进行转制。此外，整合和扩大农村医疗卫生资源，各级财政保障乡镇卫生院经费，乡镇卫生院的人员、业务、经费上划县级卫生行政部门管理。与此同时，广东省卫生厅出台《关于村卫生站实施基本药物制度的通知》，要求将村卫生站纳入基本药物制度实施范围，全省2.9万个村卫生站全部实施基本药物制度。通过健全落实乡村医生稳定长效的多渠道补偿机制，弥补村卫生站药品零差率销售后减少的收入，保证村医合理收入不降低。由于广东省政府重视初级保健的建设，而且广东老年人初级保健的意识高，在一定程度上降低了对高级治疗的依赖。事实上，广东省医疗设备和医护水平位于全国前列，广东人的身体健康水平比较理想。因此，广东老年人的医疗消费开支在全国水平之下。从老年人健康评价和医疗使用的角度来看，广东省的"医养结合"发展基础是不错的。

展望未来，《粤港澳大湾区发展规划纲要》公布在即，跨境养老服务发展势在必行。

参考文献

[1] 邹学银，郭名倞. 社区养老与模式创新 [J]. 中国民政，2014 (12)：38.

[2] 黄捷霞. 广东两部门"合"力推进医养结合 [N]. 中国人口报，2016-10-25 (001).

[3] 王子飞. 供给侧结构性改革背景下广东养老服务业发展对策研究 [J]. 特区经济，2017 (12).

[4] 粤允港澳民办养老机构 [N]. 澳门日报，2018-06-25 (B9).

[5] 上海市构建"五位一体"养老服务工作格局 [J]. 中国社会工作，2018 (17)：40-41.

[6] 乌镇雅园养老模式探析 [J]. 城市开发，2014 (22)：57.

[7] 李艳军，王瑜. 补缺型社会福利——中国社会福利制度改革的新选择 [J]. 西安电子科技大学学报（社会科学版），2007 (2)：99-104.

[8] 王萍. 探索新思路种好"试验田" 谋求养老服务社会化大发展——访民政部社会福利和社会事务司司长张明亮 [J]. 社会福利，2005 (7)：8-13.

[9] 范如国. 复杂网络结构范型下的社会治理协同创新 [J]. 中国社会科学，2014 (4)：98-120，206.

[10] 今年底广州试点推出 60 个医养结合工作站 [EB/OL]. http：//news. ycwb. com/2018-08/24/content_30073413. htm.

[11] 中国健康与养老追踪调查介绍 [EB/OL]. http：//charls. ccer. edu. cn/zh-CN/page/data/2013-charls-wave2，2018-11-06.

[12] 北京大学健康老龄与发展研究中心介绍 [EB/OL]. http：//web5. pku. edu. cn/ageing/html/detail_project_1. html，2018-11-06.

[13] 国家数据介绍 [EB/OL]. http：//data. stats. gov. cn/. 2018-11-06.

[14] 中国老龄科学研究中心介绍 [EB/OL]. http：//www. crca. cn/shujuzhongxin. jsp? directoryid=9&dir_id=16，2018-11-06.

香港特区的安老按揭计划对内地 "以房养老" 的启示

宫瑞璘① 林辰乐②

摘 要：面对人口老龄化的压力，多地都已推行养老金融，香港特区与内地亦分别于近年间开展了"以房养老"业务实践。从实践情况来看，香港特区"安老按揭计划"运行较为顺利，逐步获得本地老人的认可。目前，内地"以房养老"模式仍在探索之中。本文通过回顾文献及新闻分析，结合深度访谈内容，研究内地"以房养老"和香港特区"安老按揭计划"运作模式，希望从中归纳出内地发展"以房养老"的可借鉴之处。

关键词：安老按揭计划；以房养老；PEST 分析

一、前言

"人口老龄化"不但是世界人口的发展趋势，而且是世界各地普遍面临的问题。养老金融作为一种金融创新产品，能通过自身特色将老人拥有的房产资源有效盘活，改善养老生活质量。其起步于荷兰，不少国家都已形成具有特色的产品。目前已成为西方社会高度认可的养老方式。相较之下，我国养老金融起步较晚，自2005年南京推行"以房养老"产品以来，虽然多地做出了不同类型的尝试，但在不同程度上均面临实际参与量不高，项目持续推行难度大等困难。

香港特区亦是近年间开始推行养老金融，但运行模式较为成功。安老按揭计划推行至今已逾七年，平稳运行中不断根据市场需求调整优化，逐步获得本地老人的认可。这与其政府公司运营等行政安排密不可分。因此，通过了解其运作模式，并分析其模式建构下风险处理机制、市场主体参与等细节，可能找寻出对内地"以房养老"发展的可借鉴之处。

---

① 宫瑞璘，澳门社会保障学会研究员；②林辰乐，澳门社会保障学会监事。

二、生命周期理论及世界银行提倡的养老支柱结构

（一）生命周期理论

根据家庭生命周期理论，住房作为一种动态的需求物品，在不同生命阶段对于住房的需求是不同的。从需求的角度来看，住宅的需求具备普遍意义，但是在一个人的不同生命阶段，住房这种需求的产生、表现、程度等都是不同的。按照前文的划分，主要针对筑巢期、满巢期以及空巢期对住房的需求展开分析。

在 30 岁左右的时期，筑巢期的发生与婚姻状况密切相关。此阶段由于财富积累有限，很难依靠自身能力来购买住房，大多数人选择依靠父母或者贷款的方式来购买住房，以便满足对住房的需求。满巢期是指子女成长阶段，这时对住房的需求是始终存在的，只不过程度存在差别。特别是在满巢后期，为了满足子女筑巢的需求，此阶段对住房的需求更加显著。在生命周期的最后阶段，最大的特征就是家庭收入逐渐缩减直至为零，此阶段家庭中的主体已经没有了工作，仅依靠社会保障或者退休金生活。此阶段家庭对住房需求的程度是整个生命周期中最低的，可能出现住房逆向消费的现象，即以房养老，通过上文所述的以房养老方式，充分发挥住房的最大价值，来满足此阶段日常生活开销，甚至是精神需求。

（二）世界银行的养老支柱结构

世界银行于 1994 年提出三支柱的养老保障体系，三个支柱分别是随收随支的公共养老保障制度，固定供款或个人专户制度的强制性养老保障制度，以及自愿性的个人储蓄。2005 年，世界银行进一步提出更完善的养老收入保障体系，即五支柱结构，五支柱分别是给予贫困长者最低收入的社会保障制度（零支柱）、公共长者收入保障金（第一支柱）、强制性职业或个人的长者收入保障计划（第二支柱）、自愿性的储蓄制度（第三支柱）、非正式的支持（如家人支持）及其他非财务的支持（如公共医疗服务）（第四支柱）。

作为避难所，住房是居住者的必需品，可看成长者的最基本需要。此外，住房紧缺的地区，住房价格随需求上升而不断升值，住房成为了投资品。长者早期买入的住房大多位于城市的中心，医疗、教育环境较为理想，此时的住房较当初买入时已经有明显的增值，成为了长者最主要的资产。因此，既要保障长者的住房，又要让资产产生稳定的现金流就衍生了"以房养老"的广泛讨论。

三、中国内地现有的"以房养老"制度及简评

（一）模式

内地已推行的"以房养老"项目形式多样，但根据"以房养老"项目运行

的实际情况来看，其仍处在探索阶段。本部分对已推行且有代表性的"以房养老"项目模式进行回顾，并简要分析其推行的难处。

1. 上海

上海"以房自助养老"由上海市公积金管理中心推出。项目鼓励 65 周岁及以上的老人将自己拥有产权的房屋通过房屋产权交易市场出售给上海市公积金管理中心，一次性获得全部房屋出售款后，公积金管理中心再将房屋返租给老人，租期由双方协商，租金与市场价格相同。受传统观念的影响，有些老人对变更房屋产权比较介意。同时房产过户后如有升值，升值部分将完全归公积金管理中心所有，老人的利益没有保障。

2. 北京

北京寿山福海国际养老服务中心与中大恒基房地产经纪有限公司联合推出"养老房屋银行"业务。项目提出年过 60 岁且拥有房产的老人可申请入住养老服务中心，将房产交付于房地产公司进行出租，租金用于抵扣老人在养老服务中心的费用。这一模式中老人始终保有产权，但房屋是交由商业机构代理运作，易让老人担忧商业公司只注重盈利目的，可能会降低参与者的信任度。

3. 南京

2005 年南京汤山温泉留园老年公寓推出"以房换养"。60 岁及以上并拥有本市 60 平方米及以上房屋产权的孤寡老人，可自愿申请将其产权房抵押给老年公寓，之后免费入住老年公寓并享受服务。老年公寓将房产出租用以抵消老人在老年公寓的费用。老人去世后该房产归老年公寓所有。这一模式失败的原因是，民营机构不易获得老人让其处理房产的信任。

4. 杭州

杭州的"以房养老"提出了四种可供选择的方式："租房增收养老""售房预付养老""退房补助养老"及"换房差价养老"。老人可以根据自身的实际情况与偏好选择适合自己的模式，但是由于施行规模小等原因，申请人数也比较少。

5. 广州

中信银行"养老按揭"计划规定年满 55 周岁的借款人或年满 18 周岁的法定赡养人可以抵押房产，向银行申请养老贷款。但这一业务要求比较严格。贷款申请人名下须至少有两套住房、贷款期限不得超过十年，最高累计贷款额不超过所抵押住房评估值的 60%。事实上，"养老按揭"所面对的老人多数在经济上比较困难，第二套房产的准入门槛设置较高。同时由于设定的期限较短，期满后老人如有偿还困难，可能还会面临失去住所的风险。

（二）评析

通过广泛阅读相关文献，总结并纳入 PEST 分析法的政治、经济、社会、科技的不同维度。

1. 政治维度

顶层设计与配套设置不完善：首先，"以房养老"本身具有复杂性，涉及保险业、银行业等多个专业领域，同时管理层面涉及多个相关政府部门，因此，其顺利运行需要多方共同配合，更离不开政府的有效监管。但现阶段缺乏明确的相关法律法规与配套的制度措施来设定规范，政府与市场参与主体之间的监管关系难以理顺。其次，"以房养老"的运营需要与现行的制度安排两者之间无法配合。众所周知，我国住宅用地规定的使用年限为 70 年，《物权法》规定住宅建设用地使用权期间届满的，自动续期。但对于续期后的使用期限、续期条件等没有做出明确规定。参与主体可能对土地使用权到期的风险存在顾虑，降低参与意愿。

2. 经济维度

缺乏房地产估值准确性：房产是"以房养老"的重要载体，对房屋进行估值是"以房养老"运作的重要环节，被评估出的房产价值关乎贷款的约定期限与贷款金额，涉及双方的实际利益，而实现这一环节的准确有效性仍然面临许多阻碍。首先，由于估价需考虑到未来诸多因素的变动，本身难度较大，涉及多个行业专业知识的交叉，是一项综合性的业务，需要专业人才与技术的配合及支撑。其次，评估体系缺乏公允的法律监管，评估方法和评估理论还比较落后。

3. 社会维度

首先，受"养儿防老""家产传后"等传统观念的影响，子女孝敬老人、老人将财产留给子女是长期以来社会所遵行且习惯的模式，在此基础上的房产不只是日常住所，也具备了财富传递功能和相应的情感寄托。当"以房养老"走入大众视线，将老人普遍依靠家庭内部赡养的模式更新为老人凭借房产抵押获得相应钱款养老，不仅老人在短时间内无法摆脱传统观念影响予以认同，子女也有道德压力的担忧。其次，居民对"以房养老"的概念比较陌生，没有形成正确的认识。即"以房养老"并不具有强制性或替代性，而是作为一种新的养老方式供以选择。生活中多数老人趋于保守，对于金融业务并不了解，可能有意识地规避"新事物"，以防范风险，且现阶段尚未形成成熟的产品和良好的业务口碑，难以获得老人的信任。

4. 科技维度

面对多种风险：第一，房产价值波动涉及房产抵押双方主体利益，而这种波动受政府政策、市场供求等多重因素的影响。且政府近些年来多次出台政策措施对处于非理性攀升时期的房价进行调控，未来房价的走势仍然难以判断。第二，利率变动同样具有不确定性，市场主体对于未知的高风险比较谨慎。加之生活水平与医疗技术水平的提高，老人的寿命普遍延长，双方参与主体还共同面临长寿风险。第三，因老人忽视修缮与保养房屋等道德风险造成的房屋贬值，可能使贷款机构面对超额给付、不利于经营运作的局面。多重风险的不确定性使参与主体难以寻找到一个安全保障的制衡点，各方对实际参与仍然持观望态度。

（三）小结

伴随粤港澳大湾区的进一步发展和整合，香港特区作为大湾区的重要金融中心和金融创新之地，在养老金融方面也有颇多的尝试。若以"以房养老"为案例，香港特区多年前便推行"安老按揭计划"，但是根据我们的文献回顾，尚未发现从公共行政角度观察香港特区"安老按揭计划"成效的文章。因此本研究便尝试从官方资料观察"安老按揭计划"发展过程，最后作评论和建议。

四、香港特区"以房养老"模式

（一）需求与潜在市场

香港特区同许多地区一样面对人口老龄化问题。而与香港特区人口急速老化，65岁以上人士大幅增加相对应的是，其中有固定收入的人为数很少，主要是公营界别的退休员工。不少退休居民可能面对缺乏现金流的问题。

据按揭证券执行董事彭醒棠的说法，该公司委任独立机构曾于2010年10~11月，访问了1005位60岁以上拥有非按揭物业的业主，结果发现，44%的受访者支持计划，并有约1/4人群表示考虑参加。根据调查数据，调查人群中近半数对计划予以肯定，并有少部分人具备参与意愿。这一调查结果显示市场对该计划具有一定的认可度与需求。

同时，香港特区具有一定规模的潜在市场。2006年，年逾50岁而没有按揭负担的业主约有40万人，其中12万人没有与子女同住，意味着他们可以随意安排自己的居住模式。在他们之中，有67000人独居而低收入，他们年纪已届65岁或以上。这些老人最需要按揭回购服务①。到2036年，这批业主可能增加至26万人，这对金融机构来说，将会是一个相当大的市场②。

（二）运营理念

香港按揭证券有限公司以促进银行业界稳定、促进市民置业安居、促进本地

---

① 香港社会服务联会. 逆按揭——逆按揭在香港的可行性，长者对逆按揭的期望和焦虑，逆按揭对银行家的风险 [J]. 社联政策报，2010（8）：4.

② 周敏. 香港将推"逆按揭"助市民养老 [J]. 沪港经济，2011：41.

债券市场发展、促进退休规划选择发展为使命，根据审慎商业原则运作并致力于确保高水平的企业管理，由香港特别行政区政府通过外汇基金全资拥有。公司于2011年推出安老按揭计划，为业主提供一项新的财务选择，借此为其退休生活提供稳定的现金流。

"安老按揭计划"旨在让55岁及以上人士申请安老按揭贷款。根据此计划，借款人利用香港的住宅物业（一个或以上）作为抵押品，向贷款机构提取安老按揭贷款，借款人仍然是房屋的业主，可以继续居住于原有住宅直至百年归老。借款人可以选择于固定的年金期限内（可为10年、15年或20年）或终身每月收取年金。

值得注意的是，由于安老按揭计划并不属于社会保障的福利措施，也不涉及政府补贴，因此会以审慎的商业原则运作。所以原则上安老按揭只是一项特殊有抵押的贷款财务安排，并不是投资工具，所以不会有任何投资性的损失。

（三）安老按揭计划的营运数据

根据官网年报的相关数据，安老按揭计划自2011年推行以来每年度申请宗数呈平稳上升态势，从2015年开始有较大幅度的提升（见图1）。这与公司对按揭计划进行的优化调整密不可分。

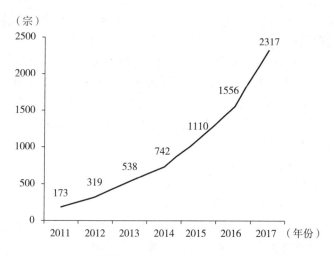

图1　安老按揭计划2011~2017年每年度申请宗数

资料来源：根据香港按揭证券有限公司2011~2017年业绩报告整理。

2015年，公司推出了四项主要优化措施：①容许多于一个住宅物业用作安老按揭贷款的抵押品；②撤销要求安老按揭贷款的抵押物业必须是借款人的主要居所；③将共同借款人人数上限由二人增至三人；④接受人寿保单用作安老按揭贷款的额外抵押品。这些优化措施进一步放宽了参与安老按揭计划的限制。公司预期这些措施可以提高计划的灵活性。2015年，公司收到368宗安老按揭申请，较2014年增加了80%，显示出该计划受到公众认可。

为提高大众对安老按揭计划的认识与了解，公司制作了一套相关主题微电影于网上播放，并通过不同媒体推出广告，包括在网络媒体和商业场地播放广告、播放政府电视宣传短片以及巴士车身及报纸广告。此外，亦与合作伙伴通过开展研讨会和讲座、参与论坛等方式进行宣传。

2016年，公司将计划拓展至香港房屋委员会及香港房屋协会辖下大部分资助房屋计划中未补地价的资助出售房屋。这一安排更拓展了计划的受众范围，受到公众的认可与支持。截至2016年12月底，共收到超过110份申请以及1200多个有关这一优化措施的查询。

期间公司亦不断同步进行线上及线下宣传互动以推广该项优化措施，具体包括在本地报纸、电视频道、电台和YouTube等网络媒体平台上刊登或播放广告等。同时，为了加强宣传的针对性，更有效接触主要住在铁路沿线资助房屋的目标客户群，公司通过不同的公交网络来推广优化措施，包括在巴士车身布置广告及在港铁车厢内电视播放安老按揭计划的广告。并在七个临近资助房屋地区的主要商场开展巡回展览，进行推广，提供相关咨询。

根据官网历年的年报数据，安老按揭计划从最初开始运行至今，每年间每月年金数（平均）基本保持稳定，波动起伏皆保持在2000港元（平均）之内（见图2）。这在一定程度上体现了尽管该计划是以谨慎的商业原则运作，但仍然是为了有助于社会保障目标的实现，并不以盈利为目的。

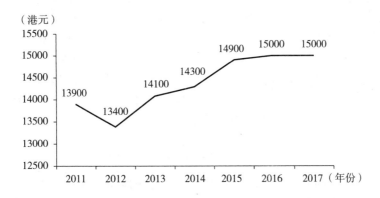

图2 安老按揭计划2011~2017年年度每月年金数（平均）

资料来源：根据香港按揭证券有限公司2011~2017年业绩报告整理。

五、讨论

综合以上分析，香港特区经验可以归纳出三个方向，包括政府参与、市场参与、产品优化与宣传。

（一）政府参与

安老按揭计划是由政府公司推行的，其设置与安排都遵循帮助市民置业安居的使命，帮助市民规划更好的退休生活，并不以盈利为目的，且对计划运行中的风险予以承担。这样的安排在一定程度上避免了"以房养老"周期较长与经营机构需要依靠短期盈利来维持机构运行的差异带来的不稳定困局。且经营机构不用担心长寿风险、利率风险、房价波动风险等多种不确定因素的变化带来的房价贬值的亏损问题，免去经营风险的困扰，亦保障了老人年金收入水平的充足与稳定。

（二）市场参与

在安老按揭计划中，政府公司开发、推出安老按揭计划并进行风险担保，由银行提供安老按揭贷款，同时，亦引入专业的律师团队为申请人提供第三方咨询服务，这一公私合作的模式，不仅有利于统筹协调各主体充分发挥专业领域的资源与优势，建立起互动与配合，提升"以房养老"产品的专业化程度，也有利于鼓励与带动市场主体共同分担社会责任，形成合力，为社会养老事业作出贡献。

（三）产品优化与宣传

首先，申请安老按揭计划的限制较少，即只在年龄、楼龄、需是香港住宅物业等几个方面设置了一定要求。这样有利于在确保计划是遵循政策目标的前提下，让大多数有意愿参与的居民能够获得申请资格。计划自推出以来，不断进行优化调整以配合市场需要，提高了计划的灵活性与适用度，使其能够面向更多居民，扩大了计划的受众范围。其次，公司对安老按揭计划的宣传方式较为多样，包括制作微电影、网络媒体播放广告、报纸刊登广告以及开展研讨会等形式，进行了广泛宣传。公司的宣传措施亦具有一定针对性，如在目标客户群的临近位置附近开展宣传活动，便于加强宣传推广的实际效果。

六、启示

"以房养老"的顺利推行离不开政府的参与和推动。首先，政府应完善法律法规，加强市场培育与监管。一方面，通过制定相关法律法规配合落实"以房养老"运作细节，使具体实践操作有法可依，保护各方利益。另一方面，通过设置相关法规和行业准入机制、行业规范等，加强办理程序的安全性以及交易主体的专业性，助力房产评估机构、贷款机构、保险机构等多行业在"以房养老"的运作中充分发挥自身优势与作用，为"以房养老"业务的顺利开展提供良好的市场秩序，不断加强市场环境的建设。其次，加强宣传与推广，帮助居民建立关于"以房养老"的正确认识，即其只是一种养老的自愿性选择，居民可以根据自身实际需要决定是否参与"以房养老"业务。

参考文献

[1] 洪娜，盛垒. 西方"以房养老"的发展特点与中国的路径选择 [J]. 经济体制改革，2014（5）：157-161.

[2] 杨孙蕾，邹彩芬，卜小琴. "以房养老"模式的中美比较及对我国的启示 [J]. 行政事业资产与财务，2015（1）：85-86.

[3] 章萍. "以房养老"产品市场培育的有效路径研究 [J]. 经济体制改革，2014（6）：126-129.

[4] 唐金成，曾斌. "以房养老"的国际比较及其借鉴 [J]. 西南金融，2015（11）：3-16.

[5] 杨哲. "以房养老"模式推行风险及政策应对 [J]. 吉林工商学院学报，2016，32（2）：72-75.

[6] 许顺亭，李孟娣. 以房养老制度的本土化研究 [J]. 河北师范大学学报（哲学社会科学版），2016，39（4）：140-144.

[7] 樊纪明. 住房反向抵押贷款的中国困境与发展方略 [J]. 财会月刊，2014（20）：63-66.

[8] 马德功，李靓. "以房养老"中国模式探析——以四川成都为例 [J]. 西南金融，2014（3）：35-38.

[9] 袁伟. 经济新常态背景下以房养老的现状、问题与对策 [J]. 中国商论，2016（26）：154-155.

[10] 鲍家伟. "以房养老"的国际经验及建议 [J]. 宏观经济管理，2012（3）：77-79.

[11] 香港社会服务联会. 逆按揭——逆按揭在香港的可行性，长者对逆按揭的期望和顾虑，逆按揭对银行家的风险 [N]. 社联政策报，2010（8）：6.

[12] 周敏. 香港将推"逆按揭"助市民养老 [J]. 沪港经济，2011：41.

[13] 香港按揭证券有限公司. 关于我们：企业管治 [EB/OL]. http：//www. hkmc. com. hk/chi/about/corporate_governance. html.

[14] 香港按揭证券有限公司. 2016 全年业绩报告（主席报告）[EB/OL]. http：//www. hkmc. com. hk/files/annual_report_file/25/614/TC02. pdf.

[15] 香港按揭证券有限公司. 安老按揭计划小册子 [EB/OL]. http：//www. hkmc. com. hk/chi/our_business/reverse_mortgage_programme. html.

[16] 立法会财经事务委员会. 安老按揭试验计划 [Z]. 2011-03-07.

　[17] 香港按揭证券有限公司. 2015 全年业绩报告（业务回顾）［EB/OL］. http：//www. hkmc. com. hk/files/annual_ report_file/24/581/TC08. pdf.

　[18] 香港按揭证券有限公司. 2015 全年业绩报告（主席报告）［EB/OL］. http：//www. hkmc. com. hk/files/annual_ report_file/24/575/TC02. pdf.

　[19] 香港按揭证券有限公司. 2016 全年业绩报告（业务回顾）［EB/OL］. http：//www. hkmc. com. hk/files/annual_ report_file/25/620/TC08. pdf.

广东省医师多点执业现状和政策研究

李丹婷①　施远鸿②

摘　要：随着人口的不断增长和人口老龄化的不断加剧，社会对医疗服务的需求越来越大、质量要求越来越高。而目前大医院一号难求、小医院门可罗雀的状况，逐渐使"看病贵，看病难"问题成为社会之痛。2009 年 9 月，中华人民共和国原卫生部发布《关于医师多点执业有关问题的通知》，标志着医生多点执业的改革之路正式拉开帷幕，政府试图以此为切入点改变目前的执业模式和就医现状，缓解医疗卫生行业人力资源紧缺的问题。但是由于医师多点执业政策受到外部不同层面的宏观环境因素影响，政策的落实面临着重重困难。本文希望通过 PESTEL 分析法对目前医师多点执业政策的现状做一个有效的梳理，并总结和提出医师多点执业的政策建议，为医疗卫生行业高度关注、亟待深究和解决的问题提供一些建设性的思路和对策。

关键词：广东省；医师多点执业；政策研究；PESTEL 分析

一、前言

2009 年 4 月，新医改的纲领性文件《关于深化医药卫生体制改革的意见》（中发〔2009〕6 号）正式执行，此轮医药卫生体制改革首次提出"稳步推动医务人员的合理流动，促进不同医疗机构之间人才的纵向和横向交流，研究探索注册医师多点执业"。同年 9 月，国家原卫生部发布《关于医师多点执业有关问题的通知》，明确医师执业地点原则上不超过三个，随后广东、海南、云南、四川、北京、江苏等地相继开展试点工作，这意味着医师多点执业正式拉开帷幕，成为中国卫生体制改革中的又一重大举措。近十年来，国家陆续出台多项政策来推进

---

①　李丹婷，澳门大学公共行政硕士；②施远鸿，澳门社会保障学会理事。

医师多点执业的落实发展。

医师多点执业最根本的意义在于通过市场对资源的配置作用进行调节，促进医务人员自由、充分地流动，进而实现合理配置卫生人力资源、推动医疗市场和行业改革、缓解医疗资源紧张状态等目标。研究医师多点执业政策的现状对未来政策的优化执行有着指导和借鉴意义，对于中国现行医疗卫生体制改革有着重要的支撑作用，是打破"看病难，看病贵"局面的推力之一。

本文以首批试点广东省作区域性的政策研究，由于广东省往往有着对新政策推行的整体把握和对政策执行的改革创新能力，其政策往往领风气之先，对未来推进医师多点执业极其关键，对其医师多点执业的系统性、借鉴性进行研究有着重要意义。2017 年是《医师执业注册管理办法》发布的转折年，研究广东省医师多点执业政策现状，是对未来医师多点执业政策在新时期的发展模式的一次探索，为革新医师多点执业政策及其模式提供了理论基础。

本研究旨在通过了解医师多点执业政策出台的宏观背景和现状及医师多点执业政策的实施情况，进一步分析广东省医师多点执业的价值性和可行性，通过分析广东省医师多点执业的政策执行，为未来政策的继续推行提供可行性建议和指导，有助于解决现实困难，突破目前医师多点执业"遇冷"的瓶颈局面，为各利益相关者提供分析和策略建议，以优化政策未来的执行方向和实践路径。

二、广东省医师多点执业情况

2010 年 1 月 1 日起，广东率先在全国开展医师多点执业试点工作，并于 2012 年根据一期试点经验修订了广东省医师多点执业的管理办法。依照广东省原卫生计生委发布的数据，2010 年 1 月 1 日至 2012 年 12 月 31 日一期试点期间，广东全省共有 3674 人次办理了医师多点执业手续。2012 年版的医师多点执业试行管理办法出台后，即在 2013 年 1 月 1 日至 2016 年 8 月 31 日的第二期、第三期试点期间，又有 8601 人办理了医师多点执业手续。根据广东省原卫计委申请信息公开的回复，自 2010 年 1 月 1 日开展医师多点执业试点工作起，直至 2017 年 12 月 31 日的七年间，广东省办理医师多点执业手续共计 24042 人次，相较于 2016 年 12275 人次，翻了一倍。但是从比例来看，相较于全省 25.9 万执业医师和执业助理医师而言，2 万多名申请多点执业的医生，依旧属于少数群体。

在执业医师较多的珠三角城市，多点执业医师也无法避免地出现遇冷的情况。自 2015 年 7 月 1 日深圳全面放开多点执业以来，申请多点执业的医师从原来的不足 300 人增加至 2016 年 8 月的 2569 人，而截至 2016 年 12 月 31 日，深圳市内多点执业医师总数为 4970 人，市外医师来深圳多点执业备案的有 1012 人，其中仅 2015 年一年深圳市申请的多点执业医生增加了 966 人；中山市卫计局统计资料显示，目前在中山进行医师多点执业申请的有 70 宗，第一执业地点属于三甲医院的有 9 宗，注册地点在中山市外的医师，来中山进行医师多点执业申请的有 12 宗；佛山在 2015 年只有不到 700 名医师报备多点执业，报备率仅 4.2%；而东莞市卫生部门统计显示，从 2010 年开始实施的五年间，东莞办理医师多点执业的仅 263 人次，但是由于东莞民营医院发展迅猛，其中有"走穴"（兼职）的医师可能近 2500 人。

广东省政府为推行医师多点执业制定了多项配套措施。2016 年 8 月，广东省原卫生计生委、广东省中医药局发布最新的《关于医师多点执业的管理办法》"3.0 版"，管理办法中根据深圳、中山的试点情况总结提出建立医师全省区域注册制度和注册信息网络备案制度，实行医师多点执业知情报备制度，建立医师多点执业信息网络备案制度，允许港澳台医师在广东全省多点执业，要求医疗机构设置全职和兼职岗位，明确多点执业医师的劳务关系，拓宽多点执业医师的保险渠道和明确医师多点执业的医疗责任承担八大极具亮点的配套政策。

另外，广东省于 2011 年开始正式成立广东省医师定期考核管理委员会，同年全国"医师定期考核信息登记管理系统"也正式上线启用，并在 2013 年启用电子化《医师定期考核结果通知书》和考核合格防伪标贴。这一系列举措强化和完善了全国医师定期考核工作管理和医师行业管理工作，使医师逐步实现了由终身制到年检制、由单位人到社会人、由单位管理到国家制度管理的转变，由此推进医师规范执业和多点执业及有序流动，保证医疗质量和医疗安全，达到了一定的行业监管和约束目的。但是，目前其他执业点的工作未纳入考评范围，使得多点执业的医师或许会因此影响其实际考评结果，多点执业准入制度或会受其影响。

为扭转医患矛盾激化的局面，开辟多元化解医疗纠纷的路径，广东省针对医疗纠纷第三方机构调解机制和医疗风险保障机制进行了一系列的探索。2010 年广东医调委成立并推进医疗责任险项目，作为主要化解医患纠纷的保险保障体系协助调解医疗纠纷达 8000 起。而五年后的 2016 年，广东又推出了医疗风险医患共担机制这一全国示范项目，通过医疗意外保险发挥风险转移及社会管理的功能，保障医患双方的合法权益，防范和化解医患矛盾，维护正常的医疗秩序，作为实施试点和改革示范单位积极服务中国医疗卫生事业，为医师单点到多点执业的推进过程提供了制度支撑。

三、广东省医师多点执业宏观影响因素——PESTEL 分析

以下将通过 PESTEL 分析方法，对政治、经济、社会、技术、环境、法律因素进行分析，理清医师多点执业政策推行的宏观环境，了解这些因素是否会对政策产生一定的影响，研究政策外环境与政策的契合度和未来政策走向。

PESTEL 分析即考虑政治因素（Political）、经济因素（Economic）、社会因素（Social）、技术要素（Technological）、环境因素（Environmental）和法律因素（Legal）六个方面来对宏观环境进行分析（见表1），评价医师多点执业政策在各个因素中是如何被影响的，从而为提出政策改进和建议提供更加宏观的思路。

表1　宏观因素分析：PESTEL 模型

Political	Economic	Social	Technological	Environmental	Legal
政府政策 政治稳定性 执行机构 监管机构	薪酬结构 就业情况 消费结构和水平 消费者可支配收入 企业可支配收入	人口结构和年龄分布 健康意识 就业态度 消费和文化趋势 行业评价 消费者信心 组织形象	生产商品和服务 新兴技术 与市场沟通途径 技术成熟程度 质量安全	经营环境 消费者环境 从业环境 法治环境	消费者法 劳动法 定责程序 生命健康权 平等机会 公平性

（一）政治因素：积极的政策支援

自 2009 年医改开始，医师多点执业一直被视为推动医改进程的一个撬动点，根据医疗卫生行业现状先后发布了十余条政策，按照"单点—试点—多点"的顺序逐步铺开，并且不断优化相关配套政策条件，如公立医院改革逐步推进、社会办医和互联网医疗兴起、完善医师定期考核考评制度、深化医师规范化培训进程、加强医师风险管理和医疗责任保险体系等。

广东省医师多点执业政策自医改起一直是全国的领先楷模，广东率先开展多点执业试点工作，建立起医师全省区域注册制度、医师多点执业网络备案制度等新形式，积极探索医师自由职业路径。且各市对多点执业的自由度和开放度极高，如深圳、中山等珠三角城市针对各自情况发布了多点执业相关政策，对全省乃至全国多点执业工作具有示范性作用。

2016 年初，广东省委、省政府召开全省卫生工作会议，提出卫生强省的战略目标，把"推进健康广东建设"写入了省政府工作报告，目标是实施"强基

创优""医疗高地"两个行动计划，粤东西北和珠三角地区卫生事业全面起航。到 2018 年，广东省要建设完成 30 家高水平医院和 100 个高水平临床重点专科，培育 100 名医学领军人才、1000 名杰出青年医学人才，并大力发展一批高水平健康服务产业，打造精准医疗、转化医学、生物医学、中医药、互联网+医疗、公共卫生六大医学科技创新平台。在基层医疗卫生工作方面，积极落实"六大举措""三羊计划""基层卫生人才填洼计划""千医下百县"等措施，确保卫生人员同步到位。此外，广东省还鼓励医师个人、退休执业医师、医生合伙人等执业者（体）在广东省城乡社区（行政村）设置家庭医生诊所；鼓励社会资本投资举办全科诊所，或者具有全科功能的内部分级诊疗体系的医疗集团，提供家庭医生式签约服务。从 2015 年起就已经开展的广东省家庭医生团队"滚雪球"培训项目也可以更好地为家庭医生签约服务项目服务，向居民提供基本服务和个性化服务，满足了居民多层次的健康需求。

而目前广东省的医疗市场中，非公立医疗机构和互联网医疗企业陆续落地、多点医生数量和医生集团数量位居全国前列，多元办医、多元执业的市场格局逐渐形成，为广东省医师队伍提供了广阔的发展平台和宽松的社会环境。以上这些都为医师多点执业创造了良好的政策预期环境，为建设健康广东、打造卫生强省提供了有力支撑，为实现"三个定位、两个率先"目标做出了积极贡献。

（二）经济因素：医疗收入结构和服务价格不合理

在医师多点执业试点阶段，2017 年广东省的医疗卫生机构总收入为 3542.2 亿元，呈逐年增加趋势，但是医疗总收入在医疗卫生机构总收入中的占比呈下降趋势；2017 年医务人员技术劳务收入（护理、手术、治疗、挂号等）在医院医疗收入中的比例突然增加了近 3 个百分点，说明医务人员的技术劳务价值得到了进一步体现；虽然目前药品收入比例也出现下降，但医院医疗收入构成依然是药品收入比例最高，2017 年占 32.4%；而检查化验和耗材收入呈现上升趋势（见表 2）。可见，虽然近年来通过"药品零加成"来控制药价占比，降低了药品收入的比例，但是这部分收入转嫁到了检查化验和耗材收入上，从非管制领域获利来进行补贴，以药补医、以检养医、耗材补医现象仍很严重。但令人乐观的是，医务人员的技术劳务收入在医院医疗收入中比例大幅提高，说明医院已经开始重视医务人员的技术价值。但虽然如此，医务人员的技术劳务价值在实际收入上仍然得不到直接体现，这也推动了一大批优秀的医生投身到社会办医、互联网医疗中，在市场中真正实现其自身的技术劳务价值。

表2　2012~2017年广东省医院医疗收入构成

单位:%

年份	医院医疗收入				医院医疗收入占医疗卫生机构总收入比重
	药品收入	耗材收入	检查化验收入	技术劳务收入	
2012	38.9	8.8	23.5	26.4	—
2013	38.8	8.8	23.8	26.2	—
2014	37.7	9.7	24.4	26.0	82.6
2015	36.6	10.4	24.9	26.0	80.3
2016	35.7	11.4	25.4	25.5	79.8
2017	32.4	11.9	25.8	28.2	79.6

资料来源：① 2013年、2014年、2015年、2016年、2017年广东省医疗卫生事业发展情况简报。②《广东卫生年鉴》（2012，2015，2016，2017）。

另外，目前中国医生的劳务价值因平台而异，医疗服务价格体系仍因医疗机构分类管理办法实行不同的价格机制，级别越高、市场化程度越高的医疗机构，医疗服务价格越高。但是相较于公立医疗机构，民营医疗机构的医疗收入结构则较为合理，能够通过市场的调节优化医疗收入结构。2014年资料显示，广东省民营医院技术劳务收入占医疗收入的40.5%、药品耗材收入占34.2%、检查检验收入占20.6%，结构明显比全省医院同期医疗收入结构合理。

对此，2016年广东省还出台《关于控制公立医院医疗费用不合理增长的实施方案》，要求严禁给医务人员设定创收指标，医务人员个人薪酬不得与医院的药品、耗材、大型医用设备检查治疗等业务收入挂钩，严厉整治"大检查、乱检查"。2017年7月15日广东省城市公立医院综合改革全面推开后，公立医院全部取消药品加成，珠海、中山、东莞、佛山已先行取消耗材加成，这都对广东的医疗收入结构起到了一定的调控作用。广东省卫生计生委将进一步推动药品取消加成后的价格调整，取消药品加成后的补偿情况综合评估开展并且补偿合理到位后，将尽快启动取消耗材加成改革工作，切断医院与药品、耗材之间的利益链条，遏制通过使用药品、耗材来增加业务收入的行为，减少大处方和过度用药及耗材的现象，让药品、耗材回归到治病本源，破除"以药（耗材）养医"乱象，回归合理的医疗服务价格。

（三）社会因素：医疗卫生服务供需矛盾突出

供给方面，持续快速增长、日益高涨的医疗服务需求通过卫生投入、医疗服务机构以及医疗人员三个层面增加供给来满足，其中卫生投入是医疗服务行业发展的关键推动力。政府卫生投入方面，近年来政府在医疗领域的投入持续增加，

2017年广东省医疗卫生资源与医疗服务年报资料显示，广东财政不断加大对卫生的投入，2016年广东省卫生总费用达4193.3亿元（见图1），占全省GDP的5.2%，广东省卫生总费用增长27%，人均卫生总费用较往年增长金额为3812.5元。而广东省财政厅最新资料则显示，2017年医疗卫生和计划生育支出占一般公共预算支出的8.7%。此外，广东省原卫计委在2017年卫生计生工作会议提出，计划在2017～2019年各级财政统筹安排500亿元，重点投向粤东西北地区，加强基层医疗卫生服务能力建设项目，补齐基层医疗卫生短板。尽管从总量上看政府对医疗卫生的投入逐年增长，但是由于广东省承担着1亿多常住人口和外来流动人口的医疗服务，卫生总费用占GDP的比例低于全国6.0%的平均水平，卫生总费用不足，医疗资源总量仍不足，远低于发达经济体，甚至有的地方基层医疗卫生服务建设项目配套资金出现欠债欠费的情况。

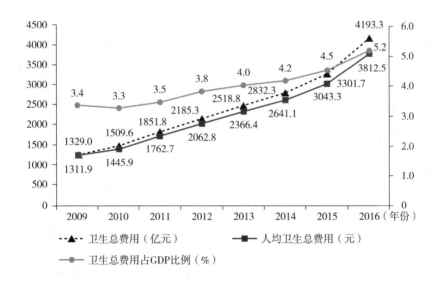

图1　2009～2016年广东省卫生总费用

资料来源：2016年、2017年广东省医疗卫生资源与医疗服务年报。

伴随着政府持续性的医疗投入，医疗服务机构数量以及床位数也逐渐提升，虽然增加了医疗服务供给，但仍不能改变人均医疗资源占有量低的状态。2017年广东省卫生机构总数5万个，医疗机构拥有床位49.2万张，每千常住人口医疗卫生机构床位数4.41张。虽然广东省卫生资源总量每年继续增加，医疗服务能力不断增强，但是从资料的另一面看，广东省5万个医疗卫生机构中，医院仅有1464个（包括公立和民营医院），只占医疗机构的2.9%，却承担着44.4%的诊疗服务人次，病床使用率高达79.4%。此外，医疗卫生资源不均衡不充足，各类医疗服务机构的诊疗人次和病床使用率存在巨大差异，经济不发达的地区每千人口医师数、病床数、护士数、设备数等指标均达不到全省平均水平，因而形成了大医院人满为患、供不应求，基层医疗机构无法发挥作用、供过于求的局面，使得医疗服务的社会公平性差、均等化程度低，这样的不合理加剧了医疗服务供需矛盾。

医疗人员方面，广东省卫技人才严重短缺。目前，广东省执业（助理）医师总人数为25.9万人，每千人口拥有医师2.32人，人均拥有医生的数量远低于全国平均水平（每千人口拥有医师2.44人），粤东西北欠发达地区每千人口执业医师数更是低于广东省平均水平。此外，虽然广东省2017年全科医生已有2.4万人，每万常住人口全科医生数2.12人，但是相比北京市、上海市等地区还有一定差距，和国家要求的到2020年每万人口3名全科医生的目标还相差很大。另外，卫生技术人员学历和职称偏低也是一大问题，偏远地区学历、职称、技术水平偏低的"三低"现象比较普遍，具有本科以上学历和副高以上职称的医师比例远低于广东省平均水平，村医、乡镇卫生院人才具有执业助理医师以上资格人数少、流失严重，普遍存在编制空缺、有编无人状况。即使在广东省的发达地区，也存在医师专科水平不高、缺乏学科带头人、医院学科建设不健全、临床重点专科建设薄弱的现象。这些都是医疗卫生服务供给侧出现的一些问题，与现行医疗卫生服务需求不匹配。

需求方面，人口总数的增加是推动医疗服务需求上涨的第一要素。目前广东省常住人口11169万，流动人口超过4049万，老年人比例为8.62%，社会人口结构呈"两头低，中间高"的总体特征，广东人口结构正呈现出人口老龄化、人口高龄化趋势，按国际通用标准衡量，早在2012年广东省人口年龄结构已全面进入"老年型"时期。

庞大的人口基数和跨省流动人口，以及快速增长的老龄人口带来了持续增长的医疗服务需求，医疗服务需求呈现明显的加速释放。截至2016年底，广东省65岁以上的常住老龄人口已超过962万（见图2）。北京大学国家发展研究院研究表明，65岁以上老年人口组的年均医疗费用远远高于其他组别的人群，这也说明老龄人口对医疗服务消费较其他组别有更明显的推动作用，其对医疗卫生服务的使用率更高。此外，尽管受过往计划生育政策等因素影响，下降的人口自然增长率依然使总人口数持续上升，随着二孩政策的全面放开和孕产妇数量的急剧增多，各类医疗机构就诊人数相应增长。而广东省青壮年人口主要受到跨省流动人口的影响，形成不断向深圳、广州等超大城市集聚的趋势，这也会影响未来医疗需求增量。

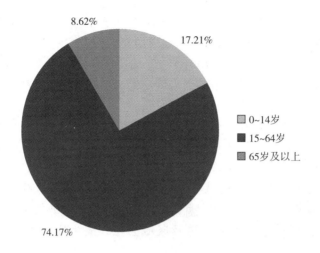

图 2 广东省 2017 年人口构成情况

资料来源：2017 年广东省人口变化统计分析。

除了人口数量是决定医疗卫生服务需求最重要的因素外，人们物质文化生活观念的改变也会导致医疗卫生服务需求产生变化，其消费习惯和模式也将改变。由于医院品牌效应高于医生品牌效应，基于医疗服务供需双方之间的信息不对称，患者往往更愿意支付在大型医院的医疗消费，医疗服务需求非常被动。如今医疗消费观念发生改变，患者从功能需求逐渐转变为对质量、品牌等形式需求，这也可以用来解释医生工作室、民营医院、医疗中心等社会办医院兴起的缘由。

总结而言，如同世界发达国家面临的问题一样，没有一种医疗体系是完美的，中国医疗服务体系在医疗服务需求及供给双重增加的情况下，医疗服务的供给端与需求端依然出现矛盾，仍呈现"看病难、看病贵"的问题。与广东省人民群众日益增长的服务需求相比，目前医疗资源总量供给不足，结构不平衡，在卫生投入、医疗服务机构以及医疗人员三个层面的分析中，无一不呈现医疗资源的结构性和供需性矛盾。

（四）技术要素：互联网和大数据的突破

大数据时代的来临和普及，使得医疗领域与互联网和计算机技术的交互领域越来越广泛，移动医疗、云医疗、远端医疗等概念应运而生，互联网医疗企业越发蓬勃。在医疗信息化发展中，广东省 2017 年 2 月出台了《关于促进和规范健康医疗大资料应用发展的实施意见》，提出通过"一网三平台三资料库"的建设加快健康医疗大资料应用基础体系建设，全面深化健康医疗大资料应用，规范和推动"互联网+健康医疗"发展，健全健康医疗大数据保障机制。随后广东省原卫计委发布《广东省互联网+医疗创新平台建设项目实施方案》《广东省卫生计生委关于建设广东省互联网+医疗创新平台的通知》《广东省促进"互联网+医疗健康"发展行动计划（2018~2020年）》，加快医疗健康与互联网深度融合，实现医疗健康信息化、医疗健康服务供给可及化、医疗健康服务精准化，推进医患关系和谐发展，推动医疗卫生行业全面发展。

目前，广东省三级医院已全部纳入病案统计管理系统，大多数医院已经建立以电子病历为中心的医院整体信息化系统（HIS系统），基层医疗机构也在逐步建立起居民健康档案。而广东省统一建立的医师注册系统、多点执业备案系统、医疗不安全事件上报信息系统、医疗质量监测系统等，都是医疗信息化建设的成果，对协同开展监测监督、统计信息大数据的应用提供重要技术支持，有效降低区域医疗成本，更科学地服务和惠及区域居民，成为广东省实行医改的有力支撑。

另外，在全国居于前列的广东省移动互联网医疗服务，除了体现在移动互联网+医院蓬勃发展以外，还体现在第三方医疗服务供应商快速成长和分级诊疗医联体融合发展。广东省近年来涌现的医疗企业和第三方医疗服务供应商掀起又一波互联网医疗潮流，它们提出和推行了新颖的医疗模式，如互联网挂号平台、互联网就医服务平台、互联网药品平台等，都运用了计算机技术和互联网的外部动力创新改革，降低了医疗服务需求的交易成本，建立起患者和医生间更便捷的联结和联系，改变了以往传统的就医模式和医院服务模式，也为医生的流动提供了更多元的平台和可能性。

（五）环境因素：医闹和伤医乱象频发

2015年《刑法修正案（九）》明确将医闹行为纳入聚众扰乱社会秩序罪进行规制。但此次修改并未突出保护医务人员的合法权益，修改前后产生的社会效果并不明显，医闹和伤医乱象仍多见诸报章。据统计，广佛惠三地最多"医闹"，仅这三地的医闹纠纷就占全省的1/4，纠纷集中在外科和妇产科，而如此严重的医患冲突的主要根源在于畸形的消费关系。从患者角度来看，由于医患关系中信息不对等，患者一方对医生的诊疗行为和医药消费往往很被动。而从医生的角度来看，由于诊疗服务价格极低，而药品、器械加成高，部分医德较低的医生采取过度医疗的手段增加患者不必要的药品和检查，以此弥补诊疗服务收入和药品、器械收入的差价。不合理的医疗收入结构最终造成了这样畸形的消费关系，患者不配合和质疑医生的治疗、医生在对患者进行诊疗时如履薄冰，使得医患双方互信度极低，极易导致医闹和伤医悲剧的发生，扰乱正常的医疗秩序和社会稳定。

当然，除了以上医源性原因，还有社会原因和制度原因等非医源性原因。如政府对医疗纠纷制度尚未有明确的规定，社会舆论往往习惯于患者是弱势的一方，却忽略了医生也是弱势群体，在报章中的相关报道将医生"妖魔化"，社会整体缺乏对维权的理性思维。在现实中，医患双方都应该受到平等的对待，都应同时受到法律的保护约束，只有如此医生在执业流动时才能打消顾虑，发挥自身资源最大价值，缓解看病难问题。

（六）法律因素：相关法律缺失和冲突

现行医师相关诊疗行为均以 1998 年《执业医师法》为法律依据，而医师多点执业文件内容恰恰与《执业医师法》规定的单点职业冲突和相悖。虽然学界也有对此进行讨论，认为在医师多点执业中，医师与增加的执业点医疗机构之间应属于非全日制劳动用工关系，可受《劳动合同法》保障，也有学者认为医师与增加的执业点医疗机构可以是雇佣关系，也可以是承揽关系、委托关系，不同的法律关系下各方的权利义务不相同。但是，目前医师对多点执业望而却步很大程度上都是由于多点执业的诊疗行为没有在法律层面进行规范和支撑，各方参与者面临潜在法律风险，立法滞后是制约多点执业发展最根源性的原因。如果医生在立法和相关的保障机制不健全的情况下进行无序流动，将给医疗监管带来很大的困难。

因此，未来通过修订《执业医师法》才能保障广东省发展其多元化医师管理模式，实现多点执业医师身份合法化，同时也要对医师多点执业管理中医师与不同医院之间的关系、患者的医疗安全、多点执业医师的监管、竞业行为等进行法律风险规避。

四、对策与建议

以下将从法律、配套政策、公立医院改革、医生执业模式、医疗收入结构、医学人才培养六个方面描述未来中国医师多点执业政策改革的建议和对策（见图3），以更好地配合医改的全面推进，改善中国医疗卫生水平，满足人民对医疗服务的需求。

（一）修改多点执业相关法律和法规

就目前医师执业的状况来看，《执业医师法》等相关法律存在缺陷，现行法律与实际情况不相适应。修改《执业医师法》《医师执业注册暂行办法》相关内容，明确申请多点执业医师的法律地位，授予执业医师多点执业的权利，保护医师多点执业的自然属性，是弥补现行法律中医师多点执业空白的根本性办法。同时理清医师在实施多点执业中的权责界限，让医师多点执业政策在落到实处时有法可依。这样既规范和保障了医师自身，又满足了社会、相关部门和机构及相关

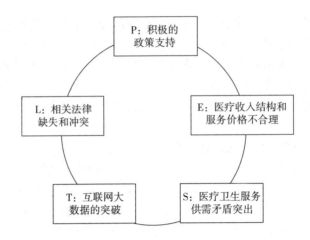

图3 医师多点执业宏观影响因素的 PESTEL 分析结果

人员的意愿及现实需求，消除了现行多点执业的法律灰色地带。还应为医师多点执业的相关利益方如患者、医院等提供必要的法律支援，减少法律争议，优化整体医疗卫生行业的法制化建设，实现医师多点执业有法可依、有法必依、违法必究。

此外，掀起医师多点执业序幕的《卫生部关于医师多点执业有关问题的通知》与现行的《执业医师法》等相关法律之间存在根本矛盾，政策是否有严格意义上的法律效力存在质疑。因为根据《执业医师法》《执业医师法实施细则》《医师执业注册暂行办法》中按照注册地点进行执业的规定，医师多点执业存在"非法行医"的嫌疑、医师多点执业是否受法律保护的质疑。这都是政策与现行法律存在矛盾的地方，也是多点执业工作推进不力的重要原因。因此，完善多点执业法律法规不仅是落实和维护《执业医师法》的必要和根本条件，而且有助于打破目前多点执业实施的困境。

(二) 完善准入和审核、保险、监督等相关配套政策

对于多点执业医生资格的准入标准和审核制度，政策应该对医生的医学学历、技术职称、工作经历、医疗技术、第一执业医院和患者评价、入院诊断符合率、急危重症抢救成功率、死亡率和并发症率，医疗事故的件数、等级、责任程度等综合性指标建立医师多点执业准入标准，衡量和审查医师是否可以具备多点执业资格。同时这种准入条件需要满足政策所限制的多点执业数量、可执业时间和可执业范围，合资格的可颁发有效期限的"多点执业许可证"，有效期满后的医师需要重新申请注册登记，以此充分保证医师医疗服务水平和诊疗质量，实现动态审核。

对于接受多点执业医师的医院的准入标准和审核制度，则要根据不同层次、不同类型医疗机构所具备的医疗设备配置硬件和医务人员团队的医疗技术软实力制定准入门槛，并严格执行医疗技术分级管理制度，层层筛选，严格把关，只有达到条件才能开展相关的医疗服务，不得因多点执业医师的加盟而超范围执业，从而规避医疗风险和安全隐患，以保证不同病情、不同需求的患者得到最为有效、及时、高质的治疗。

在多点执业实施的实际过程中，还需要建立和推行医疗责任保险制度和医疗意外险，医疗机构、医生、保险机构、患者共同承担医疗风险，实现执业风险社会化分担，改变目前医疗事故和纠纷都由医疗机构承担经济赔偿的局面。在规定聘请兼职医师的医疗机构须向保险机构购买医疗责任保险时，需要明确保险的赔付范围、赔付标准等，既可通过保险机构分散医疗机构或医生的赔偿责任，由协力厂商保险机构直接赔偿支付患者，减轻医疗损害结果发生时医疗机构的赔偿负担，分担医师的执业风险，又可发挥保险机构的协力厂商监督功能，降低医生在执业过程中的医疗事故风险和职业风险，保障患者的利益。

（三）加快公立医院管理体制的改革

医师多点执业是新医改的重要内容，而公立医院以医院人事制度为核心的制度结构阻碍了医师多点执业的发展，因此公立医院要主动适应新形势，结合医院发展的内部和外部环境，制定完善的医师管理制度，积极探索注册医师多点执业的人事运行机制，完善聘用制度、岗位管理制度和激励制度，并根据医师的身份调整适当的薪酬制度，对医疗安全质量管制加以重视，消除人才成长和发展顾虑，为流动的医师提供更多的平台和机会，借能进能出、有竞争、有活力的运行机制打造自身医院品牌效应，贯彻新公共管理理论在公立医院的综合运用。

（四）支援团队执业为主的多点执业模式

按照政策规定，医师多点执业有三类：一是医师执行政府指令，二是医师在医疗合作医院执业，三是医师主动受聘于两个以上医疗机构执业，这三类也可以简单地分为自发性和指令性两种。结合目前的政策，适宜多点执业模式的探索也是围绕这三种情况进行，目前最提倡的一类就是支持医师以团队执业模式进行自发性的多点执业，让医生以团队的形式在市场中自由流动执业，这不仅体现了新公共管理理论在现实中的市场化运用，而且对医师多元执业政策的整体成效有着重要的积极意义。

对于允许自发性多点执业的医疗机构，可以借鉴国外医师"4+1"或"4+2"工作机制，给予个体多点执业医师自主选择的权力，重视新公共管理公共服务市场化的目标，提供多元高效的卫生服务工具。此外，要积极探索以医师为中心的包括护理人员、医技人员、公共卫生人员、中医等在内的医疗服务团队多点执业模式，提供专业、安全的诊疗服务，革新传统医疗健康产业生态圈，带动团队多点执业发展潮流。

（五）改善医疗收入结构，重塑医师价值

由于目前医疗收入主要依靠药品和器械，承载着医师劳务价值的医疗服务收入占医疗总收入的比例虽有所提高但仍然较低，这使得医师的待遇也普遍偏低，无法体现其真正的劳务价值。医师多点执业的局面虽然为医师提供了在市场中实现自身价值的机会，但是如果接受多点执业的机构依然按照《全国医疗服务项目价格规范》来对医师的劳务付出定价，那么多点执业对医生来说只是以增加其工作量来实现提高薪酬的手段。因此，重塑医师真实劳务价值，要通过细化医师医疗服务定价来实现医疗收入结构的调整，按照时间投入、劳动投入、技术投入、风险压力四个方面来进一步明确医疗服务项目中医师的劳务价值，建立系统、完善的医师劳务价值评价指标体系，为明确医师劳务价值提供依据，使医师付出的时间、所承受的风险和压力及医师技术水平等在医疗服务定价及医师薪酬支付中得到体现，以更好地解决看病贵问题。

（六）大力培养医学人才，实现人力资源可持续发展

医师多点执业的实施，将会改变目前对医学人才的培养方式，政府应大力培养医学人才，加大医疗卫生投入，加强规培基地教学资源建设，坚持对不同类型、不同水平的医师实行标准化、规范化、同质化、均等化的医学教育，形成不同地区和医疗机构之间成熟的规范化培训体系，保证医师多点执业过程中能继续接受高质量、高效的培养，才可能实现人力资源的再教育、实现可持续发展。对于第二、第三执业医疗机构来说，应加强自身的教学建设和硬软实力，主动分担第一执业机构的教学任务，同高水平医院进行人才的互相交流与合作，通过多点执业的流动医师提升自身教学质量和水平，并派医师去进修学习提高自身诊疗实力，实现规培基地人才互动下的医师自我培养。

五、结语

在人口不断增长、老龄化程度不断加剧的社会人口结构大背景下，医疗服务供需矛盾越来越突出，医疗卫生支出不足、单一的医疗服务、畸形的医疗收入结构已经无法满足人们高质和大量的医疗服务需求，"看病贵，看病难"成为社会就医看病的常态。因此，盘活目前的医疗人力资源、焕发多元的办医模式、形成合理的就医格局成为改变这一现状的关键环节，只有首先撬动固化的医师资源，让医师在市场调节的作用下充分流动和优化配置，为良性医疗体系的形成打下坚实基础，而医师多点执业政策的出现正是为了实现这一目标。

综观全国，作为首批医师多点执业试点省份，广东省人口密度大、流动率

高，其试行成效对中国医师多点执业政策及其模式的改革具有极大的借鉴意义，将是政策推进和改革中的典型。其通过三次持续跟进和发布不同的多点执业医师管理办法来配合不同时期的政策实施状况，如深圳、中山等城市根据自身医疗卫生发展程度也分别发布了符合本市实情的医师多点执业管理办法，丰富了多点执业在城市间的层次和差异。此外，还通过完善医师多点执业政策以外的配套措施，全方位保障政策顺利执行，为医师执业模式的迅速转换保驾护航，间接推动未来执业医师法改革进程。

本文对宏观影响因素进行了 PESTEL 分析。分析结果显示，政治上受积极的政策支持，积极扶持多点执业的发展；经济上受医疗收入结构和医疗服务价格影响，其不合理的构造和格局限制了多点执业的发展；社会中医疗卫生服务供需矛盾突出，供给数量和质量与目前大量和高质的医疗需求不匹配；技术上互联网大数据的突破推动了多点执业平台的诞生、丰富了多点执业模式；环境上医闹和伤医事件频发，医生工作环境恶化可能导致其执业热情减退；法律上相关法律法规缺失或有冲突，多点执业亟须获得法治保障。多点执业政策未来的走向很大程度上会受到这些外在的宏观因素的影响。

因此，借鉴广东省的案例综合分析，未来中国医师多点执业的推行和改革需要从多方面入手，通过法律法规、监督和保险等配套制度、公立医院体制、多点执业模式、医疗收入结构、人才培养制度的完善和改革，来实现医疗人力资源的优化配置，激发医师执业热情，提供形式更多元、覆盖面更广、可及性更高的医疗卫生服务，逐步缓解"看病难，看病贵"的社会问题，实现医疗卫生行业良性持续发展。

参考文献

[1] 中共中央　国务院. 关于深化医药卫生体制改革的意见 [J]. 中华人民共和国卫生部公报, 2009 (5).

[2] 卫生部. 关于医师多点执业有关问题的通知 [EB/OL]. 2009 - 09 - 11, http://www.gov. cn/zwgk/2009-09-16/content_1418981. htm.

[3] 刘涌. 医师多点执业全国推开 [EB/OL]. 2010 - 07 - 26, http://finance. sina. com. cn/roll/20110726/030810205810. shtml.

[4] 谢宇，杨顺心，陈瑶等. 我国医师多点执业研究综述 [J]. 中国卫生政策研究, 2014 (7)：8 - 13.

[5] 马建忠. 多点执业新政实施超半年阻力仍在 [N]. 南方都市报, 2017 - 05 - 10.

[6] 王俊. 2569 人！深圳医师多点执业人数剧增 [EB/OL]. 2016 - 11 - 01, http://yyh. dxy. cn/article/507525.

[7] 鲍文娟. 深新增966名医生多点执业 [N]. 广州日报数字报, 2018 - 02 - 02.

［8］张翔宇. 中山医师多点执业遇冷［N］. 广州日报, 2006-04-01.

［9］郑光隆. 佛山多点执业医师报备仅 4.2%［N］. 南方日报, 2015-09-11.

［10］欧雅琴. 东莞医师多点执业, 理想丰满现实骨感［N］. 南方日报, 2016-03-07.

［11］周琳, 殷群, 连斌. 医师多点执业国内外发展状况比较研究［J］. 中国卫生质量管制, 2014（1）: 54-56.

［12］贾宏博. 医疗纠纷人民调解机制的完善［D］. 内蒙古大学硕士学位论文, 2017.

［13］高方圆. 打造医疗风险分摊机制 险企助力广东医责险发展［EB/OL］. 2017-03-30, http://www. xinhuanet. com//money/2017-03/30/c_129521778. htm.

［14］张樵苏. 广东推出医疗风险分担机制应对 "医疗意外"［EB/OL］. 2016-03-17, http://www. xinhuanet. com//local/2016-03/17/c_1118362262. htm.

［15］李唐宁. 保监会力推医疗责任险 2015 年底三级公立医院全部参考［N］. 经济参考报, 2014-08-29.

［16］龚超, 高永革, 王慧苹, 等. 基于 PESTEL 的医师多点执业实施分析及监管对策研究［J］. 中国卫生监督杂志, 2016（1）: 51-55.

［17］广东省人民政府. 广东省构建医疗卫生高地行动计划（2016～2018）［EB/OL］. http://www. gd. gov. cn/gkmlpt/content/01144/post_144614. html, 2015-12-31.

［18］丰西西. 广东省卫生计生委主任段宇飞接受独家专访, 揭秘 2018 年医改重点［EB/OL］. http://news. ycwb. com/2018-01/26/content_25935309. htm, 2018-01-26.

［19］黄飞. 广东省民营医院发展现状及若干政策措施［EB/OL］. 2015-12-05. http://www. doc88. com/p-9029619312230. html.

［20］肖思思. 广东控制公立医院医疗费用不合理增长 严禁给医务人员设立创收指标［EB/OL］. https://m. huanqiu. com/r/MV8wXzk1NTYyODNfOTBfMTQ3NjUyMzgMA==? _from=cambrian, 2016-10-15.

［21］广东省卫生和计划生育委员会. 2017 年广东省医疗卫生资源和医疗服务情况简报［EB/OL］. http://zwgk. gd. gov. cn/006940132/201805/t20180507_763668. html, 2018-05-07.

［22］广东省财政厅. 广东省 2017 年预算执行情况和 2018 年预算草案的报告［EB/OL］. http://www. gdczt. gov. cn/zwgk/sgjf/201802/t20180208_925163. htm, 2018-02-08.

［23］吴春燕. 投入 500 亿元提升基层医疗服务能力［N］. 光明日报, 2017-03-31.

［24］广东人大网. 人大调研: 技术人才严重短缺［EB/OL］. 广东人大网, 2017-11-24. http://www. rd. gd. cn/pub/gdrd2012/rdzt/jcylws/rddy/201711/t20171124_161242. html.

［25］罗健波. "十二五" 时期广东人口发展状况分析［EB/OL］. http://www. gdstats. gov. cn/tjzl/tjfx/201608/t20160804_341431. html, 2016-08-01.

［26］中华人民共和国国家统计局. 广东统计年鉴（2017）［M］. 北京: 中国统计出版社, 2017.

［27］智研咨询. 2016～2022 年中国医疗服务行业深度研究与发展前景预测报告［EB/OL］. http://www. ibaogao. com/baogao/021620492H017. html, 2017-02-16.

［28］广东省人民政府办公厅. 关于促进和规范健康医疗大数据应用发展的实施意见

[EB/OL].http：//zwgk. gd. gov. cn/006939748/201702/t20170213_692568. html, 2016-06-21.

[29] 广东省人民政府办公厅. 广东省促进"互联网+医疗健康"发展行动计划（2018~2020年）[EB/OL]. http：//zwgk. gd. gov. cn/006939748/201806/t20180613_769694. html, 2018-06-05.

[30] 中山大学附属第三医院. 我院实现电子病历"病案首页内容"自动导入"病案统计管理系统"[EB/OL]. http：//www. zssy. com. cn/Home/ContentDetail/zssy？articleID=99201, 2014-06-03.

[31] 张娟，凌子平，林羽. 移动互联网下广东医疗服务模式的路径选择 [J]. 中国数字医学, 2016 (12)：6-8.

[32] 胡红梅. 医闹刑法规制研究 [D]. 江西理工大学硕士学位论文, 2017.

[33] 黄宙辉，吴欣. 广东：医患纠纷下降广佛惠三地最多"医闹"[EB/OL]. http：//news. ycwb. com/2016-03/05/content_21498296. htm, 2016-03-05.

[34] 时乐平. 治理"医闹"：医疗纠纷的制度根源及其对策 [D]. 复旦大学硕士学位论文, 2011.

[35] 何意静. 医师与第二执业医疗机构的法律关系探讨 [J]. 中国卫生法制, 2012 (3)：48-49.

[36] 赵永云. 浅议医师多点执业背后的法律风险 [J]. 法制与社会, 2013 (12)：85-86.

[37] 窦丰满. 对《执业医师法》多点执业规定的再学习和落实建议 [J]. 现代临床医学, 2016 (5)：377-379.

[38] 姜云. 医师多点执业存在的法律问题及其完善建议 [D]. 上海交通大学硕士学位论文, 2012.

[39] 颜明金，严莎. 医师多点执业存在的问题及对策探析 [J]. 中国医院管理, 2012 (5)：8-9.

[40] 郑文，黄非，雷敏. 医师多点执业难的原因及对策 [J]. 卫生经济研究, 2014 (12)：11-13.

[41] 吴敏，刘岩，李晓冰. 推动公立医院医生到民营医院多点执业的对策分析 [J]. 中国医院, 2013 (8)：24-25.

[42] 欧阳明，李虹，王冬. 基于医疗服务项目的医师劳务价值评价指标体系的构建及初步应用 [J]. 中国卫生事业管理, 2016 (3)：164-166.

[43] 易永祥，戴菲菲，张克球，等. 基于利益冲突视角探讨医师多点执业共赢模式 [J]. 江苏卫生事业管理, 2016 (2)：16-17.

粤港澳大湾区异地就医研究

——基于欧盟经验案例

何芷君① 张 锐②

摘 要：伴随着粤港澳大湾区经济、生活的进一步融合发展，湾区城市间人口往来密切，人口流动引发异地医疗的情况。但就目前阶段而言，在粤港澳"9+2"城市医疗体系、制度、服务各不相同的情况下，异地就医困难一定程度上阻碍了人才流动和大湾区协同发展。本文以粤港澳大湾区为地域背景，回顾目前异地就医的发展现状及障碍，并以案例分析的研究方法提出欧盟（European Union, EU）在异地就医的政治、经济、社会、技术方面的实践，结合湾区自身实际情况为湾区异地就医发展提供对应经验，具体包括在政治范畴修订法律、填补法律空白，经济范畴破除患者身份限制，社会范畴建立开放性协作机制与加强监督考核，技术范畴建立统一的医疗管理平台，期望进一步促进人才交流和大湾区协同发展。

关键词：粤港澳大湾区；异地就医；欧盟；PEST

一、研究背景

2017 年政府工作报告提出"研究制定粤港澳大湾区城市群发展规划"，标志着建设粤港澳大湾区已经成为了国家发展战略重点之一，2018 年政府工作报告进一步提出，多名港澳代表委员在两会期间表示"粤港澳大湾区经济总量庞大、发展潜能巨大，其广阔前景为港澳提供了与广东携手创造世界级湾区的难得机遇，助推港澳搭上国家发展快车，加快融入国家发展大局。"在粤港澳大湾区协同发展背景下，伴随港珠澳大桥的建成及广东省内高铁的运营，"一小时生活圈"逐渐完善，湾区人流量加大，异地就业人员增多，随之而来的是异地工作、

---

① 何芷君，澳门大学社会科学学院硕士；②张锐，澳门大学社会科学学院硕士研究生，澳门社会保障学会研究员。

住房、养老、就医情况增多，本研究集中讨论异地就医情况。现行的医疗服务资源无法妥善地解决医疗需求问题，具体体现在医疗制度转移接续的困难。目前，中国医疗保险政策为属地化管理，不同地区间存在着政策差异，加重了就医人群的报销难度和经济负担，限制了异地就医人群享受医疗服务权利。

粤港澳大湾区（Guangdong-Hong Kong-Macao Greater Bay Area）"9+2"（香港、澳门、广州、深圳、珠海、佛山、中山、东莞、肇庆、江门、惠州）城市之间的经济发展水平并不完全一致，存在养老、医疗方面的差异，这些城市的医疗服务、医疗水平及医疗保障制度各异，成为了大湾区人才流动的阻碍因素。为减少异地就医的障碍，中央已推出不少政策文件推动内地不同城市间异地就医。就粤港澳大湾区而言，粤港澳三地卫生行政主管部门在惠州共同签署了《粤港澳大湾区卫生与健康合作框架协议》，约定建立三地医学人才进修、培训基地，促进港、澳青年专家来内地交流、执业。2018 年"大湾区、大健康、大融合"——"2018 国际医疗投融资大会"在深圳召开，评选出"2017 粤港澳大湾区最佳医院 50 强"，助力湾区异地医疗就医发展。但基于不同的社会背景和医疗体制，大湾区城市之间仍然存在着异地就医困难问题。

二、文献回顾

本节通过对内地、香港特区及澳门特区异地就医发展现状的回顾，结合粤港澳大湾区地域发展背景归纳目前大湾区异地就医障碍，了解欧盟作为区域合作范例在发展异地就医方面的经验。

（一）异地就医发展概况

国务院于 2009 年发布《医药卫生体制改革近期重点实施方案（2009—2011年）》，提出"建立异地就医结算机制，制定基本医疗保险关系转移接续办法，解决农民工等流动就业人员基本医疗保障关系跨制度、跨地区转移接续问题"。2012 年，《"十二五"期间深化医疗卫生体制改革规划暨实施方案》强调"加快推进基本医保和医疗救助的实时结算，尽快建立异地就医实时结算机制"，在"十二五"期间基本上实现医保跨省实时结算的目标。2013 年《深化医药卫生体制改革 2013 年主要工作安排》提出"大力推进异地就医结算，逐步推开省内异地就医直接结算，选择在部分省份试点，探索建立跨省异地就医实时结算机制"。2014 年人社部、财政部、国家人口和计划生育委员会联合发布《关于进一步做好基本医疗保险异地就医医疗费用结算工作的指导意见》，对异地就医管理的实时结算实施规划列出了时间表，督促各地区加快异地就医结算工作；同年，《深化医药卫生体制改革 2014 年重点工作任务》把推进异地就医结算管理和服务工作当作当年医疗卫生体制改革的重点；之后《深化医药卫生体制改革 2014 年工作总结和 2015 年重点工作任务》中提及 "城镇基本医疗保险基本实现市级统筹，北京、天津、上海、海南、重庆、西藏 6 个省（直辖市、自治区）实现了省级统筹，28 个省（直辖市、自治区）建立了省内异地就医结算系统"。2016 年，《"十三五"深化医药卫生体制改革规划》提出："推进异地就医直接结算机制，在全国范围内进行联网直接结算，加强异地就医地区间协作，健全异地转诊的政策措施，推动异地就医直接结算与促进医疗资源下沉、推动医疗联合体建设、建立分级诊疗制度衔接协调。"

2016 年和 2017 年《政府工作报告》也强调了基本医保异地结算工作，政府需要下定决心推动，争取在两年时间内基本实现异地就医费用的直接结算。异地就医管理在政府工作报告中多次出现，可以看出国家的重视。国家在完善流动人口异地就医结算方面做出了很大的努力，同时异地就医管理也是民生保障的重要部分。

香港大学深圳医院于 2012 年成立，是由深圳市政府全额投资并引进香港大学现代化管理模式的大型综合性公立医院。在近年的发展中全力打造四个集"医、教、研、管"为一体的粤港澳大湾区国际化中心，包括医疗中心、医学人才培养中心、医学科技创新中心和医院管理创新中心，成为粤港澳大湾区医疗融合的重要实践经验。澳门特区具有较完善的医疗保障体系，中医药事业发展较为领先，都成为在粤港澳大湾区发挥医疗融合中的重要优势。

（二）粤港澳大湾区背景

全球经济总量约 60% 来自港口海湾地带及其直接腹地。粤港澳大湾区人口聚集度高、经济潜力大，拥有世界上最大的海港群和空港群，制造业发达、产业链完整，极具条件成为世界级湾区，为参与国际经济竞争提供重要支撑。

粤港澳大湾区协同发展是一个经济、政治和文化相互融合认同的过程，在不同经济社会制度环境下的城市融合，必须创立出一个适合各区域发展的公共服务体系，并以实现大湾区内 "人流、资金流、物流、信息流" 流通为目标，这和大湾区内每个人的生活息息相关。人口流动是资金流和物流的基本条件，随着大湾区 "一小时生活圈" 的发展，为了使人口在粤港澳大湾区内能够自由流动，优化区域内的异地就医管理，进一步完善社会保障信息，迫切需要逐步建立起统一的医疗保障制度强化粤港澳三地的医疗卫生合作，加强三地医疗卫生合作的广度和深度，推进社会保障一体化进程，实现粤港澳大湾区内基本医疗保险服务均等化的目标，同时可为其他区域医疗保险的跨地区合作提供具有现实意义的借鉴。

（三）大湾区异地就医存在的障碍

尽管国务院已陆续出台多项政策文件推动全国范围内异地就医的发展，并已有成效，实现了部分省份医疗保险的省级统筹、建立了部分异地就医结算平台并以互联网形式结算，但若想实现大湾区无缝医疗保险的异地就医且跨越港澳特区进行，依然存在问题。主要体现在以下三个方面：

1. 医疗保险统筹层次低、政策存在较大差异

目前异地就医最需要克服的是制度障碍，横向障碍是在国家纲领性文件框架中不同医保制度适用于不同身份的参保者，医保关系无法随着参保人群流动而及时转移接续；纵向障碍是由于各地区的医疗保险报销水平各不相同，没有统一的报销程序及操作规范；基金统筹单位基本停留在地市级及县级层次，统筹层次较低；异地就医已成为各地医疗保险经办机构管理工作的难点，主要体现在：首先，由于全国各地都有一套视当地情况而制定的药品和诊疗项目目录以及非标准化的收费，缺少统一规范；其次，各地经济收入存在差异，医疗费用给不同地区参保人造成的负担有差异，无法实现实质公平。总体而言，可归结为三点：一是统筹层次低，缺少全国统一的医保异地就医经办机构或体系，甚至连跨地区的费用统筹机制也难以形成；二是软硬件上的不足，现今的医保经办机构不具有完善的管理能力和足够的资源；三是医疗卫生管理体制面临的外部环境较差。

由于现今的老龄化趋势，越来越多的老年人冬天南飞，夏天北漂，过着"候鸟式养老"的生活。通过对一批老人访谈，发现不一样的医保政策降低了老年人异地就医报销上的可行性，这种地域阻隔问题的主要原因就是医疗保险统筹层次低。

2. 道德风险增加、监管机制缺失

中国内地的医疗保障制度具有明显的属地化特性，本身就有医、患、保三方信息不对称的情况存在，异地就医的独特性更是造成了信息不对称的极端状态，信息缺口所造成的漏洞导致的风险也增加了监管的难度。各地缺乏统一标准是存在的最大漏洞，使得不法分子趁机作假或医疗机构诱导患者过度医疗，而监管难度之大也间接导致了异地就医支付率普遍高于全省医疗费用支付率，因此需要加强对异地就医人员进行稽查监督，甚至成立有效的监督机构和制度针对过度的医疗服务和弄虚作假，减少因此而带来的医疗服务资源地区分配不均。而医保经办机构无法有效监督的主要原因包括异地就医人群范围大、流动性高、医保经办机构的承载力不足等，需要进一步完善。医院的监管难度大，当异地就医被归类为自费患者时，患者容易被接受过度医疗服务，也有不法分子利用异地就医管理中的漏洞，利用冒名顶替、串通医保机构等方式获得利益，而这些往往难以被医保经办机构稽查。2015年通过对异地就医人员进行问卷调查，发现异地就医主要矛盾来源于跨统筹区管理平台的缺失，加剧异地就医监管上的难度，直接或间接地造成异地就医管理的矛盾。

3. 经办程序烦琐、效率低下

符合条件的异地就医人员可以把在非参保地产生的医疗费用按照结算政策和目录标准进行结算，确保异地就医人员无须承担全额费用，减轻经济负担。在对海南省医疗保险的异地就医情况进行实证分析时，发现经办程序的复杂性带来了各种成本和道德风险的增加，针对此问题，建议在办理异地就医手续时减少不必要的程序，简化过程。医疗服务行业垄断的特征使其不会主动地追求低成本、高效率的服务，且医保经办部门缺乏明确的考核指标。结算程序上的复杂性虽然影响增加了异地就医人员的负担，但医保经办部门的官僚性也决定了对此问题的不作为，加剧了低效复杂程序的恶性循环。目前政策要求患者在异地看病过程中全额垫付，或通过委托授权、邮寄、亲自奔波回到参保地报销，而医保中心需要审核医院病历及各种证明材料，成为患者主要负担；另外，某些医生还会开昂贵的处方、开自费药，不仅增加患者负担，更增加报销难度，同时程序的烦琐也加重了患者的负担，甚至导致病情延误。异地就医费用报销复杂：审核的标准高、等待时间长、材料烦琐等，一旦不符合则不予报销，无形中增加了患者报销的难度，同时报销流程及报销审核的周期长直接导致患者需要垫付较多的医疗费用。从住院患者费用的角度，结合异地就医的现状发现，尽管可以通过异地联网使患者可以实时报销，但仍存在一定比例的自费患者。鉴于不同行政区域异地就医联网结算平台还未建立或完善，个人先行垫付医疗费用或报销难的问题仍然存在。

三、PEST 框架下的欧盟案例分析

文章将运用政治（P）、经济（E）、社会（S）、技术（T）分析框架整理欧盟在异地就医方面的实践与经验，对欧盟解决异地就医障碍的环境因素分类归纳。欧盟作为最大的区域性经济合作组织，有多个成员国，区域内的经济交往和人口流动频繁，由此引出异地就医的问题，欧盟在医疗协同发展上做了许多探索，在跨国就医的组织管理、发展机制及具体操作上有丰富经验。在跨区域合作方面，粤港澳大湾区的医疗合作与欧盟有较多相似之处，这也是本文选择欧盟地区作案例分析的重要原因。

（一）PEST 分析框架

PEST 分析要旨是考虑环境因素对研究对象的影响，将这些在环境中发挥作用的关键影响因素进行总结和列示，并对这些因素进行评价和估计。PEST 分析是指宏观环境分析，宏观环境又称一般环境，是指影响一切外在和内在的各种环境因素。在对宏观环境因素作分析的时候，虽然不同机构因其自身的特点和需要而使分析的具体内容存有差异，但一般环境因素都可归类为政治法律

（Political）、经济（Economic）、社会文化（Social）和技术（Technological）四大因素。

（二）欧盟基本情况

1. 区域内人口流动频繁

欧盟成员国人口自由流动是欧盟一体化的基础，欧盟提倡和鼓励公民在成员国之间自由流动。欧盟法的基本自由包括四项：共同市场内的商品流通、劳动力自由迁徙、服务业流通自由和资本流通。欧共体的首要目标就是保证其成员国高水平的就业率、稳定的经济增长和生活水平提高。要保障欧盟地区的经济繁荣发展、生活水平提高，需要保障高度一体化经济空间的共同市场，在区域内保证货物、人口、资本、信息的自由流动，法律制度是其坚实基础。

1958 年《罗马条约》保障了成员国之间劳动力的自由流动，保障劳动者有权在任一成员国工作或退休；2004 年，欧盟颁布《关于欧盟公民及其家属在欧盟境内自由流动和居住的指令》（Directive EEC No. 38/2004），规定欧盟公民有权选择在任一成员国临时居住，也可因工作关系在任一成员国常驻，人口自由流动的政策范围从劳动力扩大到公民。

随着欧盟一体化程度的不断加强，"统一大市场"概念被纳入欧盟的核心政策中，用于确保区域内各种因素的自由流通。人口流动性的提高使得欧盟地区跨国就医更为普遍，凸显了医疗保障制度之间存在的矛盾，粤港澳大湾区与欧盟存在相似的人口自由流动状况，随着大湾区内的经济发展，庞大的流动人口将长期存在，并伴随相关的养老、医疗问题。

2. 医疗保障的属地化运行模式

欧盟地区社会保障制度具有属地性，公民的医疗保障因国籍的不同而产生差异，"这些人一旦离开该国领土，就不能再享有该国的社会保障权利，而人的社会保障权利关键是国籍。"目前欧盟现存的医疗保障制度主要有两种，一种是社会保险型医疗保障制度，也称作俾斯麦模式；另一种是国家福利性医疗保障制度，称为贝弗里奇模式（见表 1）。各种医疗保障制度在筹资方式和待遇标准上有所差异，在具有多个成员国的欧盟地区很难找到一个协调统一的医疗保障制度，阻碍了欧盟公民跨国就医。

欧盟没有采取强行统一的医疗保障制度模式，而是进行内部协调。与之相似的是中国的粤港澳大湾区。在一国两制的背景下，粤港澳大湾区不同城市（特区）采取不同的医疗保障制度，居民在人口流动过程中所产生的异地就医也具有属地化的特征，医疗保险可携带性低。虽然无法打破制度的障碍，但可以通过借鉴欧盟在异地就医上的经验，逐步提高粤港澳大湾区异地就医的可行性。

表 1 　欧盟的主要医疗保障模式

医疗保障制度模式	代表国家	主要特点
社会保险型医疗保障制度（俾斯麦模式）	德国、法国、奥地利、卢森堡、比利时	● 医疗保障分为法定医疗保障和私人医疗保障，前者是强制性的，由劳动力雇主和雇员共同承担，后者是非强制性的，由市场承担 ● 实行社会筹资，私立机构、市场和政府共同参与的保障制度 ● 实行就业地参保原则，医疗保障覆盖了在本国就业的劳动者和其家属
国家福利性医疗保障制度（贝弗里奇模式）	意大利、西班牙、葡萄牙、爱尔兰	● 医疗保障以法定医疗保障为主 ● 经费来源于国家税收，实行政府筹资、公立机构提供医疗服务的计划性保障制度 ● 实行居住国原则，医疗保障覆盖于本国的居民

资料来源：丁纯. 德英两国医疗保障模式比较分析：俾斯麦模式和贝弗里奇模式 [J]. 财经论丛，2009 (1).

四、欧盟经验

欧盟地区与粤港澳大湾区具有经济较发达、人口流动频繁及区域融合等方面的相似性，欧盟在异地就医上有较长时间的经验及先进的管理方式，本节将欧盟实行异地就医的管理方式与经验按照 PEST 分析框架归类，期望为解决大湾区异地就医障碍提供解决方案并推动大湾区的进一步融合。

（一）政治制度范畴

在历史上，欧盟成员国各自的社会保障制度早于欧盟成立前已建立，其制度上存在差异，公民在各国流动中可能导致的权益流失情况违背了欧盟一体化的内涵。为了使欧盟公民的医疗保障权益不因异地就医而流失，欧盟确立了统一的法律制度，为实现欧盟异地就医管理奠定了法律基础。在法律制度上，欧盟关于建立和保障异地就医人员的法律分为三个层次。

1. 欧盟基本法律制度

欧盟来源于欧洲煤钢共同体，在 1951 年由意大利、法国、荷兰、西德、比利时及卢森堡在共同签订《巴黎条约》基础上成立的国际组织，后签订《罗马条约》，成为欧洲经济共同体。关于成员国共同目标的条约规定，最早在 1957 年签订的《建立欧洲共同体条约》扩大了劳动人口的范围，要求成员国为实现劳动人口在区域内部自由迁徙和自由选择职业提供便利，减少人口自由流动的障碍。随着欧盟范围的扩张，1992 年《马斯特里赫特条约》（Maastricht Treaty）的签订，标志着欧盟的成立。1997年签订的《阿姆斯特丹条约》规定，禁止任何以国籍为理由在社会福利上歧视非本国公民的行为，强调了非歧视原则，也加强了对流动人口的权益保障。欧盟的基本法律制度由欧盟各成员国政府签订的国际条约和法案组成，是欧盟法律体系最高准则，也是欧盟就某一问题所达成的原则性规定，为具体立法提供了法律基础。

2. 社会保障条例

在确保不破坏欧盟各成员国医疗保障制度的基础上，为了保障公民的权益，欧盟通过制定一系列条例、指令和决定，为各国不同制度提供普遍性的法律规范。这些条例、指令和决定成为解决欧盟公民异地就医矛盾的扩展性法律解释，是欧盟法律体系的二级法规，形成了不同医疗保障制度间的协调机制。欧盟关于异地就医管理的社会保障的主要条例及内容如表2所示。

表2 欧盟关于异地就医管理的社会保障的主要条例及内容

条例名称	年份	主要内容
《关于解决在共同体内部流动的雇员、自雇人员及其家属社会保障问题的条例》	1971	• 条例首次确定了社会保障制度的对象，仅适用于劳动人员和学生及家庭成员 • 保障了欧盟成员国中的劳动人口不因流动而失去社会福利 • 该条例是欧盟社会保障协调机制运行沿用的主要规则
《关于社会保障协调的条例》	2004	• 扩展社会保障制度对象的定义，将欧盟成员国内的劳动人口扩展至所有公民 • 确保公民在跨国流动中不会损失社会保障权益，对社会福利的类别涵盖也有所扩大
《患者跨境医疗服务权利指令》	2011	• 明确规定了跨境医疗服务的使用范围和饭馆服务费用的报销，即"所属成员国应确保被保险人收到跨境医疗费用的报销" • 明确患者权利信息的告知义务和关于患者隐私权的立法保护

法律判例是欧洲法院对特殊案件的审判实践，欧洲法院裁决欧盟成员国公民异地就医时产生的纠纷，其判决结果形成后不能被任一成员否定，通过法院判决形成法律制度的一部分，甚至催生了其他法律条例和指令的出台，如科尔—德克尔（Kohll-Decker）判例法，欧盟法院对跨境医疗服务费用报销的相关国家规定进行判决并得出结论，从而形成跨境医疗费用报销规则的欧盟法院判例。

（二）经济范畴

经济范畴部分主要归纳欧盟实行异地就医的原则，以原则确保实行异地就医的经济性，这里具体分为公平平等原则、唯一参保国原则和国民待遇原则三方面。

1. 公平平等原则

在欧盟异地就医公平性上，最重要的就是公平平等原则。对欧盟异地就医人员而言，在非本国的社会保障中会受到歧视，其所享有的福利和本国公民具有差异，这与欧盟的社会保障条例相违背。公平平等原则强调了欧盟公民具有"病人流动性"权益，即欧盟公民有权在欧盟任何国家地区获得相应的医疗服务。欧盟成员国公民在非保险所属地的国家享受社会福利时，应该和公民在保险所属地国家享受的福利一致，但公民在非保险所属地国家的花费应该在规定日期内由保险所属地国家偿还。可见欧盟在解决异地就医问题上遵循的原则体现了公平平等的核心价值。

2. 唯一参保国原则

根据上文所述，欧盟成员国主要实行的医疗保障模式分为俾斯麦模式和贝弗里奇模式，两者分别以就业地原则及居住地原则实行医疗保险制度，因此在欧盟范围内可能导致流动人口获得多重医疗保障计划或无医疗保障计划的情况发生。根据欧盟 1408/71 号条例中规定"在欧盟境内流动的雇员和自雇人员，只能参加一个成员国的社会保障制度，要尽量避免一个人同时从属于两个成员国社会保障法的特例情况出现"。对于所有的欧盟公民实行唯一参保国原则，公民只能根据其中一国的医疗保障享受权益。

3. 国民待遇原则

根据欧盟 1408/71 号条例规定，"在符合本条例特别条款规定的前提下，定居在一个成员国并且受本条例管辖的人，应当基于任何一个成员国的法律而承担与该成员国国民相同的义务，享受相同的利益"。欧盟的公民只要参加了其中一个成员国的医疗保障计划，该成员国必须赋予该公民与其他本国公民相同的权利和义务，不能因该公民非本国公民而有歧视性待遇，该公民也应履行缴纳社会税收、医疗保障税费及其他法律规定的义务。

（三）社会范畴

为了实现不同医疗保障制度间的协调，解决欧盟公民在异地就医中产生的矛盾，2006 年，欧盟引入开放性协作机制（the Open Method of Coordination, OMC），其中涉及的异地就医管理机构有欧盟委员会、欧洲议会、欧盟理事会、社会保障委员会和欧洲法院。

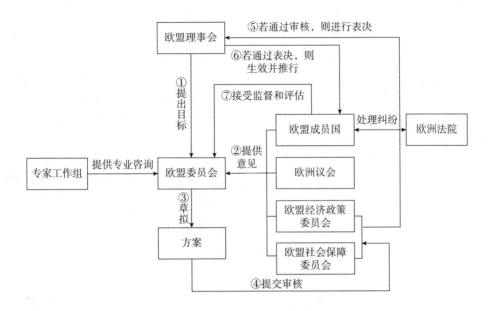

图 1　欧盟开放性协作机制运作流程

资料来源：依据王美桃的《欧盟社会养老保险开放性协调机制研究》和朱贵昌的《开放协调机制——欧盟应对成员国多样性的新治理模式》整理所得。

　　如图 1 所示，欧盟委员会（Commission of European Union）作为开放性协作机制的常设执行机构，在异地就医管理中扮演着核心角色，其主要职责在于根据欧盟理事会提出的目标，吸取欧洲议会、欧盟社会保障委员会、欧盟经济政策委员会及欧盟成员国的意见草拟出政策文件，若政策文件经欧盟社会保障委员会和欧盟经济政策委员会通过，各成员国结合实际情况确定本国具体实施计划，欧盟委员会也需要监督其实施情况；2004 年起由各国专家组成高层工作组，在医疗保障层面上，主要负责学术性分析，向欧盟委员会汇报。欧盟社会保障委员和经济政策委员会，作为开放性协作机制的下设部门，主要负责审核欧盟委员会的政策文件，提供专业建议，再提交到欧盟理事会作审核表决。欧盟理事会，负责听取和审议欧盟委员会提交的政策文件，还负责监督相关协议和政策规章的执行情况。欧盟法院，负责处理关于欧盟医疗保障上的法律纠纷，对案件进行法律仲裁。

（四）技术范畴

　　2000 年《里斯本战略》肯定了在欧盟发展过程中电子医疗和卫生服务的重要性，信息流的加速发展在实现医疗服务的大数据上具有重要作用。在异地就医的信息传递上，欧盟建立了整个就医平台的网络，促进信息流通，其中包括早期的 E 表格（E-Forms）和 EHIC 卡（European Health Insurance Card，EHIC）。

E 表格是欧盟 1993 年开始推行制定的，共有 31 种 E 表格适用于不同的对象和情况。最早实行的，目的是促进劳动人口在欧盟区域内自由流动，规定在异国就业的公民携带 E119 表格用于记录医疗保险参保信息、就医基本信息和医疗费用报销信息。随着流动人口的增加，烦琐的 E 表格难以适应欧盟一体化进一步的需求，欧盟推行标准化的 E 表格，并配合欧洲健康保险卡一起使用。目前仍有部分 E 表格可适用，详见表 3。

表 3　欧盟异地就医管理 E 表格

E 表格	适用范围
E101	在欧盟非本国的成员国内工作一年或一年以下的短期劳动者或雇主
E106	居住地和工作地为不同欧盟成员国的公民
E109	家庭成员居住在两个或两个以上欧盟成员国的公民
E110	欧盟国际运输业的劳动者
E119	在欧盟某一国内领取失业津贴，而在其他成员国内寻找工作的公民
E128	在欧盟非本国的成员国内留学的公民

2004 年起，欧盟在 13 个成员国内首先使用欧洲健康保险卡，再陆续扩大适用范围，取代部分传统的 E 表格。EHIC 卡（European Health Insurance Card，EHIC）是欧盟内用于社会保障证明的医疗保险卡，覆盖对象包括了欧盟成员国公民中在异国居住、工作、留学和逗留的人员。拥有 EHIC 卡者可以在疾病或意外发生时出示卡片进行身份验证并通过相关机构结算医疗费用，不需要垫付费用；对于拥有 EHIC 卡却未能携带的患者，需要自行与医疗机构联系开具证明，并垫付医疗费用。同时 EHIC 卡只针对公立医疗机构的费用报销，在私人医疗机构的费用也不予报销。

（五）小结

通过欧盟异地就医案例发现：政治范畴欧盟通过法律保障欧盟居民在欧盟地区不同国家间医疗服务的权益，具体包括欧盟基本法律制度——确保欧盟居民在异地就医时不受歧视，社会保障条例——为不同医疗体系提供普遍性规范及法律判例——医疗纠纷裁决原则；经济范畴通过三个原则保障欧盟居民医疗服务的经济性，公共原则——获得医疗服务的一致性，唯一参保国原则——避免无法获得医疗及过度医疗问题，国民待遇原则——居民权利义务的保障。社会范畴通过创立开放性的协作机制，并设立专门机构管理，承担协调任务。技术范畴主要以 E

表格及 EHIC 卡等电子管理手段实现国家间医疗信息的传递（见表 4）。

表 4　欧盟异地就医 PEST 小结

政治范畴（P）	经济范畴（E）	社会范畴（S）	技术范畴（T）
• 欧盟基本法律制度——确保欧盟居民在异地就医时不受歧视 • 社会保障条例——为不同医疗体系提供普遍性规范 • 法律判例——医疗纠纷裁决原则	• 公共原则——获得医疗服务的一致性 • 唯一参保国原则——避免无法获得医疗及过度医疗问题 • 国民待遇原则——居民权益义务的保障	• 开放性协作机制（OMC）成员国参与标准制定，发挥"看齐效应"软约束 • 机制下欧盟委员会、欧洲议会、欧盟理事会、社会保障委员会和欧洲法院承担功能	• E 表格（E - Forms）记录医疗资讯 • EHIC 卡（European Health Insurance Card, EHIC）身份验证、垫付医疗费用

五、讨论

根据以上对于欧盟异地就医的 PEST 分析，结合粤港澳大湾区的实际情况，同样按照 PEST 框架就粤港澳大湾区异地就医发展提出以下几点建议。

（一）政治制度范畴——修订法律、填补法律空白

异地就医的法律空白主要集中于内地居民到港澳地区医疗服务机构进行医疗行为及港澳居民持回乡证在内地医疗机构进行的医疗行为，可以参考欧盟基于众多判例法的法律体系。

可以考虑将粤港澳大湾区的部分医疗行为纳入"跨境治疗权"中，即根据相关规定，制定一定条件下的患者可以寻求境外医疗机构服务并且获得境外医疗机构服务费用的报销。这种"跨境治疗权"更类似于粤港澳大湾区合作框架下的跨境患者权利，不同于《社会保险法》中"一刀切"自费的规定，特殊情况下的中国居民应基于境外医疗机构费用报销。特殊情况即应考虑以下因素：第一，医疗保险所属地无法提供患者治疗所需的医疗水平，经医疗机构鉴定后境外转诊就医可解决；第二，在医疗保险所属地医疗机构的医疗资源紧缺情况下，患者异地就医的成本比保险所属地的成本更低；第三，政府间的协议安排，将异地设立的医疗机构纳入医疗保险领域，并明确相关细则。粤港澳大湾区的医疗服务合同应采用标准合同文本，明确双方的权利义务关系，同时加强居民的证据保存观念，如保存挂号凭证、病历信息等，以确保其能顺利取证获得法律保障，也便于必要时启动诉讼和仲裁等法律程序。

此外，可以考虑建立和完善异地就医管理中关于跨境医疗服务的法律援助机

构。根据《中华人民共和国法律援助条例》，法律援助是政府的责任，为了确保患者更好地享受异地就医服务的权利，应建立专门机构用于粤港澳大湾区内关于医疗纠纷的法律援助，并可协助处理纠纷事务。

（二）经济范畴——公平原则下的患者身份平等

异地就医行为发生地和患者所属地位于不同行政区域，最大的障碍源于不同行政区域的医疗保障制度，目前的医疗保障制度范围仅限于本地区身份的居民，而要促进异地就医发展就要破除医疗保障居民的身份限制。对于大湾区的就医人员而言，在非本地享受的医疗保障待遇应当与本地的相同，不应因身份原因在异地就医的福利待遇上受到歧视。在此可以参考欧盟法律中的国民待遇原则，即定居粤港澳大湾区内任一行政区域的人，应与该行政区域内的居民承担相同的义务并享受相同的福利。

举例而言，广东省居民在港澳地区因某种原因需要到医疗机构获取医疗服务时，应根据粤港澳大湾区内异地就医的政策，针对其医疗服务费用予以报销或以医保卡进行实时结算，同时其所产生的医疗费用应该在规定日期内由所属地的政府偿还。同样地，港澳地区的患者在广东省内获取医疗服务时，其医疗费用也应由港澳政府承担，与广东省内居民享受相同的医疗保障。

（三）社会范畴

1. 建立开放性协作机制

欧盟国家间异地就医管理的可取经验，特别是国家政策衔接方面的，可以实践于粤港澳大湾区的政策体系衔接上。欧盟的开放性协作机制，增强了欧洲成员国在政策中的协调能力，又建立了在欧盟上的政策框架。在此过程中，各成员国的政策被保存的基础上又需要被纳入欧盟社会政策范围内，一方面可以强化成员国在政策方案建立、政策推行上的协作；另一方面也由欧盟的介入缓解成员国间政策矛盾。基于"一国两制"背景、粤港澳大湾区的建设区域优势，不同省市应该跳出自身统筹区域的限制，建立开放性协作机制，即有效协作模式。

要建立粤港澳大湾区的开放性协作机制，首先应在中央领导下设定类似欧盟委员会的"粤港澳大湾区医疗保障联合委员会"，作为开放性协作机制的核心部门，负责粤港澳大湾区内地方政府医疗保障政策建设、推行、监督、协调，并与下设的医疗保障专家工作组进行讨论，其中专家工作组可由粤港澳大湾区各地的专家构成，负责相关领域的学术性分析；委员会提出相关政策文件，交于中央政府审核，需要湾区各城市在总的政策下，依据自身实际制定适应本地区的行动方案，并在实行后定期向委员会提供政策实施的发展报告，委员会也应定期对各地政策发展进行监督评估。粤港澳大湾区开放性协作机制运作流程如图2所示，立足于粤港澳大湾区各地的客观情况，由政府弹性操作，协调各地方制定完善的医疗保障政策，逐步推动粤港澳大湾区异地就医管理的发展。

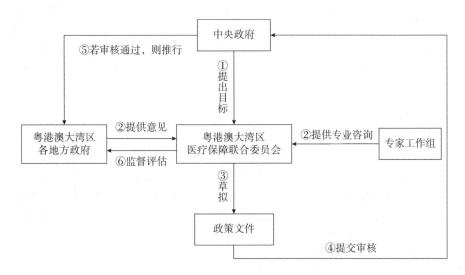

图2　粤港澳大湾区开放性协作机制运作流程

2. 加强监督考核

目前粤港澳大湾区的监督机制不同，随着医疗领域协同发展的推进，湾区的合作需要三方不断互补和学习各自的监督机制，包括对医疗机构的共建、共管、协作和医疗保险的结算报销等。第一，政府和卫生行政部门应建立起不同层次的执法考核方法，配合粤港澳大湾区的开放性协作机制执行政策方案，对于大湾区内的异地就医实行分类管理，细化管理不同原因导致的异地就医行为，从而合理分配医疗资源。第二，可以参考行业协会的监督方法，以民间组织的身份实行自律管理，充分发挥大湾区内各省市协会的作用，与港澳相关社会组织进行沟通交流学习，探讨协会更多的权利和义务，加强行业内部的管理建设，提升医德和执业操守。第三，粤港澳大湾区的医疗机构统一建立医疗机构问责式投诉管理机制，设立专门部门解决患者的诉求，加强医疗机构和患者的沟通，以求在医院层面即可解决矛盾。第四，建立和完善社会监督举报体系，利用发达的科技和信息优势，对进行欺诈、行骗等行为的不法分子或医疗机构追究责任，并纳入社会诚信体系中，实现全民监督，降低异地就医中的道德风险。

（四）技术范畴——建立统一的医疗管理平台

建议建立统一医疗管理平台，强调医疗信息的互通和共享。通过将大湾区异地就医中的医疗管理服务标准化可以降低管理成本和提高管理效率，具体做法可参考欧盟中的信息流通机制，依托信息技术优势，加大政府间公共财政及社会创新研究的投入，建立囊括整个大湾区居民医疗信息的电子病历，实现居民医疗信息的畅通。当任意属地的患者参与大湾区的医疗服务时，医疗机构可以及时获取该患者所有的个人医疗信息。针对因商务、留学、旅游等原因而需要短期逗留的人群，可以建立类似欧盟 E111 表格实现异地就医保险费用的便捷结算，同时配套类似 EHIC 卡的社会医疗保障卡，用于身份验证与费用结算，达到异地电子化结算。

与欧盟地区所采用的统一欧元结算方式不同，粤港澳三地使用不同的货币交易，但电子化的医疗管理结算平台可以按照实时汇率记账，最后统一扣结，减少因时间差而产生的汇率成本差。同时，可以考虑医疗管理平台除了包含患者医疗信息外，针对医疗机构的标准化和医师的专业化，制定适用的共同医疗标准和医师认证体系，无论是患者还是医师都可以在统一平台中找到适用于整个粤港澳大湾区的医疗认证信息，做好医师多点执业的工作安排。并通过网络信息安全管理，减少网络漏洞或黑客攻击造成的信息泄露。

举例而言，广东省地区患者在港澳地区进行治疗时，港澳地区的医疗机构可通过电子化平台获得该患者过往的医疗信息，并以电子平台记录医疗经历及费用，结算可通过电子结算平台实时实现货币的汇率兑换，进行实时记账，最后以每月或约定的时间统一由广东省医保部门结算。

六、小结

依据欧盟异地就医在政治、经济、社会、技术方面的经验，结合粤港澳大湾区的实际情况，归纳出湾区解决目前异地就医障碍的措施，同样以 PEST 框架整理。政治范畴修订法律，基于目前湾区还未颁布关于异地就医的相关法律，可以考虑在《中华人民共和国宪法》及《中华人民共和国香港特区基本法》《中华人民共和国澳门特别行政区基本法》规范下，在"一国两制"的基本国策下，借鉴欧盟法律框架，保障异地就医居民的医疗服务，并结合《社会保险法》、香港卫生署、澳门特区卫生局相关的规章制定。经济范畴要实现湾区居民在公平原则下的患者身份平等，破除身份限制，承担相同义务，享受相同福利。社会范畴方面可以考虑两点：一是建立开放的协作机制，充分利用国家推动湾区融合的积极政策，可以考虑在中央管理下仿照建立粤港澳大湾区医疗保障联合委员会、专家工作组并与地区政府做好沟通协调，在机制之下形成协作；二是加强监督考核，可以考虑不同城市之间的相互监督，同时参考行业协会的行为自律管理。技术范畴主要考虑建立统一的医疗管理平台，加强医疗信息的传递共享，建立类似于异地就医结算的 E 表格与统一的社会保障卡，并通过实时汇率计算省去成本差，除固定的医疗资源外，促进异地就医发展，医生的专业化统一认证的建立也十分重要。

参考文献

［1］中华人民共和国国家发展改革委地区经济司.关于开展编制《粤港澳大湾区城市群发展规划》建言献策的公告［EB/OL］.http：//www.ndrc.gov.cn/yjzx/yizx_add.jsp？SiteId=128，2017-03-17.

［2］刘欢.前景·机遇·路径——代表委员畅谈粤港澳大湾区建设［EB/OL］.http：//news.ifeng.com/a/20180309/56591564_0.shtml.

［3］中华人民共和国国家经济体制改革委，财政部，劳动部，卫生部.关于职工医疗保险制度改革试点的意见［J］.中国劳动科学，1994.

［4］首届粤港澳大湾区卫生与健康合作大会召开签署27项合作项目［EB/OL］.http：//news.163.com/18/0109/17/D7NOGEG000018AOQ.html，2018-01-09.

［5］"大湾区、大健康、大融合"——2018国际医疗投融资大会［EB/OL］.http：//www.sohu.com/a/238320616_389597，2018-06-28.

［6］中华人民共和国国务院办公厅.医药卫生体制改革近期重点实施方案（2009—2011年）的通知（国发〔2009〕12号）［EB/OL］.http：//www.gov.cn/zwgk/2009-04/07/content_1279256.htm，2009.

［7］中华人民共和国国务院办公厅."十二五"期间深化医药卫生体制改革规划暨实施方案（国发〔2012〕11号）［EB/OL］.http：//www.gov.cn/zhengce/content/2012-03/21/content_6094.htm，2012-03-21.

［8］中华人民共和国国务院办公厅.关于深化医药卫生体制改革2013年主要工作安排（国办发〔2013〕80号）［EB/OL］.https：//wenku.baidu.com/view/6daf5bdbd1d233d4b14e852458fb770bf78a3bdf.html，2013-07-18.

［9］中华人民共和国人力资源和社会保障部，财政部，国家人口和计划生育委员会.关于进一步做好基本医疗保险异地就医医疗费用结算工作的指导意见（人社部发〔2014〕93号）［EB/OL］.http：//www.gov.cn/xinwen/2014-12/25/content_2796340.htm，2014-12-25.

［10］中华人民共和国国务院办公厅.关于深化医药卫生体制改革2014年重点工作任务的通知（国办发〔2014〕24号）［EB/OL］.http：//www.gov.cn/zhengce/content/2014-05/28/content_8832.htm，2014-05-13.

［11］中华人民共和国国务院办公厅.关于印发深化医药卫生体制改革2014年工作总结和2015年重点工作任务的通知（国办发〔2015〕34号）［EB/OL］.http：//www.gov.cn/zhengce/content/2015-05/09/content_9716.htm，2015-04-26.

［12］中华人民共和国国务院."十三五"深化医药卫生体制改革规划（国发〔2016〕78号）［EB/OL］.http：//www.gov.cn/zhengce/content/2017-01/09/content_5158053.htm，2017-01-09.

［13］2016年及2017年政府工作报告（全文）［EB/OL］.http：//www.gov.cn/premier/

2017-03/16/content_5177940. htm，2017-03-16.

　　［14］香港大学深圳医院［Z］. https：//www. hku-szh. org/About/Index2. html，2018-11-01.

　　［15］王荣. 粤港澳一小时生活圈正在形成［EB/OL］. https：//baijiahao. baidu. com/s? id=1594349652888546243&wfr=spider&for=pc，2018-03-08.

　　［16］孙翎，申曙光. "全民医保"目标与异地就医管理有着怎样的因果联系［J］. 中国医疗保险，2009（8）：39-41.

　　［17］肖周燕，石郑. 中国异地就医的困境与路径优化研究［J］. 江汉学术，2015（3）：20.

　　［18］李妍，熊武. 云南省完善医疗保险异地就医服务管理的现实选择［J］. 保险研究，2010（5）：27-34.

　　［19］法官释法："候鸟式养老"遭遇异地就医报销困境［EB/OL］. 2011-03-28，http：//www. chinanews. com/fz/2011/03-28/2934980. shtml.

　　［20］李芬，陈燕妮. 基本医疗保险异地就医结算服务研究——以海南省跨省异地就医结算服务为例［J］. 中国卫生事业管理，2015（3）：197-200.

　　［21］刘杰，鲁江波. 参保人员异地就医管理的难点和解决途径［J］. 山东劳动保障，2008（12）：24-25.

　　［22］周云飞，龚忆莼，金辉，孙国桢. 参保人员异地就医管理的做法与探索［C］. 医疗保险异地就医服务管理区域协作论坛论文集，2008.

　　［23］程沛然，陈澍，陈英耀. 医疗保险异地就医管理政策的案例分析［J］. 中国卫生资源，2015（1）：53-56.

　　［24］王虎峰. 全民医保制度下异地就医管理服务研究——欧盟跨国就医管理经验借鉴［J］. 中共中央党校学报，2008（12）：77-82.

　　［25］罗兴洪. 实现异地医保是"医改"的必由之路［J］. 卫生经济研究，2011（9）：17-19.

　　［26］何佳莹. 上海市基本医疗保险异地就医费用结算现状及对策研究［D］. 上海工程技术大学硕士学位论文，2012.

　　［27］罗石梅，袁丽萍. 从住院病人费用透视异地就医现状［J］. 大家健康（学术版），2016（4）：116.

　　［28］周三多. 管理学——原理与方法［M］. 上海：复旦大学出版社，1999.

　　［29］李明玲. 从博鳌效应看会展经济对区域经济的拉动作用［J］. 集团经济研究，2006（12）.

　　［30］王贵勤，陈步雷，周贤日. 欧盟法的基本自由与劳工权利保护［J］. 中国劳动关系学院学报，2010（3）：6-10.

　　［31］祁通. 欧盟人员自由流动法律制度研究［D］. 山东大学硕士学位论文，2009.

　　［32］董克用，王丹. 欧盟社会保障制度国家间协调机制及其启示［J］. 经济社会体制比较，2008（4）.

［33］刘卫翔. 欧洲联盟国际私法［M］. 北京：法律出版社，2001.

［34］丁纯. 德英两国医疗保障模式比较分析：俾斯麦模式和贝弗里奇模式［J］. 财经论丛，2009（1）：22-27.

［35］Ogbeidi M. M. Comparative Integration：A Brief Analysis of the European Union and the Economic Community of West African States［J］. Journal of International Social Research，2010（3）：478-486.

［36］马斯特里赫特条约（Maastricht Treaty）［Z］. 1992-02-07.

［37］欧盟正式签署阿姆斯特丹条约［Z］. 1997-10-02.

［38］张文. 欧盟《患者跨境医疗权利指令》研究［D］. 安徽大学硕士学位论文，2015.

［39］A. K. A. Review of the Creation by the European Court of Justice of the Right to Effective and Speedy Medical Treatment and its Outcomes［J］. European Law Journal，2006（3）：345-370.

［40］Pries M. J. Social Security Reform and Intertemporal Smoothing［J］. Journal of Economic Dynamics & Control，2007（31）：25-54.

［41］尼格尔·G. 福斯特（Nigel G. Foster）. 欧盟立法［M］. 北京：北京大学出版社，2007.

［42］丁纯，郭欣. 欧盟卫生领域合作与"开放性协作机制"［J］. 南开学报（哲学社会科学版），2006（6）：49-56.

［43］王美桃. 欧盟社会养老保险开放性协调机制研究［M］. 北京：经济管理出版社，2017.

［44］吴燕妮. 欧盟发展援助政策的有效性问题及解决［J］. 欧洲研究，2010（3）：71-86.

他山之石：

周边地区社会养老的经验借鉴

台湾地区社会养老制度实施经验研析

罗五湖①

摘　要： 台湾地区面对老年化及少子化造成的严重人口结构失衡，既有的社会养老制度情势愈加严峻，各项养老制度必须不断做出调整，具体调整措施包括：公教人员保险养老给付年金化；公教人员退休抚恤制度的变革；劳工保险老年年金给付的建立和改革；劳工退休金改为个人账户制；"国民年金"的建立完成全民年金最后拼图等。

台湾地区第一支柱的社会保险养老给付及第二支柱的退休金依职业类别分别设立，其优点是各制度对象明确，容易建立及发展；缺点是各制度保费负担及给付标准不一，会引起互相比较，要求援引，易引起对立。最后只能以"制度分立、内涵整合"的大方向，调整各项社会保险养老给付规定的歧异。福利津贴、社会保险月领给付及月退休金建立依CPI调整机制，保障老年生活并避免选举时胡乱喊价加码；台湾地区的劳工退休金新制与香港特区强制公积金均属强制提拨制，最大差异为香港特区强制公积金由受托人（金融机构或保险公司）负责收支及投资运用，特区政府设立的强积金局只负责立法及监督其施行。台湾地区的劳工退休金则由政府直接负责退休金的收支管理以及投资运用，其好处为收缴率高（达99.95%以上），行政成本极低并由政府负担；其缺点则为政府负责庞大基金的投资运用，压力极大，在亏损时易受质疑及诟病。台湾地区善于利用通信技术，完善个人保险资料，可在满足退休条件时依不同社会保险年资及给付率分别予以年金给付；台湾地区明确规定申请劳保或"国民年金"各项年金给付者，需凭劳保局出具的证明文件，在金融机构开立专户，仅专供主管机关存入各项现金给付使用，该专户内的存款不得作为抵销、扣押，供担保或强制执行的标的，以保障弱势民众的基本经济安全。

关键词： 社会养老制度；劳工保险；国民年金保险；劳工退休

---

①　罗五湖，中华社会保险学会理事长。

台湾地区人口老化极为迅速，老人经济生活保障课题越来越受到重视。在多年努力下，台湾地区已建构"时时有保险，人人有年金"的完善社会养老架构。然而，由于人口结构的快速转变，高龄化、少子化问题十分严重，台湾地区社会养老制度已受到严峻挑战，必须做出重大调整。本文就台湾地区社会养老制度，包括第一层社会保险及第二层职业退休金的发展经验，作扼要叙述，并探讨其持续调整及可供参考之处。

一、台湾地区社会养老制度架构

世界银行 1994 年所做的研究报告提出了"三层次老年经济保障模式"，认为政府可通过三层保障的年金制度来解决老年危机问题，即借由第一层保障的强制性社会安全制度，包括社会保险、社会救助或社会津贴等方式，第二层保障的企业员工退休制度，以及第三层保障的自愿性商业保险储蓄制度三大支柱，来保障老年的经济生活安全。

随着社会形态、家庭结构的转变以及经济结构的变迁，原有的三层次老年经济保障模式已无法完全适应社会变动的需求，世界银行于 2005 年 5 月提出新的"多层次老年经济保障模式"：将提供最低生活的非纳费性社会救助制度列为第零层，并引进东方社会家族互助养老的观念，增加了第四层保障——伦理性家庭供养制度（见表1）。

表 1 台湾地区多层次老年经济安全保障制度

支柱	内容
第四支柱	家庭供养、家族养老
第三支柱	商业保险储蓄投资
第二支柱	职业退休金
第一支柱	强制性社会保险制度（养老给付）
第零支柱	非纳费性社会救助制度（提供最低生活）

台湾地区建构的社会养老体系采用分立制，以各职业类别分别建立，再将未能参加各职业养老保险者纳入"国民年金保险"，以建构完整体系。其中，中低收入老人生活津贴与荣民就养给付可算是第零支柱的保障；在第一支柱的强制性社会保险，则以职业分类办理，分别有军人保险、公教人员保险、劳工保险、"国民年金保险"；第二支柱的职业退休金，则是劳工退休金制度及军公教职人

员退抚制度（见表2）。

表2 台湾地区老年经济安全体系

保障层次＼身份	军职人员	公教人员				劳工		一般民众	农民
第三支柱 个人保障	私人商业保险、个人储蓄、投资理财								
第二支柱 职业退休金	军职人员退抚基金（DB）	公务人员退抚基金（DB）	教育人员退抚储蓄金（新制/DC）	私校教职员工退抚储蓄金（新制/DC）		劳工退休金（新/DC：658.6万人，旧/DB：105.6万人）		约聘雇人员离职储金（DC）	
	63.9万人			5.6万人					
第一支柱 强制社会保险体系	军保（DB）	公教人员保险（DB）58.4万人				劳工保险（DB）1027.2万人		国民年金（DB）334.9万人	老农津贴61.5万人 农民健康保险117万人
第零支柱 社会救助	中低收入老人生活津贴（13.4万人）、荣民就养给付（4.2万人）								

资料来源：2017年12月统计资料。

在上述社会养老架构下，公务员、教员等年老退休，可领取第一支柱的公教人员保险养老给付及第二支柱的退休给付；劳工届龄退休，可领取劳工保险的老年给付，受雇员工还可领取第二支柱的劳工退休金（旧制的"劳动基准法"退休金或新制"劳工退休金条例"的个人账户退休金）；参加"国民年金保险"的民众，年满65岁可领取相关老年年金给付。由于农民健康保险没有养老给付，政府对年满65岁以上农民发放老年农民福利津贴。故台湾地区人民在步入老年生活后，基本上都能领取年金作为生活所需，只是其金额多少不一而已。

二、台湾地区社会养老制度的调整

台湾地区社会养老制度虽已建构完成，但人口结构变迁迅速，2016年平均寿命为 80.0 岁，其中男性平均寿命为 76.8 岁，女性平均寿命为 83.4 岁①，预计到 2056 年，男性平均寿命将达 80.8 岁，女性平均寿命则达 87.3 岁②。2016 年，台湾地区 65 岁以上人口为 310.6 万人，占总人口数的 13.2%，预计到 2056 年，65 岁以上人口将近 728 万人，占总人口数的 37.3%，老年人口上升速度非常快。同时，台湾地区少子化问题也十分严重，2017 年台湾地区新生儿为 19.3 万人，生育率仅 1.13‰，与 20 年前 32.6 万人、生育率 1.77‰相比，大幅减少约 40%。

面对老年化及少子化造成的严重人口结构失衡，既有的社会养老制度形势愈加严峻，各项养老制度必须不断做出调整。

（一）公教人员保险养老给付年金化

现行公教人员保险费率为 8.83%，由政府负担 65%，被保险人负担 35%。保险费率近年来根据精算报告持续以平准原则调升，以保证公教人员保险财务健全。公保养老给付原先采取一次给付方式，依保险年资每满一年给付 1.2 个月，最高保险年资为 30 年（36 个月）。公保于 2014 年进行全文修订，除将养老给付上限改为最高 35 年（42 个月），并在一次给付外，增加养老年金的选择，其年资给付率为 0.75%（无法领取第二支柱月退休金者，给付率为每年 1.3%）。2014 年修改法律通过年金制度后先以私校教职员为适用对象，公务人员及公立学校教职员则等到 2018 年公教退抚法令配合年金改革修正后一并施行。适用公保年金的被保险人，目前保险费率为 13.4%。

（二）公教人员退休抚恤制度的变革

台湾地区公教人员退休及抚恤制度原先采取"恩给制"，退抚经费由各级政府负担。在考虑政治经济形势及政府财政后，历经多年改革，1995 年起，将退抚制度改为由政府与公教人员共同拨缴费用建立"退休抚恤基金"的"共同提拨制"。退抚基金的拨款，依法按其本俸加一倍的 8%~12% 的费率计算（2011 年修正上限为 15%）。退抚新制开办时，退抚基金的提拨费率为 8%，以后陆续调整提高，现行提拨费率为 12%，由用人单位负担 65%，个人负担 35%。

退抚基金虽为提拨制，但其领取时采用"确定给付制"，符合退休规定且年资满 15 年以上者，可选择支领一次退休金、月退休金或兼领月退休金。一次退休金以本俸加一倍为基准，每任职一年给付 1.5 个月，最高 35 年给付 53 个月；月退休金同样以本俸加一倍为基准，每任职一年给予 2% 的给付率，最高 35 年，给付 70% 为限。

---

① 资料来源于台湾地区《2016 年简易生命表》，附件：105 年简易生命表提要分析 . pdf，最后访问日期：2018 年 11 月 6 日。

② 资料来源于台湾地区《人口推计（2016~2061）》。

2018 年 7 月 1 日修正施行的公教人员年金改革，除将领取月退休金的起支年龄逐年延后至 65 岁，避免公教人员过早离开职场、领取月退休金的年限太长外，并延长退休金采计俸额期间，从原本采计最后 1 个月俸额，自施行当年开始直接改为采计最后 5 年平均俸额，再逐年调至 15 年平均俸额。此外，亦调降最高的所得替代率，服务满 35 年者，退休所得最多领取以本俸加一倍计算的 75%（退休所得以月退休金加计公保养老年金给付计算），并每年调降 1.5%，至 10 年后上限为 60%，但低于基本保障金额（32160 新台币）者，不予调降。此项改革措施幅度颇大，35 年年资者，月退休金最多减少将近四成，引起较多公教人员的反对。

（三）劳工保险老年年金给付的建置及改革

劳工保险老年给付原为一次给付，以最后 36 个月平均投保薪资为准，投保年资满一年给予 1 个月，超过 15 年者，自第 16 年起每年给予 2 个月，60 岁以前的年资最多采计 30 年，即 45 个月；60 岁以后的年资则最多采计 5 年，合并 60 岁以前年资，最多发给 50 个月。2009 年起，劳保老年给付增加按月给付的年金选项，劳工投保年资满 15 年以上，于年满 60 岁时可选择按月领取年金，给付标准依投保年资每年给予 1.55% 的给付率，并以投保期间最高 60 个月的平均投保薪资为计算基准，按"平均月投保薪资×保险年资×1.55%"计算月领金额。为了保障投保薪资偏低者，另有"平均月投保薪资×保险年资×0.775%+3000 元"的计算方式择优给付。由于年金给付为活到老、领到老，对老年生活保障较为有利，因此选择年金给付者由开办时的 65%，提高至 2018 年的 80% 以上。

劳保年金开办后，深受被保险人青睐，且劳保自 1950 年开办至今已进入成熟期，符合请领老年给付条件者迅速增多，劳保财务问题日益严重。根据劳保局 2015 年精算报告，劳保保费收入将于 2018 年不足以应付给付支出，而劳保基金于 2020 年以后将逐步减少，至 2027 年基金已无法应对当年度的给付支出。

为解决劳保财务问题，台湾地区于 2013 年及 2017 年分别提出年金改革草案，内容包括逐步提高保险费率、平均投保薪资，计划由最高 60 个月逐步提高至 144 个月，采取提高基金投资收益以及政府逐年拨款等开源节流措施。但因劳保影响人口众多，超过半数以上有选举权公民都受影响，顾虑到选举投票，政党及议员迟迟不敢通过劳保年金改革的提议。2016 年政党轮替，执政党大力推动公教人员年金改革，但对劳保的改革仍采拖字诀，以拖待变，迟迟不敢进入实质处理阶段。

（四）劳工退休金改成个人账户制

根据劳动基准法规定，受雇劳工满足退休条件时，可以向雇主（事业单位）申领退休金。退休金根据退休前 6 个月平均工资计算，每满一年给予 2 个月的基数，超过 15 年，每年给予 1 个月的基数，最多计算 30 年也就是 45 个月的基数。雇主还应按全体劳工每月的薪资总额，缴纳 2%～15% 的金额到劳工退休准备基金专户中，用作劳工退休准备金。当劳工符合退休条件（在同一事业单位工作满 15 年且年满 55 岁，或在同一事业单位工作满 25 年），雇主再从退休准备金专户中支付。然而，台湾地区多数是中小企业，平均经营寿命不长、劳工经常转换工作，新雇主不承认劳工原工作年限，或劳工达到退休条件时，雇主无力承担劳工的退休金，甚至有些雇主以不当手段遣散、解雇中高龄劳工，种种因素造成许多劳工无法领得劳动基准法规定的退休金，退休金争议案件也成为每年劳资争议最多的案件。

2005 年 7 月 1 日起，中国台湾仿效新加坡公积金及中国香港强制公积金模式，推出以个人账户为主的劳工退休金新制度。劳工受雇期间，雇主需按月缴纳劳工工资 6% 以上的退休金至劳保局，登录于劳工个人账户。劳工退休金的累积金额，所有权属于劳工，劳工不会因转换工作或事业单位关门、歇业而领不到，解决了长期以来看得到、领不到的旧制退休金问题。新制度中收缴集合而成的退休基金，则由劳动基金运用局统筹投资利用，收益每年分配到劳工个人账户。劳工年满 60 岁时，可以向劳保局申领个人账户中累积的退休金及收益，如储存期间的利用收益低于当地银行同期间 2 年定期存款利率计算的收益，差额将由国库补足（即保证收益），劳工权益受到了绝对的保障。此项个人账户的退休制度使得劳工退休时均能领到第二层的职业退休金。

为保障劳工老年生活，劳工退休金条例原规定工龄年满 15 年者应申领月退休金，年资 15 年以下者申领一次退休金。但个人账户的退休金年金化，只是将其账户累积金额按平均寿命及预计利率等计算分期发放，个别劳工如寿命较长，个人账户金额领取完，并无其他金额挹注，无法达到终身保障的目的，虽有以年金保险方式处理超过平均寿命者退休金的规划，但问题重重，难以达成活到老、领到老的目标。又因第一支柱的劳工保险已于 2009 年建立月领的年金制度，第二支柱职业退休金性质属于劳工个人财产，不宜强制劳工只能领月退休金，故 2016 年修订时放宽条件，年资 15 年以上者亦可以选择一次性领取。

（五）"国民年金保险"的设置完成全民年金最后拼图

台湾地区按照各职域分别建立第一支柱社会保险及第二支柱职业退休金后，仍有许多无法参加社会保险的民众，其中有许多是处于经济弱势的家庭主妇、无工作者或是职业转换中的待业者。为弥补这一不足，台湾当局积极研究建立属于全民的"国民年金保险"。但因各职域年金均已各自建立完整的体制，要重新调整建立全民的基础年金，实在工程浩大，于是仍采用分立制。因此，2008 年 10 月 1 日施行的"国民年金保险"，是将 25～65 岁除退休人员外的民众，在无法参加其他社会保险期间，都纳入"国民年金保险"，使民众有工作时即参加其职域保险，离职时即纳入"国民年金保险"，等到再就业时，"国民年金保险"即自动退保，完成"时时皆有保，人人有年金"的年金最后拼图。

在该制度实施前，对未能领取职域年金的民众，有老年农民福利津贴、敬老福利生活津贴、原住民敬老福利生活津贴三种福利性质的老人津贴，"国民年金保险"将敬老福利生活津贴及原住民敬老福利生活津贴纳入"国民年金保险"老年基本保证年金及原住民给付，而老年农民福利津贴也纳入"国民年金保险"中并予落日，即参加农民健康保险者在年满65岁前必须加入"国民年金保险"，满65岁时才能领取老年年金，老农津贴仅针对"国民年金保险"施行前已年满65岁者发放。但因农民原无须缴纳养老给付费用即可领取老农津贴，参加"国民年金保险"后不但须缴纳"国民年金保险"保费，而且领取金额又未增加，各地农会纷纷反对，甚至大规模游行抗议。最后政府只好在"国民年金保险"正式施行前就重新修订，让农民维持原老农津贴制度，不加入"国民年金保险"。

"国民年金保险"开办之初，保险费率为6.5%，其后每两年调高0.5%，至上限12%，目前为8.5%；开办时的月投保金额为17280新台币，其后于消费者物价指数累计增长率达5%时，即根据该增长率调整，目前月投保金额为18282新台币。保险费由被保险人负担60%，政府补助40%，但如果是低收入者、所得未达一定标准或者是持有身心障碍手册的社会弱势族群，保险费则享有更高的政府补助甚至是全额补助。被保险人年满65岁时可申请老年年金给付，给付标准为"月投保金额×保险年资×1.3%"。在"国民年金"开办初期，由于被保险人保险年限均很短，根据上式计算可领取的金额过低，为保障民众至少可领取每月3000新台币以上，又另设"月投保金额×保险年资×0.65%+3000新台币"的给付标准择优发放。又为保障年金消费水准，于2011年修订，规定自2012年起，增加3000新台币基本保障金额，每四年随消费者物价指数增长率调整，目前为3628新台币。

三、台湾地区社会养老制度实施经验总结

（一）依职业分别建立的社会保险及退休金制度，使养老制度迅速建立完备，但易引起比较和对立

台湾地区第一支柱的社会保险养老给付及第二支柱的退休金依职业类别分别设置，其优点是各制度对象明确，容易建立和发展；缺点是各制度保费负担及给付标准不一，会引起互相比较，要求援引。以第一支柱的社会保险来看，"国民年金保险"是最先施行的年金制度，其年给付率为1.3%，劳保年金随后开办，即将老年年金的年给付率提高为1.55%，公保则有鉴于劳保年金高给付率的财务

问题，将年给付率设定为 0.75%（或 1.3%）。第二支柱的职业退休金，各职业类别差异更大，公教人员的退休金因属政府负担，给付标准高；而劳工退休金则由事业单位负担，考虑到企业用人成本及经济因素，给付标准相对较低。综合而言，劳工的第一支柱保障劳工保险，优于公教人员的第一支柱保障公教人员保险，但第二支柱职业退休金，公教人员的退抚制度则远优于劳工的退休金制度，造成年金制度的极大困扰。

（二）"制度分立、内涵整合"的改革方向进展不易

为减少各职业类别退休养老保险差异引起的纷争，政府曾尝试整合各项不同社会保险制度，但因各职域保险均已施行多年，且在低保险费率、高给付率的制度设计下，各保险均有责任准备金不足的潜藏负债，整合或建立统一的基础年金实在困难重重而无法推动，最后只能以"制度分立、内涵整合"的大方向，调整各项社会保险养老给付规定的差异。例如开始申请老年给付的年龄，"国民年金保险"为年满 65 岁，劳保老年年金 2009 年实施时为年满 60 岁，施行第 9 年起提高到年满 61 岁，以后每 2 年提高 1 岁至年满 65 岁止，但劳保仍保有提前 5 年申请减额年金或延后 5 年申请增额年金的规定。2014 年施行的公保养老年金亦以 65 岁申请为原则，但因其与第二支柱退休金合并计算退休所得替代率，规定更为复杂。至于各职业类别年资给付率不同，虽不合理，但几乎无法调整。

（三）福利津贴、社会保险月领给付及月退休金建立根据 CPI 调整的机制，保障老年生活同时避免选举时胡乱喊价加码

1995 年，台湾地区实施老年农民福利津贴，原规定符合领取资格者每月可领 3000 新台币，但每逢台湾地区领导人选举，执政党为争取农民选票，就提出增加老农津贴 1000 新台币的政策，经过四次领导人选举就加了四次 1000 新台币，至 2011 年已增为 7000 新台币（自 2012 年起适用）。此种调整方式，有识之士均知不妥，因此在 2011 年修正通过，将领取金额调整机制规范化，每四年固定调整一次，根据四年期间的消费者物价指数（CPI）增长率增加情形调高领取金额，各类社会福利津贴也比照此方式修改。"国民年金保险"的老年基本保证年金及老年年金给付合计的基本保障金额 3000 新台币（2012 年调为 3500 新台币），也在修订后，自 2012 年起施行相同的调整机制。至 2016 年，老年农民福利津贴已根据 CPI 由 7000 新台币调整为 7256 新台币，"国民年金保险"的老年基本保证年金亦由 3500 新台币调整为 3628 新台币。

劳工保险于 2009 年施行年金制时，规定 CPI 累计增长率超过 5% 时即根据比例调整领取金额，目前已调整三次。但 2018 年 7 月实施的公保年金及公教人员月退休金，尚无此调整机制，有必要予以增修。

（四）政府负责第二支柱退休金收支管理及运用的优劣

台湾地区的劳工退休金新制与香港特区的强制公积金类似，均属强制性的，最大差异为香港特区的强制公积金由受托人（金融机构或保险公司）负责收支及投资运用，政府设立的强积金局只负责立法及监督其施行；台湾地区的劳工退休金则由政府直接负责收支管理和投资运用，其好处为收缴率高（达 99.95% 以上），行政成本极低并由政府负担；其缺点则为政府负责庞大基金的投资运用，压力极大，在亏损时易受质疑及诟病。

近几年来，台湾地区也积极研究退休金由劳工自选投资的可能性，但牵涉最大的问题仍为收支管理及投资的行政成本由谁负担。香港特区强积金的管理费约为 1.5%，由委托人负责，在微利时代算是不小的负担，台湾地区因政府负责收支管理及投资运用，其行政成本由政府负责，如劳工自选投资标的，行政成本势必由劳工负担，目前劳工仍无法普遍接受自付管理费及自负投资盈亏的观念，故推动劳工自选仍有困难。

（五）利用通信技术，完善个人保险资料，达到退休条件时根据不同社会保险年资及给付率分别给付，以保障老年生活

在通信发达时代，保险资料的管理极为方便，保险人可以利用通信系统掌握全体被保险人完整的投保记录。而台湾地区居民每人均有独一、专有的身份证统一编号，个别民众在一生工作历程中，可能参加不同的职域保险及待业期间参加"国民年金保险"，但在通信系统以身份证统一编号为关键值交叉比对下，每个人在各保险类别的投保记录均可完整呈现。因此民众在老年（年满 65 岁）时，可向保险人同时申请老年年金，再由保险人根据不同保险类别的年资及给付标准，分别核算各该年金金额。

此外，台湾地区劳工保险规定，年资满 15 年才能领取老年年金，但年资不满 15 年者，如合计国民年金保险的年资后满 15 年，亦可满足申请年金条件。在公教人员保险部分，亦有公保及劳保年资均未满 15 年，但年资合计达 15 年以上者，可以于年满 65 岁时合计年资，满足申请公保养老年金给付的规定。这些保险年资可合计满足退休条件，并根据不同保险规定的给付率分别给付，对现代转换工作频繁的民众极有帮助，值得参考。

（六）民众可在金融机构开立专户，专供主管机关存入各项年金用，避免年金遭扣押或强制执行

劳工保险虽已规定民众领取相关保险给付的权利，保险给付不得作为扣押、让与、抵销或担保的标的，但部分民众因债务等问题常遭遇的困境是，一旦劳保局将钱汇入被保险人在金融机构的账户时，这笔钱就变成一般性的存款，因而转变成可强制执行的标的，往往遭到法院扣押。虽然实际上民众只要提供账户被扣

押的证明或相关文件，可向劳保局申请改为其他支付方式，如邮局汇票、支票或领取现金。但这一方式在一次领取保险给付时可行，对申请年金给付的民众而言，年金是按月领取而且要领取一辈子，许多民众因年纪大或行动不便，每月亲自持支票至银行兑领现金实为困扰，且有遗失的风险。而劳保局，每月要为这些有特殊需求的民众以人工方式制作支票再装封挂号邮寄，行政成本也很高，且随着领取年金的人数持续累增，此项工作的行政负担亦愈加沉重。"国民年金保险"也有相同的情形困扰。

为解决此问题，2013 年通过了有关规定的修正案，规定申请劳保或"国民年金保险"各项年金给付者，可以提供劳保局出具的证明文件，在金融机构开立专户，仅供主管机关存入各项现金给付用，该专户内的存款，不得作为抵销、扣押、提供担保或强制执行的标的，以保障弱势民众的基本经济安全。这一规定施行后普遍获得民众好评。2017 年底，开立劳保年金专户有 20503 人，"国民年金保险"专户有 19470 人，实为劳保局及民众双赢的措施。后来劳工退休金条例也于 2015 年修订通过，民众申请月退休金者，可以在金融机构开立专户，专供存入月退休金用，不得作为抵销、扣押、提供担保或强制执行的标的。2017 年修正的公务人员退休资遣抚恤有关规定，也效仿增订可以开立专户的规定，但公务人员保险目前尚无此相关规定。

福利、激励还是依赖：中国城市最低
生活保障对象福利依赖问题研究

韩克庆①　　王燊成②

摘　要：城市低保制度是否会产生福利依赖一直以来都是学术界与政策界关注的热点与重点问题。本研究在厘清福利依赖概念定义以及测量指标的基础上，采用 2015 年中国城乡困难家庭入户调查的城市数据，通过二元 Logistic 回归模型探究城市低保对象是否会产生福利依赖以及背后的具体影响因素。研究发现，从低保对象与低保边缘群体就业概率的角度来看，当前城市低保对象已经产生了福利依赖，但不同于西方福利国家语境下的福利依赖。并且，城市低保对象的福利依赖问题不仅与低保制度息息相关，而且还与专项救助制度、就业创业服务制度以及健康、性别、户主等个体特征变量紧密相连。研究建议，应该正视中国城市低保制度的福利依赖问题，重点关注制度引发的就业逆向激励问题，而不能过分强调福利性过高引发的福利依赖问题。具体而言，可以通过建立低保标准动态调整机制、完善专项救助制度、优化就业创业服务制度以及促进女性就业、缓解家庭照料负担、改善低收入群体健康状况等措施促进有劳动能力的城市低保对象走出低保、实现就业。

关键词：城市低保；福利依赖；就业逆向激励

一、福利依赖的文献回顾

"福利依赖"的理论研究起源于西方福利国家，也是当前中国福利改革中的一个研究热点。一般认为，当福利收入成为无法通过其他（私人）收入来满足基本生活需求的福利领取者的主要收入来源时，福利依赖就会产生。福利导致依赖主要包括两方面论点：第一，福利制度改变了人们所面临的选择，鼓励人们以

---

①　韩克庆，中国人民大学劳动保障学院教授；②王燊成，中国人民大学劳动保障学院博士研究生。

增加福利领取可能性的方式行事；第二，福利制度在领取福利的父母及子女之间创造了依赖性，促进了阻碍人们自给自足的福利文化。

整体而言，西方学者对于福利依赖的定义与测量主要包括福利领取的周期与金额两个维度。有学者指出，福利依赖应该根据福利领取的周期进行判断，福利周期越长，个人或家庭依赖程度越重。也有学者认为福利领取的进出率较高，因此除了福利领取的总周期（时长）以外，在固定时间段内个人或者家庭总收入中来源于福利的比例也是衡量福利依赖的重要指标。但是，对于上述周期与比例的具体界定，目前尚未形成统一定论。比如，根据美国健康和人类服务部的定义，如果一个家庭在一年期间总收入的50%以上来自临时援助计划（TANF）、补充营养援助计划（SNAP）、补充安全收入计划（SSI）等现金援助，那么这个家庭就产生了福利依赖。

那么，福利依赖又是如何产生的呢？对于这一问题，西方学者分别从制度、结构以及文化等视角进行了探析。在制度视角下，有学者认为福利制度本身会产生依赖。一旦潜在的受益者从社会福利项目中受益，他们就不太可能成为非受助者。已有研究表明，相较于没有福利领取经历者，有过福利领取经历的人们在未来更容易成为福利领取者，并且随着过往受益次数的提升，个体保有福利资格的意愿将会越来越大。此外，有研究强调规定享受救助待遇的条款是催生"福利依赖"的原因所在，因为这些条款并没有对受助者的行为提出明确的要求。在结构视角下，后工业社会新风险理论综合了救助制度外的因素，分析了劳动力市场、就业制度、家庭结构等因素对"福利依赖"问题的影响，拓展了人们对"福利依赖"形成原因的理解。有学者认为失业的持续时间是福利依赖的重要决定因素。在20世纪90年代的欧洲，伴随着失业率的上升，福利领取者的人数也出现了稳定的增长。也有学者发现家庭结构对福利领取的退出具有相当大的影响，已婚和单身户主比女户主家庭更有可能退出福利，女户主家庭最不可能退出公共援助，这反映出个人在劳动力市场上的灵活性部分是通过家庭结构调节的，家庭在促进福利退出和摆脱贫困等方面至关重要。在文化视角下，有学者对美国福利领取家庭进行了全面调查，发现在福利家庭中养育的孩子更有可能寻求福利。不过，也有学者基于美国公共救助政策（AFDC）领取者的研究发现，大多数福利领取总时长不到四年，并且大多数在重度依赖福利家庭中成长的儿童并没有像成年人那样严重依赖，福利制度并没有促进对福利的依赖，也未形成一种依赖文化，福利制度只是为了避免暂时的不幸。

二、中国福利依赖的学术争论

作为一个外来词，中国的福利依赖问题主要伴随着城市最低生活保障制度的建立与完善而受到广泛关注与重视。早在 1999 年城市最低生活保障制度建立之初，就有报道指出，低保标准并非越高越好，应该明显低于个体经营者的平均收入水平，鼓励居民自食其力，减少"养懒汉"。此后，"福利依赖""低保养懒汉"等词语不断出现在新闻报道以及学术研究报告当中。

不过，相较于西方国家的社会救助项目，一方面中国的城市低保进出率较低，低保对象表现出"持续化"的特点，超过九成人群进入救助后从未退出过；另一方面，2015 年中国城市最低生活保障标准仅占城市居民人均可支配收入的17.35%，而发达国家一般以平均收入的 50%~60% 作为贫困线的标准，中国城市低保保障水平较低。因此，尽管有研究（刘璐婵、林闽钢，2015）直接使用西方国家福利依赖的分析指标，但大多数研究还是根据低保对象的就业意愿与就业行为进行判断。韩克庆、郭瑜认为低保受助对象的求职意愿能够较为直观地反映福利依赖是否存在。慈勤英、兰剑也认为"福利依赖"与"救助依赖"概念通用，主要指受助者长期依赖政府救助就业积极性下降，或者失业后再就业意愿下降。不过，由于概念定义、研究样本、研究方法、研究重点等不同，国内学术界对于城市低保是否存在福利依赖的判断一直处于争论中。整体而言，主要可以划分为三类观点：

第一类观点认为城市低保制度已经出现福利依赖。蓝云曦、周昌祥基于民政部低保调查资料发现，享受低保福利一年以上的人占被调查者的四成，低保对象找工作的积极性不高、有对低保福利的依赖心理，存在"福利依赖"问题。刘璐婵、林闽钢基于民政部 2013 年城乡低收入家庭调查数据，研究发现，在城市低保制度中受助者劳动力市场参与率低，"养懒汉"问题已普遍存在；受助家庭受助时间长，"养懒汉"问题已长期存在；救助项目叠加造成受助者不愿意退保，"养懒汉"问题还将继续存在。慈勤英、兰剑认为给予型的低保救助福利提升了低保受助者失业的可能性，降低了受助者再就业意愿，城市低保救助在一定程度上出现了"救助依赖"现象。

第二类观点认为城市低保制度尚未出现福利依赖。慈勤英、王卓祺基于调查数据发现，在影响失业者再就业行为和选择的要素中，福利依赖的作用方向和力度是不确定的，无法得出福利依赖对失业者的影响是积极抑或消极的肯定回答，不能肯定最低生活保障制度的建构产生了福利依赖，甚至某种程度上要质疑福利依赖作为独立变量产生影响的客观存在。陈泽群认为过低的低保金及令人"羞辱"（stigma）的申请程序难以造成滥用，并且低保的申请条件并不宽松，申请过程亦不容易。因此，指责低保造成依赖文化的说法，目前仍缺乏足够证据。2012 年，韩克庆、郭瑜指出，一方面基于直观判断目前中国的低保金额普遍偏低，造成福利依赖的可能也相应较低；另一方面定量与定性研究结果显示丧失部分劳动能力的人群产生依赖的可能性更为明显，但是没有证据显示有健全劳动能力的样本目前已经产生了福利依赖，劳动能力健全者只是借助低保维持基本生活，求职意愿仍然比较明确，因此目前城市低保制度尚不存在福利依赖效应。

第三类观点则强调低保福利依赖并不能简单的二分。张浩淼认为救助、就业和福利依赖的关系是复杂的，它并非通常认为的"救助会导致福利依赖，而就业能避免福利依赖"；救助和就业并非"对立"或简单的替代关系，应从"协调"的角度来重新认识二者关系。徐丽敏强调能否得出中国低保制度已经发展到"福利依赖"的论断，需要经过严密的调查、推断，并涉及价值规范判断的标准问题，因此对于低保制度的审视不应将研究目的置于判断当前是否已经明确发展到"福利依赖"，但可以在福利依赖与反福利依赖的视角下分析其中出现的"养懒汉"或有劳动能力者消极等待救助的现象，并探析制度设计中的不利影响因素。唐钧强调应该慎言"福利依赖"，应该承认，中国的社会救助对象中存在"救助依赖"的现象，但绝对是少数。一项制度的执行，总应该有个容错率；现在社会救助制度的差错率，实际上距离临界点还很远。

尽管上述争论各有论据，但是依旧存在以下不足：第一，研究立场的一边倒。"福利依赖"传入中国时，本身便带有明显的研究立场的价值偏好，即将其与"养懒汉"等词语相等同，"福利依赖"就成了一种具有负面含义的概念。但是，本研究认为"福利依赖"本身只是福利供给状态的客观描述，只是一旦本该通过劳动就业来满足物质生活需求的群体，因为依赖福利而不愿参与劳动就业，这才是福利制度以及社会经济发展急需解决的问题。第二，研究对象的混淆化。按照福利依赖概念本身以及制度发展，研究应该关注处于法定劳动年龄并且具有劳动能力的受助者，因为对于处于法定劳动年龄之外或者丧失劳动能力对象而言，福利依赖正是社会保障制度健全与功能性的彰显。但是，鲜有研究在劳动年龄与劳动能力上进行限定。虽然韩克庆、郭瑜（2012）在劳动能力上进行了区分，但是在年龄变量上并没有关注法定劳动年龄这一限定。第三，研究场域的捆绑化。现有研究大都只是就低保对象谈低保制度的福利依赖问题，但是从西方福利依赖的定义与测量来看，福利依赖针对的是一系列需要家庭经济调查的救助项目，并不是针对某一项特定制度，因此除了低保制度本身，其他专项救助制度从原理上来讲也存在福利依赖的可能。尽管有研究指出，低保资格与教育、房屋、医疗附带福利相捆绑的做法导致失去低保资格的风险和损失被人为扩大化，进一步强化了"福利依赖"，但是缺乏定量的分析论证。此外，现有研究只是针对低保对象，缺乏对于低保边缘对象的比较研究。

因此，本研究旨在厘清研究对象（处于法定劳动年龄的有劳动能力者）的基础上，探讨城市低保是否存在福利依赖，即城市低收入对象是否因为低保制度而降低了就业的可能？如果存在，城市低保制度的各项设计是否具有差异性的影响？除了低保制度，低收入对象的就业状况是否会受到其他因素的影响？这些因素对于低保边缘对象是否具有差异性？

三、数据来源、变量测量与统计模型

（一）数据来源

本研究使用2015年度"中国城乡困难家庭社会政策支持系统建设"调查数据。该项目是由民政部"中国城乡困难家庭社会政策支持系统建设"项目组立项，由北京大学中国社会科学调查中心执行的大型抽样调查项目。该项目采用计算机辅助面访（CAPI）的调查方式，于2015年7月至2015年12月对全国29个省市（不包括西藏自治区、新疆维吾尔自治区、台湾地区、香港特别行政区和澳门特别行政区）共17000多位受访者进行了调查。数据包括4232户农村家庭、7338户城镇家庭和2609户流动人口家庭。本研究仅使用城镇家庭数据。

（二）变量与测量

因变量。本研究采用"受访者就业状态"作为因变量。操作方法是将其设置为二分变量：就业与无业失业，其中就业主要包括编制内员工、合同制员工、零工、个体以及务农等选项，无业失业主要包括失业、无业（有劳动能力）与长期料理家务选项。考虑到福利依赖的概念与定义，本文研究对象指的是处于法定劳动年龄且具有劳动能力对象，因此不考虑学龄前儿童、在校学生、丧失劳动能力以及离退休者（年老无业）。

自变量。本研究拟沿用韩克庆、郭瑜（2012）将变量分为个人特征变量与制度特征变量的做法。不过，本研究在个人特征变量上除了继续使用性别、年龄、婚姻状况、受教育程度以及健康状况变量之外，还增加了是否是户主这一变量，以检验个人在家庭中的角色对就业的影响。而在制度特征变量上，本研究在已有研究的基础上，将其划分为低保制度特征变量、专项救助特征变量以及就业制度特征变量，其中低保制度特征变量主要包括是否是低保户、人均低保金额、低保领取时间、低保污名感评价，专项救助特征变量主要包括人均享受专项救助服务种类以及人均政府救助收入，就业制度特征变量主要包括人均享受就业创业服务种类。因变量和自变量的赋值定义见表1。

表1　回归模型变量赋值情况描述

因变量			1＝就业；0＝无业失业
自变量	个人特征变量	性别	1＝男；0＝女
		年龄	被访者的实际年龄
		婚姻状况	1＝已婚；0＝未婚、离婚或丧偶
		健康状况	1＝很差；2＝较差；3＝一般；4＝较好；5＝很好
		受教育程度	1＝高中及以上；0＝高中以下
		是否是户主	1＝是；0＝不是
	制度特征变量	低保制度特征变量：是否是低保户	1＝是；0＝不是
		低保制度特征变量：人均低保金额	被访者家庭所获得的人均低保补助（百元）
		低保制度特征变量：低保领取时间	被访者家庭所领取低保金的时间（月）
		低保制度特征变量：低保污名感评价	1＝非常不同意；2＝不太同意；3＝无所谓；4＝比较同意；5＝非常同意
		专项救助特征变量：人均政府救助收入	被访者家庭所获得的人均政府救助补助（百元）
		专项救助特征变量：人均享受专项救助服务种类	被访者家庭人均享受的专项救助项目种类
		就业制度特征变量：人均享受就业创业服务种类	被访者家庭人均享受的就业创业服务项目种类

（三）工具与模型

本研究用 Stata 14.0 作为数据分析工具。在统计模型上，本研究采用二元 Logistic 回归模型，并构建以下模型的数学表达式：

$$f(p) = \ln\left(\frac{p}{1-p}\right) = \beta_0 + \beta_1 RWC + \beta_2 MIGC$$

其中，p 表示事件发生的概率，也就是受访者就业的概率。p/（1-p）称为发生比（odds），大于 1 时表示发生比不发生的概率更大，也就是事件更有可能发生。做对数转换，即 $f(p) = \ln\left(\frac{p}{1-p}\right)$，表示对事件发生与不发生概率比值取自然对数。$\beta_0$ 指的是截距，β_1、β_2 均为待估参数，RWC 代表个体特征变量，MIGC 是制度特征变量。

四、描述性统计与模型分析结果

（一）描述性统计

首先，描述性统计结果显示，受访对象的就业比例为 62.0%，其中城市低保对象的就业比例为 53.0%，而城市低保边缘对象的就业比例为 72.2%，可以明显看出低保对象的无业失业问题更为严峻（见表 2）。其次，由表 3 可以看出，目前城市低保标准整体较低，人均年低保收入仅约为 246 元，但是低保领取的时间较长，平均时间超过 5 年。而在就业与无业失业的城市低保对象之间，后者年低保收入略高于前者，领取的时间也明显较长。低保金的差距主要与低保实施的补差制紧密相关，而低保领取时间的差异则在一定程度上体现出无业失业的低保对象依赖程度高于就业的低保对象。最后，由表 4 可知，目前中国城市低收入家庭人均享受的专项救助种类大约为 0.4，人均享受就业创业服务的种类大约为 0.1，低收入家庭的就业创业服务明显不足，并且可以看出城市低保对象人均享受的专项救助种类明显高于低保边缘对象，这也反映出当前城市低保制度与专项救助相互捆绑的做法导致低保边缘对象享受专项救助服务时受到了极大的限制。

表 2　就业与无业失业统计

	就业	无业失业
低保户	798（53.0%）	708（47.0%）
低保边缘户	1059（72.2%）	408（27.8%）
全体对象	1857（62.0%）	1116（37.0%）

表 3　低保对象低保领取时间与人均低保金统计

	低保领取时间（月）	人均低保金（百元）
就业	65.47	2.10
无业失业	73.87	2.90
全体对象	69.06	2.46

表 4　人均享受专项救助种类与就业创业服务种类统计

	人均享受专项救助种类	人均享受就业创业服务种类
低保户	0.55	0.14
低保边缘户	0.23	0.13
全体对象	0.40	0.13

（二）模型分析结果

如表 5 所示，本研究主要构建了三个模型，其中模型 1 针对的是全体低收入群体样本，模型 2 针对的是非低保户样本（低保边缘户），模型 3 针对的是受访的低保样本。

首先来看个体特征变量对受访对象就业状况的影响。性别、健康状况、是否是户主三个变量在三个模型中都通过了显著性检验，与受访对象就业具有强烈的正相关关系。具体而言，在模型1中，男性受访对象比女性受访对象就业的概率高 57.3%，健康得分每增加 1 分，受访对象就业的概率就高 51.5%，受访对象是户主的就业概率比非户主高 93.3%；在模型 2 中，男性受访对象比女性受访对象就业的概率高 101.8%，健康得分每增加 1 分，受访对象就业的概率就高 69.8%，受访对象是户主的就业概率比非户主的高 107.8%；在模型 3 中，男性受访对象比女性受访对象就业的概率高 39.0%，健康得分每增加 1 分，受访对象就业的概率就高 36.1%，受访对象是户主的就业概率比非户主高 87.5%。年龄与婚姻状况变量在三个模型中都没有通过显著性检验。不过对于低保户而言，年龄与婚姻状况对受访低保对象就业概率的影响是负向的；但是对受访的低保边缘对象就业概率的影响则是正向的。需要引起注意的是，受教育程度变量在模型 1 和模型 2 中都未通过显著性检验，但是在模型 3 中却呈现出显著的负相关。对于受访的低保对象而言，高中/中专及以上学历的对象比高中/中专以下学历的对象就业概率要低 23.3%。这一结果有悖常识，这可能是因为高中/中专以上学历的低保对象对于工作的要求更高，由于工作供给的受限，很难找到令其满意的工作，容易无业失业；反之，高中以下学历的低保对象可能对于工作的要求不高，对于一般的体力等低层次劳动接纳度较大，因此就业可能性整体较大。

其次来看制度特征变量对受访对象就业状况的影响。第一，对于城市低保制度而言，是否是低保户变量在模型 1 中通过了显著性检验，具有较强的负相关性，低保受访者相较于低保边缘受访者就业概率要低 35.8%，仅从这一结果可以看出城市低保制度一定程度上具有就业逆向激励的影响，即城市低保对象存在福利依赖现象。在模型 3 中，低保领取时间没有通过显著性检验，因此正如前文所言，不能完全照搬西方福利国家用领取时间的长短来判断福利依赖是否存在的做法，中国城市低保领取时间长并不一定代表就业的概率低、福利依赖一定存在。但是，人均低保金额变量通过了显著性检验，与就业概率具有较强的负相关性，人均低保金额每增加 100 元，受访者就业概率就会降低 30.8%。低保污名感评价变量在模型 1 和模型 2 中均未通过显著性检验，但是在模型 3 中呈现出显著的负相关性。也就是说，对于低保对象而言，低保制度存在一定的"污名化"效应，受访低保对象对低保污名感的评价得分每高一分，就业概率就会降低 19.4%。第二，对于专项救助制度而言，人均享受专项救助种类变量与人均政府救助收入在模型 1 和模型 3 中均通过显著性检验，具有较强的负相关性，但是在模型 2 中未通过显著性检验。人均享受专项救助种类变量主要说明专项救助制度对低保对象

表 5 被访对象工作情况的 Logistic 模型回归结果

变量名称		模型 1（全体对象）		模型 2（低保边缘户）		模型 3（低保户）	
		对数发生比（系数）	发生比	对数发生比（系数）	发生比	对数发生比（系数）	发生比
个人特征变量	性别	0.453***	1.573***	0.702***	2.018***	0.329*	1.390*
	年龄	-0.003	0.997	0.002	1.002	-0.005	0.995
	婚姻状况	0.064	1.067	0.054	1.056	-0.265	0.767
	健康状况	0.415***	1.515***	0.530***	1.698***	0.308***	1.361***
	受教育程度	-0.087	0.917	0.138	1.148	-0.405**	0.667**
	是否是户主	0.659***	1.933***	0.731***	2.078***	0.628***	1.875***
制度特征变量	人均政府救助收入	-0.009***	0.991***	-0.015	0.986	0.005	1.005
	是否是低保户	-0.444***	0.642***	—	—	—	—
	人均低保金	—	—	—	—	-0.368***	0.692***
	低保领取时间	—	—	—	—	-0.002	0.998
	低保污名感评价	-0.006	0.994	0.080	1.084	-0.098*	0.906*
	人均享受专项救助数	-0.312***	0.732***	0.032	1.032	-0.227*	0.796*
	人均享受就业创业服务数	0.299*	1.349*	0.673*	1.961*	0.298	1.347
常数项		-0.820*	0.440*	-1.923***	0.146***	0.431	1.539
Wald chi2		336.62		165.58		124.02	
Pseudo R²		0.098		0.114		0.098	
N		2890		1432		1237	

注：*、**、***分别代表 10%、5%、1% 的显著性水平。

产生了就业的逆向激励作用，但是对于低保边缘对象没有产生显著性的影响。对于低保对象而言，人均享受专项救助种类每增加1个单位，就业的概率就会降低30.4%。之所以会出现这一结果，主要是因为当前专项救助制度与低保制度相捆绑的做法不仅限制了低保边缘群体享受专项救助的权利与机会，而且在一定程度上强化了福利依赖效益。而人均政府救助收入则验证了低保救助收入与其他非政府救助收入相比，前者对就业的逆向激励明显，后者尚未明显体现出对就业的逆向激励效果。第三，对于就业制度而言，人均享受就业创业服务种类变量在模型1和模型2中均通过显著性检验，具有较强的正相关性，但是在模型3中未通过显著性检验。这说明就业创业服务制度对低保边缘的受访者而言，具有较强的就业正向激励作用，人均享受就业创业服务种类每增加1个单位，就业的概率就会增加96.1%。但是这一制度变量对低保户受访者没有显著的就业激励作用。这一统计结果说明，当前的就业创业服务制度并不一定能够激励城市低保对象积极就业。这可能是因为当前的就业创业服务制度可能还不适用于低保对象的能力提升和就业，供需可能存在一定的错位。

五、结论与反思

基于前文论述，本研究发现在处于劳动年龄并且具有劳动能力的城市低收入对象中，将近四成处于无业失业状态，无业失业问题较为严峻。并且，处于就业状态的低收入对象，大都还是合同制员工、零工、个体等非正规就业形态，因此面临着较高的失业无业风险。尤其需要注意的是，相较于城市低保边缘对象，城市低保对象就业的可能性更低，低保制度存在就业逆向激励作用。从这一角度而言，城市低保制度已经造成低收入群体的福利依赖。

需要强调的是，这里的"福利依赖"并不等同于西方福利国家语境下"福利依赖"。正如前文所述，后者强调通过福利领取时间、领取次数、福利金占家庭总收入的比重等指标，侧重福利性过高引发的福利滞留现象。但是在本研究中，福利依赖更加侧重福利制度产生的就业逆向激励结果，研究并未发现当前城市低保制度的福利性过高从而导致福利领取产生福利依赖。并且，福利依赖在西方福利国家主要是新右派用来打击当代福利国家体制的重要概念。如果过于强调城市低保制度的福利依赖，极易扩大价值判断在福利制度评价中的作用，容易强化反对国家主义的价值观，反而会对福利制度的发展带来一定的负面效果。因此，在讨论低保福利依赖问题时本就应该重点关注低保制度引发的就业逆向激励问题，而不是过于聚焦低保的福利水平。不过，正如统计结果所示，伴随着人均低保金的增加，城市低保对低收入群体就业的逆向激励作用将会更加凸显。所以应该建立科学、动态化的城市低保标准确定与调整机制，基于国内外经济环境变化，以居民人均收入为主、支出为辅的综合方式调整标准，既要防止标准过高引发的福利依赖问题，又要防止标准过低导致的福利缺失与不足问题。

尽管城市低保制度存在福利依赖，但这并不意味着福利依赖完全由城市低保制度导致。一方面，城市低保制度的"污名化"效应实质上存在就业的正向激励作用，而不是完全的逆向激励；另一方面，除了低保制度，专项救助制度也是产生福利依赖的重要原因，现实中很多低保对象不愿参与就业、退出低保更多的是不想失去低保的附带福利，尤其是住房救助与医疗救助。并且，从个人特征变量来看，性别、户主、健康等同样显著影响着城市低收入对象就业状态。性别与户主变量说明在城市低收入群体中，父权制的观念对于家庭劳动力的就业参与影响显著。在父权制下，不仅薪资劳动凌驾于家务劳动之上，而且人们根据性别被固定分配到两种劳动中去。女性往往居家长期料理家务，"被迫"失业，而作为户主的男性则主要承担外出就业以获取薪资劳动的角色义务。因此，应该积极倡导男女平等，解决中国劳动力市场就业性别歧视（尤其是隐形歧视）问题，同时应该积极发展友好型家庭政策，构建和谐的工作—家庭关系，搭建政府、社区、家庭、个人共同促进女性就业的安全网。而健康变量也论证了身体健康状况依旧是影响劳动力参与就业的关键要素之一。当前城市低收入群体的健康状况普遍较差，因病致贫、因病返贫等现象屡见不鲜，严重制约了劳动力参与就业。因此建议通过完善基本医疗保险、医疗救助、健康保健等制度增强城市贫困青年劳动力的健康水平，尤其是要加强医疗救助政策落实，切实做好低收入劳动力的医疗救助工作。

此外，作为反福利依赖的重要举措，对于城市低保对象，目前就业创业服务制度的效果不够凸显。尽管城市低保对象具有劳动能力，但由于教育水平不足与劳动技能的缺乏，人力资本投资的渠道与功能将会受到一定限制，部分就业创业服务项目并不一定能够满足低收入群体和用工单位的需求。比如职业介绍是当前就业创业服务供给的主要形式，但是目前所提供的职业主要还是保安、保洁等一些层次较低、简单的体力劳动，薪酬水平持平或略高于社会最低工资水平，加上工作的稳定性不足，制度的就业拉力微弱。在实践中，很多低保对象为了维持低保资格，几乎没有人会连续三次拒绝工作要求，但往往接受介绍工作后，经过不长时间便会以体力不支、能力不足等原因辞职，从而再次"失业"，继续享受低保及其附带福利。因此，应该结合城市低保对象的知识水平、劳动技能以及工作时间场地需求等具体情况，采取针对性的职业帮扶以及就业辅导。比如对于劳动技能不足的对象，应该重点加强其职业技能的培训，从根本上增强服务对象的就业竞争力；对于主观就业意愿不足的对象，应该重点加强其科学职业观的建立，使用社工的专业方法增强其就业意愿；对于劳动时间、劳动距离等有特殊要求的对象，如需要负责家庭照料的女性，既可以介绍一些劳动时间灵活、离家近的工作岗位，又可以通过建立社区照料中心等方式帮助其解决家庭照顾与外出就业的矛盾。

需要说明的是，由于问卷数量有限以及定性研究的不足，本研究依旧存在以下不足：第一，家庭照顾是影响劳动力就业的另一重要因素，但考虑到变量过多的问题本研究尚未进行详细论证；第二，目前自变量采取的就业与无业失业简单二分的操作，尚未考虑失业无业的时间，因此在福利依赖结论的得出上还有待进一步商榷，比如短期失业与长期失业之间的福利依赖性明显存在差异；第三，本研究通过就业状态来测量福利依赖的做法虽然可操作性较强，但是就业与福利依赖是否能够进行简单的挂钩还是一个有待进一步研究的重要问题。

参考文献

［1］Tseng，Y. P.，Roger Wilkins. Reliance on Income Support in Australia：Prevalence and Persistence［J］. Economic Record，2010，79（245）：196-217.

［2］Greg J. Duncan，Martha S. Hill，Saul D. Hoffman. Welfare Dependence within and across Generations［J］. Science，1988，239（4839）：467-471.

［3］Moffitt，Robert. Incentive Effects of the U. S. Welfare System：A Review［J］. Journal of Economic Literature，1992，30（1）：1-61.

［4］Peter Gottschalk，Robert A. Moffitt. Welfare Dependence：Concepts，Measures，and Trends［J］. The American Economic Review，1994（2）：38-42.

［5］U. S. Department of Health and Human Services，Welfare Indicators and Risk Factors，Thirteenth Report to Congress［EB/OL］，2015，https：//aspe. hhs. gov/report/welfare-indicators-and-risk-factors-fourteenth-report-congress.

［6］Mark W. Plant. An Empirical Analysis of Welfare Dependence［J］. The American Economic Review，1984，74（4）：673-684.

［7］Herwig Immervoll，Stephen P. Jenkins，Sebastian Kunigs. Are Recipients of Social Assistance' Benefit Dependent'? Concepts，Measurement and Results for Selected Countries［J］. IZA Discussion Papers，2015：8786.

［8］Lawrence M. Mead. The Annals of the American Academy of Political and Social Science［J］. Annals of the American Academy of Political & Social Science，1989（501）：156-169.

［9］刘璐婵，林闽钢. "福利依赖"：典型与非典型的理论透视［J］. 社会政策研究，2017（2）：3-13.

［10］Melkersson，Maria & Saarela，Jan. Welfare Participation and Welfare Dependence among the Unemployed［J］. Journal of Population Economics，2004，17（3）：409-431.

［11］Mark R. Rank. Family Structure and the Process of Exiting from Welfare［J］. Journal of Marriage and Family，1986，48（3）：607-618.

［12］Rank, M. R., & Cheng, L. -C. Welfare Use Across Generations：How Important are the Ties that Bind？［J］. Journal of Marriage and the Family, 1995, 57（357）：673-684.

［13］李凡华. "低保"标准并非越高越好［N］. 中国社会报, 2000-08-18（003）.

［14］姚建平. 中国城市最低生活保障标准水平分析［J］. 中国软科学, 2012（11）：57-67.

［15］韩克庆, 郭瑜. "福利依赖"是否存在？——中国城市低保制度的一个实证研究［J］. 社会学研究, 2012, 27（2）：149-167.

［16］慈勤英, 兰剑. "福利"与"反福利依赖"——基于城市低保群体的失业与再就业行为分析［J］. 武汉大学学报（哲学社会科学版）, 2015, 68（4）：111-119.

［17］蓝云曦, 周昌祥. 社会结构变迁中的福利依赖与反福利依赖分析［J］. 西南民族大学学报（人文社科版）, 2004（8）：467-472.

［18］刘璐婵, 林闽钢. "养懒汉"是否存在？——城市低保制度中"福利依赖"问题研究［J］. 东岳论丛, 2015, 36（10）：37-42.

［19］慈勤英, 王卓祺. 失业者的再就业选择——最低生活保障制度的微观分析［J］. 社会学研究, 2006（3）：135-150, 244.

［20］陈泽群. "低保养懒人！"：由指控低保户而显露出的福利体制问题［J］. 社会保障研究（北京）, 2007（1）：128-136.

［21］张浩淼. 救助、就业与福利依赖——兼论关于中国低保制度"养懒汉"的担忧［J］. 兰州学刊, 2014（5）：163-169.

［22］徐丽敏. 反福利依赖视角下的低保制度审视——兼析《社会救助暂行办法》［J］. 华东理工大学学报（社会科学版）, 2014, 29（6）：109-114.

［23］唐钧. 慎言"福利依赖"［J］. 社会观察, 2015（12）：26-28.

［24］陈翠玉. 有劳动能力城市低保人员"福利依赖"难题及其破解［J］. 探索, 2016（2）：116-122.

［25］［日］武川正吾. 福利国家的社会学：全球化、个体化与社会政策［M］. 李莲花, 李永晶, 朱珉译. 北京：商务印书馆, 2011.

台湾地区劳工退休金制度的发展与特色

陈铜山①   郑力纲②   郑清风③

摘　要：劳工退休金制度指劳工退休时，雇主依法给予劳工退休金的制度，又分为新制、旧制两种。劳退旧制依据"劳动基准法"办理，由雇主依劳工每月薪资总额 2%～15% 按月提拨到台湾银行的劳工退休准备金专户中储存。当劳工符合退休条件向雇主申请退休金时，雇主可由劳工退休准备金专户中支付。依 2005 年 7 月 1 日施行的《劳工退休金条例》办理者为新制，规定雇主应为适用该条例劳工按月提缴不低于劳工每月工资 6% 的退休金，储存于劳保局设立的劳工退休金个人专户，此专户所有权属于劳工，当劳工年满 60 岁时，即可向劳保局提取其个人专户累积本金及收益。

劳工退休金新制具有劳工退休金可累积带着走、赋予劳工制度选择权、扩大适用对象、个人自愿提缴享有税赋优惠、仍可以提取资遣费、劳工退休金有最低保证收益、年满 60 岁即可申请新制退休金、遗属或指定请领人可申请死亡劳工的退休金及雇主退休金成本明确等特色。

劳退新制开办后，劳工若转换工作或事业单位撤销、歇业，雇主为劳工累积提缴的退休金可以带着走，确保劳工可以领得到退休金。此外，劳退新制采用确定提拨制，雇主负担退休金的提缴比率明确，经营成本易估算，可减少为规避退休金而借故资遣、解雇员工的劳资争议，有利于中高龄劳工就业及提升企业竞争力。为了使劳工更弹性规划退休生活，劳退条例又于 2016 年 11 月 16 日修正，劳工年满 60 岁，工龄满 15 年者，可以选择请领月退休金或一次退休金。劳退新制对雇主、劳工权益相当重要，不但可增强劳工退休生活保障，更可加强劳雇关系，促进社会及经济发展。

关键词：劳工退休金制度；劳工退休准备金；劳工权利

---

①　陈铜山，中华社会保险学会副秘书长；②郑力纲，台湾地区社会保险教育发展协会监事；③ 郑清风，澳门社会保险学会荣誉顾问、中华社会保险学会理事、台湾健康保险学会常务理事、台湾社会保险教育发展协会常务秘书长。

一、前言

2005 年世界银行再提出《21 世纪的老年收入保障：年金体系与改革的国际观点》（*Old Age Income Support in the 21st Century：An International Perspective on Pension Systems and Reform*），其中提出多支柱模型（multi-pillar model）如下。

第零支柱是社会救助，第一支柱是强制年金保险，可以是随收随付制（PAYG）的薪资收入相关年金，或是税收负担定额给付（flat-rate）的国民年金保险。第二支柱是强制个人储蓄账户，或是强制性缴纳的年金。第三支柱是自愿式私人财务管理，包括私人保险、储蓄，或是自愿缴纳的个人储蓄账户。为保障劳工老年及退休后的生活水平，台湾地区有关规定确立了劳工保险老年给付（劳工保险老年给付 1950 年开办）及劳工退休金制度，建构了多层次老年保障安全网（见表 1）。

表 1　台湾地区多层次老年经济安全保障制度

支柱	内容
第三支柱：自愿式私人财务管理	个人储蓄、商业年金
第二支柱：强制个人储蓄账户	劳工退休金、军公教退休（职、伍）金私校教职员退抚新制
第一支柱：强制年金保险	公教保、军保、劳保、农保（老农津贴）、"国保"
第零支柱：社会救助	中低老人生活津贴、荣民就养给付

劳保老年给付是依据"劳工保险条例"所提供的一项保险给付，由劳工、雇主和台湾当局按照一定比例（20%、70%、10%）每个月缴纳保险费给劳保局，当被保险人符合老年给付条件时，劳保局将依规定核发老年给付。

劳工退休金制度指劳工退休时，雇主依法给予劳工的退休金，其又分为新制、旧制两种。劳工退休金旧制由雇主按照劳工每月薪资总额 2%~15% 按月缴纳到台湾银行的劳工退休准备金专户中储存。当劳工符合退休条件向雇主申请退休金时，雇主可从劳工退休准备金专户中支付。

1951 年台湾地区先后颁布"台湾省工厂工人退休规则"及"台湾省矿工退休规则"，保障了一部分劳工在退休时可以从事业单位领取一笔退休金。1984年，台湾地区依照有关规定建立了退休金制度，较原来的行政办法更加完整，建构了多层次老年保障安全网。尽管有关规定对劳工的权益提供了许多保障，但随着雇用形态多元化及产业转型，关于退休金的规定已无法适应社会的发展，不能真正保障劳工的退休经济生活。依照原先的退休规定，劳工需在同一事业单位工作 15 年以上年满 55 岁，或在同一事业单位工作 25 年以上才能申请退休；劳工年满 60 岁或精神失常或身体不能胜任工作，雇主可以强制退休，向雇主请求发放退休金。但台湾地区企业平均经营寿命不长，劳工转换工作情形普遍，以致大部分劳工难以符合原先的退休条件，无法领到退休金。

为落实照顾劳工老年退休经济生活，改革旧制退休金存在的"看得到，领不到"的问题，让劳工的退休金不因转换工作或事业单位关门、歇业而受影响，也为让雇主易于估算退休金成本，进而减少劳资争议，劳、资、政三方历经十多年的努力，于 2001 年 8 月 25 日经济发展咨询委员会，达成退休金改制共识，后经 2003 年台湾地区立法机构第 5 届第 4 期卫生环境暨社会福利委员会审查，确立改制后的退休金制度以个人退休金专户为主、年金保险为辅的体例，于 2004 年 6 月 30 日制定公布有关退休金的新规定，并于 2005 年 7 月 1 日施行，规定雇主应为适用该条例的劳工按月缴纳不低于劳工每月工资 6% 的退休金，储存于劳保局设立的劳工退休金个人专户，此专户所有权属于劳工，当劳工年满 60 岁时，即可向劳保局申请领取其个人专户累积本金及收益。综上，劳工保险老年给付与劳工退休金是两种不同的制度。本文主要探讨劳工退休金新制度。

二、立法沿革

劳工退休金制度指劳工退休时，雇主依有关规定给予劳工退休金，按 2005 年以前规定办理者为旧制（以下称劳退旧制），依 2005 年 7 月 1 日施行的新规定办理者为新制（以下称劳退新制）。台湾地区劳工退休金制度有关规定的沿革，简述如下：

（一）行政办法

1951 年"台湾省工厂工人退休规则"及"台湾省矿工退休规则"。

（二）劳工退休金旧制

1984 年 8 月 1 日，施行"劳动基准法"。1985 年，"劳工退休准备金提拨及管理办法"与"事业单位劳工退休准备金监督委员会组织准则"，规定提拨率为薪资总额的 2%~15%；另会同财政部颁订"劳工退休基金收支保管及运用办法"及"劳工退休基金监理委员会组织规程"。1986 年 11 月 1 日，依据"劳动基准法"第 53~58 条，施行劳退旧制。

（三）劳工退休金新制

1998 年，劳工委员会（现为劳动部）制定"劳工退休金条例草案"。2002 年 6 月 1 日，台湾地区立法机构三读通过"劳工退休金条例"。2004 年 6 月 30 日，"劳工退休金条例"公布并于一年后施行，原旧制员工可自行决定继续适用旧制或选择新制。2005 年 7 月 1 日，劳工委员会依据"劳工退休金条例"，施行劳退新制。2007 年 7 月 4 日修正公布第 53 条条文；修正的第 1 项及第 2 项规定，溯自 2005 年 7 月 1 日生效。2014 年 1 月 15 日修正公布第 5 条、第 7 条、第 12 条、第 14 条、第 15 条、第 17 条、第 19 条、第 21 条、第 33 条、第 35 条、第 36 条、第 38 条、第 39 条、第 49 条、第 50 条、第 53 条、第 58 条条文；增订第 8-1 条、第 24-1 条、第 24-2 条、第 35-1 条、第 35-2 条条文；删除第 22 条条文；并自公布之日施行。2015 年 7 月 1 日修正公布第 2 条、第 29 条条文。2016 年 11 月 16 日修正公布第 5 条、第 24 条、第 46 条、第 48 条条文。

三、劳工退休金旧制

劳退旧制的有关依据为"劳动基准法"第 53～58 条，原适用劳退旧制的劳工可改选新制或是继续适用旧制，因此目前仍旧存在适用旧制的劳工，有关劳退旧制的内容详见表 2。

表 2　新旧劳工退休制度比较

法律	劳动基准法（旧制）	劳工退休金条例（新制）
制度	实行确定给付制，由雇主于平时提拨劳工退休准备金，并以事业单位劳工退休准备金监督委员会的名义，专户存储	实行确定提拨制，雇主应为适用劳动基准法的劳工按月提缴不低于劳工每月工资 6% 的退休金或保险费，以个人退休金专户制为主、年金保险制为辅
雇主负担	劳工退休准备金采用弹性费率，以事业单位每月薪资总额的 2%～15% 作为提拨基准。雇主在劳工退休时，才开始按劳工工作年资计算退休金数额，故雇主应提拨的退休准备金金额较难估算	退休金提缴率采用固定费率，雇主负担成本明确。提缴率不得低于 6%
劳工负担	劳工无须负担	劳工无须负担（劳工在其每月工资 6% 范围内可以另行个人自愿提缴退休金，自提部分可以自当年度个人综合收入总额中全数扣除）
收支保管单位	台湾银行（信托部）	劳保局/保险公司
年资采计	工作年资统计以同一事业单位为限，因离职或事业单位倒闭、歇业而就新职，工作年资重新计算	工作年资不以同一事业单位为限，提缴年资不因转换工作或因事业单位倒闭、歇业而受影响

法律	劳动基准法（旧制）	劳工退休金条例（新制）
退休要件	劳工工作 15 年以上年满 55 岁者、工作 25 年以上或工作 10 年以上年满 60 岁者，可以自请退休；符合有关强制退休要件时，亦可以请领退休金	新制实行后，适用劳退新制的劳工年满 60 岁，即可向劳保局请领退休金，提缴年资满 15 年者可以选择请领月退休金或一次退休金；未满 15 年者，请领一次退休金。选择适用年金保险制的劳工，领取保险金的要件，依保险契约的约定而定 ※选择适用新制前旧制年资的退休金：劳工须符合有关自请退休或强制退休规定的退休要件时，向雇主请领退休金
领取方式	一次领取退休金	领取一次退休金或月退休金
退休金计算	工作年资前 15 年每 1 年给 2 个基数。第 16 年起每 1 年给 1 个基数，最高以 45 个基数为限。未满半年者以半年计；满半年者以 1 年计（基数按退休前 6 个月平均工资计算）	个人退休金专户制： ①一次退休金：一次领取个人退休金专户的本金及累积收益 ②月退休金：个人退休金专户累积本金及收益，依据年金生命表，以平均寿命、利率等因素计算每月应核发退休金金额定期按季发放 年金保险制： 领取金额依保险契约的约定
特色	鼓励劳工久任；单一制度，较易理解	劳工退休金可累积带着走； 扩大适用范围； 劳工得自愿提缴并享税负优惠； 退休金有最低保证收益； 遗属或指定请领人可请领死亡劳工的退休金； 仍得请领资遣费； 提缴率明确，利于企业估算退休金成本

资料来源：劳工保险局。

（一）适用对象

依据"劳动基准法"第 3 条规定，适用范围为：①农、林、渔、牧业；②矿业及土石采取业；③制造业；④营造业；⑤水电、煤气业；⑥运输、仓储及通信业；⑦大众传播业；⑧其他经台湾当局主管机关指定的事业。

事业单位是否适用"劳动基准法"，依该法第 3 条及其施行细则第 3 条规定，其事业的认定，依行业标准分类规定的场所单位的主要经济活动为其分类基础。1989 年 8 月 26 日亦规定事业单位适用"劳动基准法"的认定，应以其所从事的主要经济活动是否为该法第 3 条所列的行业为准。即事业单位从事多种性质不同的经济活动时，按其产值（或营业额）最多者认定其行业，若产值（或营业额）相同，按其员工人数或资产设备较多者认定。事业单位适用"劳动基准法"如有疑义，应由当地主管机关查明该事业单位的前述各种数据后，自行认定。

（二）请领条件

退休时可向雇主请领退休金，依照"劳动基准法"第 53 条、第 54 条规定，分为自请退休与强制退休。

（1）自请退休条件，劳工在同一事业单位：工作 15 年以上年满 55 岁者；工作 25 年以上者；工作 10 年以上年满 60 岁者。

（2）强制退休条件，劳工具有下列情形之一者，雇主不得强制其退休：年满 65 岁者，另有规定，如劳工担任具有危险性、坚强体力等特殊性质的工作者，得由事业单位报请台湾当局主管机关予以调整，但不得少于 55 岁；精神失常或身体残废不能胜任工作者。①

（三）给付标准

按照劳工的工作年资，工作每满 1 年给予 2 个基数，但超过 15 年的工作年资部分，每满 1 年给予 1 个基数，最高以 45 个基数为限。未满半年以半年计，满半年者以 1 年计。②如是因执行职务导致精神失常或身体残废被强制退休者，退休金加给 20%。"基数"的标准为"核准退休时一个月平均工资"，即退休发生的当日前 6 个月内收入工资总额除以该期间的总日数收入的金额为平均工资。③"工作年资"，自受雇日起算，并以服务同一事业单位年资为限，计算请领条件时，适用"劳动基准法"前后的工作年资合并计算。但计算给付标准（即计算劳工可拿到的退休金）时，适用劳工退休金旧制的工作年资，是依当时适用的规定计算；当时无规定可适用者，依各事业单位自定义的规定或劳雇双方协商计算。

（四）劳工退休准备金

雇主按月提拨劳工薪资 2%～15%到台湾银行的劳工退休准备金账户，仅为

① 见"劳动基准法"第 53 条、第 54 条。
② 见"劳动基准法"第 55 条。
③ 见"劳动基准法"第 2 条规定，工作未满六个月者，谓工作期间所得工资总额除以工作期间之总日数所得之金额。工资按工作日数、时数或论件计算者，其依上述方式计算之平均工资，如少于该期内工资总额除以实际工作日数所得金额 60%者，以 60%计。

减轻雇主一次给付退休金压力所设，不影响劳工退休时能领取的退休金。另依"劳动基准法"第56条，雇主应于每年年度终了前，计算下一年度内符合法定退休条件者的退休金数额，于次年3月底前一次提拨其差额。

(五) 旧制面临的问题

劳退旧制依据"劳动基准法"办理，由雇主依每月薪资总额2%~15%按月提拨到劳工退休准备金专户中。此账户专款专用，所有权属于雇主，并由台湾银行（信托部）办理该基金收支、保管及运用。当劳工符合退休条件向雇主请领退休金时，雇主可由劳工退休准备金专户中支付。由于台湾地区内多属中小企业形态，加上劳工经常换工作，所以许多劳工难以符合退休条件，经常会领不到退休金。其面临问题如下：①"劳动基准法"适用范围狭窄，如定期契约工、工读生等无法受到保障。②雇主未依据"劳动基准法"规定提拨劳工退休准备金或以最低每月薪资总额的2%提拨，劳工退休时无法领到退休金。③依据"劳动基准法"规定，支付劳工的退休金的工作年资以服务同一事业者为限，如劳工遭资遣、自行离职、跳槽时，年资中断，丧失请领资格，缺乏可移植性的保障功能。④依据"劳动基准法"规定，规定工作15年以上年满55岁者或工作10年以上年满60岁者才能领到退休金。换句话说，离职的劳工未达此规定无法享受退休金。⑤由于台湾地区中小企业较多且平均寿命并不长，企业解散或倒闭情形较多，无法达到退休条件而丧失请领资格，因此导致年资归零。⑥雇主为避免支付高额退休金，而在年资到达前，提早将员工解雇、开除、逼退等导致其丧失工作权，而无法享受退休金。

总之，由于退休金完全由雇主支付，若碰到公司恶性倒闭、破产，退休金将缺乏保障，早在关厂工人联机抗争事件第一时期就已出现多起案例。虽然劳退新制设立了"5年足额提拨劳工退休准备金"等规定以减少此弊端，但雇主若未足额提拨，根据新制并无罚则，而在2013年台湾地区食用油造假事件时，大统长基食品也被发现旧制退休金严重不足，甚至有四成企业并未开设劳工退休准备金账户，反映出即使新制已施行多年，旧制的弊端仍未能完全根除。

四、劳工退休金新制的内涵

劳退新制是以个人退休金专户为主、年金保险为辅的制度，以下分别说明。

(一) 个人退休金专户

雇主应为适用"劳动基准法"的劳工（含台湾籍、外籍配偶、陆港澳地区配偶、永久居留的外国专业人才），按月提缴不低于其每月工资6%的劳工退休金，储存于本局设立的劳工退休金个人专户，退休金可以累积，不因劳工转换工作或事业单位倒闭、歇业而受影响，专户所有权属于劳工。劳工亦可以在每月工资 6% 范围内，自愿另行提缴退休金，劳工个人自愿提缴部分，可以自当年度个人综合收入总额中全数扣除。劳工年满 60 岁即可以请领退休金，提缴退休金年资满 15 年以上者，可以选择请领月退休金或一次退休金，提缴退休金年资未满 15 年者，应请领一次退休金。领取退休金后继续工作提缴，1 年可以请领 1 次续提退休金。劳工如于请领退休金前死亡，可由遗属或遗嘱指定请领人请领退休金。劳工未满 60 岁但丧失了工作能力，可以提早请领退休金（见表 2）。

1. 适用对象

①强制提缴对象。凡受雇主雇用从事工作获得工资的适用"劳动基准法"劳工，但依私立学校规定提拨退休准备金者，不适用。[①] ②自愿提缴对象。不适用"劳动基准法"的劳工或受委任工作者、实际从事劳动的雇主、自营作业者，个人可以自愿提缴，并依劳退条例的规定提缴及请领退休金。[②]

2. 劳工退休金提缴率及月提缴工资

雇主每月负担的劳工退休金提缴率，不得低于劳工每月工资的 6%，按劳工每月工资总额，按照月提缴工资分级表标准申报。另劳工可以在其每月工资 6% 范围内，个人自愿另行提缴退休金，并可以享受当年度个人综合收入总额中全数扣除的优惠。①强制提缴对象，雇主必须先为劳工提缴退休金，劳工才可以在每月工资 6% 范围内，个人自愿另行提缴退休金。雇主提缴率不得低于 6%；个人自愿提缴率不得高于 6%。②自愿提缴对象，不适用"劳动基准法"的劳工或受委任工作者。雇主或所属单位为其提缴及个人自愿提缴的提缴顺序，并无限制。雇主或所属单位自愿为受雇人员提缴退休金，或受雇人员个人自愿提缴退休金皆可。雇主提缴率及个人自愿提缴率均不可以高于 6%。实际从事劳动的雇主仅可以于 6% 范围内，个人自愿提缴退休金，事业单位不得为其提缴退休金。自营作业者可以在 6% 的范围内，个人自愿提缴退休金。

3. 劳工退休金的请领

①请领一次退休金，年满 60 岁，提缴年资未满 15 年者，应一次领取劳工个人退休金专户的累积本金及收益。②请领月退休金，年满 60 岁，提缴年资满 15 年以上者，可以选择请领月退休金或一次退休金，领取月退休金的计算方式，系依劳工个人的退休金专户累积本金及收益，依据年金生命表，以平均寿命及利率等基础计算收入的金额，作为定期发给的退休金。③请领续提退休金，劳工年满 60 岁领取退休金后继续工作，雇主仍应为其提缴退休金至劳工原有个人退休金

---

① 见"劳工退休金条例"第 7 条第 1 项及"外国专业人才延揽及雇用法"第 11 条。
② 见"劳工退休金条例"第 7 条第 2 项。

专户，劳工领取前述继续工作提缴的退休金及其收益的次数，一年以 1 次为限。④提前请领退休金，劳工未满 60 岁丧失工作能力，可以提前请领退休金。⑤遗属或遗嘱指定请领人请领退休金，劳工于请领退休金前死亡，应由其遗属或遗嘱指定请领人请领一次退休金。劳工已领取月退休金，但于平均寿命前死亡者，则停止核发月退休金，由其遗属或遗嘱指定请领人领回其个人退休金专户结算实际剩余金额。

（二）年金保险

雇用劳工人数 200 人以上的事业单位经工会同意，事业单位无工会者，经劳资会议同意，报请劳动部核准后，投保符合台湾地区有关规定的年金保险。

年金保险契约应由雇主担任投保人，劳工为被保险人及受益人。事业单位以向同一保险人投保为限。年金保险的承办机构为经台湾当局主管机关核准的保险公司。给付请领方式依年金保险单内容规定办理。另外雇主每月负担的年金保险费，不得低于劳工每月工资的 6%。事业单位实施年金保险时，有关劳退条例所规范的适用对象、新旧制度衔接、保险费计算起讫、工资、提缴率调整及申报期限、请领权利等规定，适用年金保险准用个人退休金专户的规定。如有违反者，依相关规定处罚。

五、劳工退休金新制的特色

（一）劳工退休金可累积带着走

劳退新制的工作年资采用实际提缴退休金的年资，年资中断者，其前后提缴年资可累计，雇主为劳工提缴的退休金，可以累积带着走，不因其转换工作或事业单位倒闭、歇业而受影响。

（二）赋予劳工制度选择权

新制实施前已适用"劳动基准法"劳工，于新制实施后仍服务于同一事业单位者，可以选择继续适用"劳动基准法"退休金规定（以下简称劳退旧制或劳退新制），选择劳退旧制的劳工，于劳退新制施行后仍服务于同一事业单位者，在五年内仍可改选劳退新制，一旦选择劳退新制后就不能再恢复为劳退旧制。劳退制施行后离职再受雇的劳工，均适用劳退新制。

（三）扩大适用对象

凡适用"劳动基准法"劳工皆为劳退新制的强制提缴对象，以往无法满足"劳动基准法"退休条件者，如定期契约工、工读生等，于劳退新制开办后，皆陆续为劳退新制强制提缴对象，亦可享有退休金保障。实际从事劳动的雇主及经雇主同意为其办理提缴退休金手续的不适用劳基法劳工或受委任工作者，雇主可以自愿为其提缴，也可个人自愿提缴。自营作业者也被纳入自愿提缴对象，由其自行向劳保局办理个人自愿提缴手续。

（四）个人自愿提缴享有税负优惠

适用或不适用"劳动基准法"劳工、受委任工作者可以在其每月工资 6% 范围内，个人自愿另行提缴退休金。个人自愿提缴部分，可以自当年度个人综合收入总额中全数扣除，以降低课税金额及税率级距。

（五）仍可以请领资遣费

劳退旧制中劳工无法兼领退休金及资遣费，但劳退新制中，劳工除每月有雇主按月为其提缴的退休金外，如遭雇主依法定事宜资遣时，其适用劳退条例后的工作年资，雇主仍应发给资遣费，资遣费按每满 1 年发给 0.5 个月的平均工资计算，未满 1 年者以比例计算，最高以发放 6 个月平均工资为限。

（六）劳工退休金有最低保证收益

依劳退条例规定，劳工退休金运用收益，不得低于当地银行 2 年定期存款收益；如有不足由公共财政补足。未来个人退休金专户的收益情形可能受投资结果所影响，但因具有最低保证收益，所以将来劳工领取退休金时除了历年提缴的累积本金外，至少会有等同银行 2 年期定期存款利息的收益。

（七）年满 60 岁即可请领新制退休金

只要年满 60 岁无论是否在职，即可请领新制退休金。提缴工作年资满 15 年者，可以选择请领月退休金或一次退休金；未满 15 年者，则应请领一次退休金。劳工未满 60 岁若丧失工作能力符合有关规定者，可以提早请领退休金。

（八）遗属或指定请领人可请领死亡劳工的退休金

劳工于请领退休金前死亡，可以由其遗属或遗嘱指定请领人请领一次退休金。已领取月退休金的劳工若于平均寿命前死亡，其个人退休金专户中的剩余金额，由其遗属或遗嘱指定请领人领回。其退休金请求权，自劳工死亡的次日起，因五年间不行使而消灭。

（九）雇主退休金成本明确

雇主应逐月按劳工每月工资 6%（或以上）为劳工提缴退休金，退休金成本明确易估计，可减少为规避退休金而借故资遣、解雇员工的劳资争议，有利于企业竞争力的提升。

六、劳退新制实施概况分析

（一）提缴概况

据统计，2017 年 12 月提缴单位、人数及金额分别达 503940 个单位、6586389 人及 16665808406 元，较 2005 年 7 月劳退新制开办时的 249919 个单位、3073839 人及 6778715446 元，分别增长 101.64%、114.27% 及 145.85%，该月劳

工退休金雇主平均提缴率 6.03 %、个人平均提缴率 5.46 %（见图 1）。提缴事业单位家数提拨率高达 98.23%，而提缴人数提拨率也高达 90.63%。截至 2018 年 5 月退休金基金运用余额累计 226866086276 元，反映出劳退新制已广为劳雇双方所接受。

图 1   2005~2017 年劳工退休金提拨概况

资料来源：劳动部劳工保险局、劳动基金运用局。

（二）核发概况

因参加劳退新制人数稳定增长，符合请领退休金人数也持续增加，依据劳工退休金统计概况表，截至 2017 年 12 月底，共核发 680471 件，核发金额 85804418307 元（见表 3），依照开办至今（2017 年底）的增长趋势（见图 2）。以最近 5 年（2012~2017 年）的增长率，受惠人数增长率为 59.81%，核付金额增长率为 152.14%。

表 3   从开办起至 2017 年底劳工退休金核发件数及金额

项目	本人请领一次退休金	遗属或指定请领人	本人请领续提退休金	本人请领月退金	合计
件数	510676	119746	49940	109	680471
金额（元）	72569510896	11178836496	1956094944	99975971	85804418307

资料来源：劳工保险局。

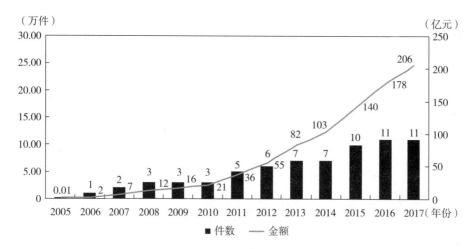

图 2　2005~2017 年劳工退休金核发概况

（三）历年收益率

劳退新制个人专户有保证收益机制，劳工领取时全程计算收益累计金额，如果存储期间实际收益低于保证收益，则按照保证收益发放。

新制退休金的基金利用除了因 2008 年金融风暴、2011 年欧债危机、2015 年国内外金融情势不佳而导致实际收益率呈现负值外，其他年度均为正值，有些年度实际收益率甚至高达 5% 以上。投资报酬率高提高了劳工自己缴纳退休金的意愿（见表 4）。

表 4　从开办起劳工退休金实际收益率与保证收益率

单位:%

年份	实际收益率	保证收益率
2005	1.5261	1.9278
2006	1.6215	2.1582
2007	0.4206	2.4320
2008	-6.0559	2.6494
2009	11.8353	0.9200
2010	1.5412	1.0476
2011	-3.9453	1.3131
2012	5.0154	1.3916
2013	5.6790	1.3916

续表

年份	实际收益率	保证收益率
2014	6.3814	1.3916
2015	−0.0932	1.3722
2016	3.2303	1.1267
2017	7.9314	1.0541

资料来源：劳动部劳工保险局、劳动基金运用局。

七、结语

　　劳退新制开办后，劳工若转换工作或事业单位倒闭、歇业，雇主为劳工累积提缴的退休金可以带着走，确保劳工可以领得到退休金。此外，劳退新制采用确定提拨制，雇主负担退休金的提缴比率明确，经营成本容易估算，可减少为规避退休金而借故资遣、解雇员工的劳资争议，有利于中高龄劳工就业和提升企业竞争力。劳退条例2014年1月17日修改后和外国专业人才延揽及雇用的有关规定自2018年2月8日正式施行后，已将外籍配偶、陆港澳地区配偶及自营作业者及受雇从事专业工作且取得永久居留的外国专业人才纳入劳退新制适用对象，并增加未满60岁丧失工作能力的劳工可以提前请领退休金的规定，以提升劳工的退休金保障。为了劳工更弹性规划退休生活，劳退条例2016年11月16日修正，劳工年满60岁，工作年资满15年以上者，可以选择请领月退休金或一次退休金。劳退新制对雇主、劳工权益相当重要，不但可增进劳工退休生活保障，更可加强雇佣关系，促进社会和经济发展。

　　劳退新制自2005年7月1日开办迄今已13年，提缴单位数、人数及金额逐年增长，截至2018年4月，提缴单位数507110个，提缴人数664755人（自愿提缴人数45690人），已有退休金专户人数11315965人，截至2018年5月退休金基金运用余额计226866086276元，反映出台湾地区劳退新制已有辉煌成果，且广泛获得雇主、劳工朋友的认同与支持。

参考文献

　　[1]年金制度小辞典［EB/OL］. https：//ws. ndc. gov. tw/001/administrator/27/relfile/0/9716/87e432de-fdb8-4006-a94b-f890d21f8dfc. pdf，2018-11-04.

　　[2]"退休、福祉"［EB/OL］. https：//www. mol. gov. tw/topic/3078/，2018-06-20.

　　[3]陈国钧. 我国劳工新课题［Z］. 台湾劳资关系协进会印行，1986：149.

　　[4]劳动基准法之适用范围［EB/OL］. https：//www. mol. gov. tw/service/19851/19852/

19858/14599/，2018-06-25.

［5］劳退新制介绍［EB/OL］. https：//www. bli. gov. tw/sub. aspx？a＝ZnMHe3vCHio%3d，2018-11-04.

［6］哪些人适用劳退新制［EB/OL］. https：//www. bli. gov. tw/sub. aspx？a＝vivWjP1ObbQ%3d，2018-11-04.

［7］其他便民服务、主动公开之政府信息、施政计划及各项统计、各项统计及统计提要（2017年）［EB/OL］. https：//www. bli. gov. tw/sub. aspx？a＝QuDLwHOIvnA%3d，2018-11-04. 根据有关规定. 涉及台湾当局不能称"政府"。这里未对文章名作改动，以保持原貌。——编者注

［8］新制劳工退休基金经营概况［EB/OL］. https：//www. blf. gov. tw/media/22588/2highlights-of-administration-of-labor-pension-fund-the-new-fund. pdf，2018-11-04.

［9］开办起劳工退休金统计概况表（2005～2017年）［EB/OL］. https：//www. bli. gov. tw/reportY. aspx？y＝106&f=h860，2018-11-04.

［10］新制劳工退休基金经营概况［EB/OL］. https：//www. blf. gov. tw/media/22588/2highlights-of-administration-of-labor-pension-fund-the-new-fund. pdf，2018-11-04.

年金保险的保费申报：台湾地区劳工保险制度改革刍议

张其恒[①]　郑清风[②]

摘　要：社会保险的财务收支是否平衡，关键在于保险费收纳及保险给付支出。社会保险是否持续经营，当然关系到劳工保险的财务问题，也关系到计算保险费及保险给付的基准——投保薪资。许多国家年金改革以维持年金体系财务稳健为首要目标，并从收入面和支出面同步着手改革，包括逐步调升保险费率以挹注年金财源，及改革既有的给付计算方式以控制给付金额增长。台湾地区的年金改革就通过延长投保（提拨）薪资采计期间，缩减基金收支落差。依据劳动部2017年年改会劳保年金改革建议方案财务评估报告，其推估方案，亦在延长平均月投保薪资采计期间，于方案实施第1年仍维持现制按最高60个月平均计算，自实施第2年起每年延长12个月，至实施第11年调整为按加保期间最高180个月平均计算。借此拉近给付与投保（提拨）薪资的计算差距，降低临退升迁的不公平，也避免劳工出现平时以多保少、临退以少保多的道德风险。

然而，依据外地经验及实际现况分析，发现无一定雇主或自营作业而参加职业工会及无一定雇主或自营作业而参加渔会的甲类会员等被保险人申报调整的情形比例偏高，政府补贴较高，因而出现投保薪资较高者政府补贴较多、投保薪资较低者政府补贴较少的现象，无适当制度安排促进其社会监督职能，如果平时以基本工资借由职业工会加保，逐年以不高于15%申报调高投保薪资，维持60个月最高级别投保薪资，则劳保的老年给付远较"国民年金"优厚许多，因而形成退出"国民保险"参加劳保的趋向，而职业工会也成为两者之间的模糊地带，投保薪资申报调整核实不易问题则日益严重。因此依据实务运作管理改善优先原则，提出短中长期建议：依"劳保条例"第14条第1项后段规定，就投保薪资

---

① 张其恒，政治大学劳工研究所所长、中华社会保险学会理事、台湾社会保险教育发展协会常务理事；②郑清风，澳门社会保险学会荣誉顾问、中华社会保险学会理事、台湾健康保险学会常务理事、台湾社会保险教育发展协会常务秘书长。

分级表范围内拟订无一定雇主劳工、自营作业者、渔会甲类会员、海员总工会与船长公会的会员月投保薪资；修正"劳保条例施行细则"第27条，增列无一定雇主劳工、自营作业者与渔会甲类会员月薪资总额计算方式；修正"劳保条例"第19条第2项平均月投保薪资计算规定；修正"劳保条例"第15条有关中央政府补助保费分担规定；拉近"国民年金"与劳保年金所得替代率。

关键词：社会保险；劳保年金；投保薪资；国民年金

一、前言

社会保险是权利义务相对等的制度，对被保险人而言，缴费是其义务，给付是其权利；对保险人而言，收费是其权利，给付是其义务。社会保险的权利义务是平衡的，关系到社会保险的财务收支。换句话说，社会保险的财务收支是否平衡，关键在于保险费收纳及保险给付支出。社会保险是否持续经营，当然关系到劳工保险的财务问题，也关系到计算保险费及保险给付的基准——投保薪资。

投保薪资不仅是计算保险费的基础，更是保险给付计算的依据。年金给付额度根据员工的平均投保薪资计算。而平均投保薪资必须规定所统计的期间，亦即规定该期间的投保薪资平均值作为计算年金给付额度的依据。

平均薪资的计算根据不同国家、不同制度的规定而有所不同。例如，有的是退休前最后一个月的薪资；有的是一段就业期间的平均投保薪资；有以完整投保年资作为平均投保薪资的计算期间。投保薪资计算期间越接近投保年资，其给付额度计算越公平。例如，瑞典旧制附加年金是计算工作年资30年中最高的15年平均，年金改革后，以全部投保年资的平均薪资计算。

台湾地区的年金改革就延长了投保（提拨）薪资计算期间，缩减基金收支落差，例如公教人员年金改革就调整了退休金计算基准，将平均投保（提拨）薪资统计期间，逐年延长1年，到最后或最佳15年（180个月）为止，借此拉近公教人员给付与投保（提拨）薪资的计算差距，降低临退升迁的不公平，也避免了劳工平时以多保少、临退以少保多的道德风险。

依据劳动部2017年劳保年金改革建议方案财务评估报告，其推荐方案也是延长平均月投保薪资的统计期间。年金给付的平均月投保薪资统计期间于方案实施第1年仍维持现制，按最高60个月平均计算，自实施第2年起每年延长12个月，至实施第11年调整为按加保期间最高180个月平均计算。此外，调整方案适用新申请给付案件；已领取年金给付者及继续发放年金者，仍按原申请当时的规定计算。

目前，"劳工保险条例"对保险费收纳及保险给付等均有明文规定，而且保险费率由专家予以精算，如能依据精算结果执行，劳工保险的财务收支应可平衡，如有差距亦可按制度调整维持平衡。从实务层面分析，保险费收纳及保险给付的关键因素就是"月投保薪资"，其关系到保险费的收入，也关系到保险给付支出。因此，依据现行"劳工保险条例"的明文规定，月投保薪资应"核实申报"，对有确定雇主的投保单位而言，有薪资账册或税务资料可查，可以实现"核实申报"的目标。但是，职业工会、渔会等被保险人无薪资账册又无税务数据可查，他们如何达到"合理申报"目标的问题一直困扰劳保业务相关单位，也成为台湾当局、工会与渔会、其他投保单位争议的问题。

二、背景分析

"劳工保险条例"明确规定，月投保薪资是由投保单位按被保险人的月薪资总额，依投保薪资分级表的规定，向保险人申报的薪资。月投保薪资不仅是计算保险费的基准，也是计算保险给付的依据，是劳工保险财务衡量的重要指标。本研究探讨职业工会、渔会被保险人投保薪资申报制度的问题。因此，这部分就职业工会、渔会被保险人投保薪资申报的发展背景加以说明。

台湾地区于1951年8月2日依据"台湾省劳工保险办法"公布了"台湾省职业工人保险办法"，开办了职业工人劳工保险，并于1953年颁布"台湾省渔民保险办法"，以专业渔民为劳工保险的保险对象。显然，开办时已发现劳工保险的保险对象中职业工人及专业渔民与有雇主的劳工有所不同。国际上，很少有职业工会与渔会是社会保险的投保单位。

初期，职业工人的投保工资依据"台湾省职业工人保险办法"第8条规定："无一定雇主职业工人的投保工资，以每一工会为单位由保险机关根据实际情形制定投保工资分级表，投保工会按照会员每月收入认定其中一级为计算标准，其会员每月收入在分级表最低级数额以下者按最低级计，超过最高级数额者按最高级计。"各投保职业工会应认定的投保工资，可以自行在职业工人投保工资分级表中最多选定三种，按各会员收入，分别分级投保。1955年3月1日起，工会所选定的投保工资应于职业工人投保劳工保险工资分级表中选择连续的三级，而不是任意选三级。按照这一规定，职业工人的投保工资仍按各会员收入，具有"核实申报"的含义。

专业渔民的投保工资则依据"台湾省渔民保险办法"第18条规定："渔民保险投保金额基数按其性质及收入定为左列两级，前项基数本府视实际需要情形以命令调整的：一、远洋渔民每人每月新台币二百四十元；二、其他渔民每人每月新台币一百五十元。"由此可知渔民保险投保金额基数分成远洋渔民与其他渔民，采取定额投保制。1955年5月9日第二次修正渔民保险投保金额基数，远洋渔民提高为 270 新台币，而其他渔民提高为 165 新台币。修正条文第 18 条规定："渔民保险投保金额基数按其性质及收入定为左列两级，前项基数本府视实际需要情形以命令调整的：一、远洋渔民每人每月新台币二百七十元；二、其他渔民每人每月新台币一百六十五元。"

1958 年公布"劳工保险条例"后，1960 年 2 月 20 日首次发布投保薪资分级表，而有关职业工会、渔会被保险人投保薪资的适用规则，均在投保薪资分级表的附注加以说明。截至 2017 年 11 月 8 日（当天的修正自 2018 年 1 月 1 日施行，也包括在内），共修正 32 次。

1960 年 2 月 20 日发布的投保薪资分级表，附注二："无一定雇主的职业工人适用本表一至六级（300 元至满 540 元以上）每一职业工会得自行选定连续三级即按各会员每月平均收入分别分级投保。"附注三："专业渔捞劳动者参加保险其投保工资不适用本表，另按其性质及收入暂定为远洋渔民每人每月 420 新台币，其他渔民每人每月 300 新台币。"由此可知，无一定雇主的职业工人投保工资适用仅限于分级表一至六级（300 新台币至满 540 新台币以上），超过 540 新台币以上，仅能投保 540 新台币，而且每一职业工会得自行选定连续三级，按各会员每月平均收入分别分级投保。至于专业渔捞劳动者采取定额方式，远洋渔民每人每月 420 新台币，其他渔民每人每月 300 新台币。

1969 年 6 月 17 日"内政部"核定第 1 次修正投保工资分级表，附注四："劳工保险条例第 8 条第 2 款无一定雇主的职业工人适用本表第一级至第三级，有一定雇主的职业工人适用本表第一级至第八级"；附注五："劳工保险条例第 8 条第 3 款的专业渔捞劳动者的投保工资等级，远洋渔民适用本表第五级，近海渔民适用本表第三级，其他渔民适用本表第一级。"此次修正无一定雇主的职业工人仅适用分级表第一级至第三级，即 600 新台币、690 新台币及 780 新台币三级；专业渔捞劳动者的投保工资，远洋渔民适用分级表第五级，即 1020 新台币，近海渔民适用分级表第三级，即 780 新台币，其他渔民适用分级表第一级，即 600 新台币。1974 年 8 月 31 日第 3 次修正投保工资分级表，附注五："劳工保险条例第 8 条第 2 款无一定雇主的职业工人适用本表第七级至第十三级，有一定雇主的职业工人照本表附注二办理"；附注六："劳工保险条例第 8 条第 3 款的专业渔捞劳动者的投保工资等级，远洋渔民适用本表第七级，近海渔民适用本表第五级，其他渔民适用本表第三级。"由此可知，无一定雇主的职业工人适用分级表第七级至第十三级，即 1260 新台币、1380 新台币、1500 新台币、1620 新台币、1740 新台币、1860 新台币及 1980 新台币七级。而专业渔捞劳动者的投保工资等级，远洋渔民适用分级表第七级，即 1260 新台币，近海渔民适用分级表第五级，即 1020 新台币，其他渔民适用分级表第三级，即 780 新台币。

1977 年 2 月 1 日第 4 次修正劳工保险投保薪资分级表，第一级为 1140 新台币，最高第三十级 6060 新台币，其附注四："劳工保险条例第 8 条第 2 款无一定雇主的职业工人适用本表第十一级至第十七级，有一定雇主的职业工人照本表附注二办理"；附注五："劳工保险条例第 8 条第 3 款的专业渔捞劳动者的投保工资等级，远洋渔民适用本表第五级，近海渔民适用本表第三级，其他渔民适用本表第二级。"由此可知，无一定雇主的职业工人适用分级表第十一级至第十七级，即 2340 新台币、2460 新台币、2640 新台币、2820 新台币、3000 新台币、3180 新台币及 3360 新台币七级。而专业渔捞劳动者的投保工资等级，远洋渔民适用分级表第五级，即 1620 新台币，近海渔民适用分级表第三级，即 1380 新台币，其他渔民适用分级表第二级，即 1260 新台币。1979 年 10 月 1 日第 5 次修正劳工保险投保薪资分级表，第一级为 1680 新台币，最高第三十级 7560 新台币。此次修正投保薪资分级表时，已将无一定雇主职业工人的投保薪资上下限的附注删除①，并表示职业工人的投保薪资亦依照投保薪资分级表所规定各等级的投保薪资申报。职业工人薪资上限、下限规定废止后，因投保薪资分级表内最低等级及最高等级投保薪资差距甚大，职业工人可任意申报薪资，又可随时调整，导致年轻者以低薪投保、年长者及发生保险事故者大幅调高投保薪资的弊端。

1984 年 9 月 20 日第 9 次修正劳工保险投保薪资分级表，附注："除职业训练机构受训技工及专业渔捞劳动者外，年满 16 岁的被保险人的月投保薪资，不得低于第七级 6300 元。"② 此修正仅限于职业训练机构受训技工及专业渔捞劳动者，无一定雇主的职业工人则不受此限制。

自 1988 年 10 月第 12 次修正劳工保险投保薪资分级表起，第一级投保薪资配合基本工资调整③，且无一定雇主的职业工人与专业渔捞劳动者的投保工资等级无特别限制。在此情况下，无一定雇主的职业工人与专业渔捞劳动者的投保工资形成争议的焦点，特别是无一定雇主职业工人的投保工资导致劳工保险局、主管机关与职业工会争论不休。职业工人投保薪资到底应如何核实申报？如何合理申报？如何达到社会公平？

1988 年 2 月 3 日"劳工保险条例"修正后，"行政院"劳工委员会原先设想将各职业工会的投保薪资，以相同行业的产业工人平均投保薪资为基本等级，再扩大上、下各 6 级为各该工会可申报的范围。然多次沟通协商仍遭工会全面反

---

① 台湾地区"内政部"于 1979 年 10 月 1 日"台内社字第 38729 号"核定。

② 台湾地区"内政部"于 1973 年 9 月 20 日"台内社字第 259645 号"函核定。

③ 台湾地区劳工委员会（1997）"台劳动二字第 045013 号函"附件基本工资之制订与调整经过，及历次劳工保险投保薪资分级表。

对，认为产业工人可以申报 23 个等级，而职业工会却只能局限于 13 个等级内调整，严重限制职业工人的给付上限。此构想在工会强烈反对下无疾而终。①其后，劳委会 1989 年 6 月 14 日起与劳工团体及有关机关会商，协商结果通过职业工会以劳工保险投保薪资分级表第六级（当时投保薪资为 11400 新台币）为职业工人最低投保薪资等级的决议。劳工委员会于 1990 年 1 月 23 日函示：以职业工会会员身份办理加保者，其劳工保险月投保薪资，不分行业类别，自 1990 年 5 月 1 日起最低以投保薪资分级表第六级（当时投保金额为 11400 新台币）申报，分级表如有修正，职业工人的月投保薪资应依第六级修正的金额调整，如所属会员薪资收入较高者，可以由各工会就第六级以上的投保薪资等级依规定核实申报。学徒、实习生等的薪资所得低于分级表第六级适用的级距者，可以按照实际薪资收入根据分级表规定核实申报。

　　1996 年以前，医疗给付为劳保最主要的支出，投保薪资无论高低，都享受相同的给付，相当不公平。经过不断的沟通协调，全民健康保险实施时，职业工会终于接受了以投保薪资分级表第六级 18300 新台币作为职业工人最低投保薪资的规定，劳保投保薪资亦以投保薪资分级表第六级 18300 新台币作为职业工人最低投保薪资。全民健保实施后，健保投保薪资分级表调整时仍要求职业工人投保薪资从第六级起跳，但劳保却放弃此项规定。现行投保薪资分级表，共分 17 级，最低为 22000 新台币，最高为 45800 新台币，职业工人最低为 22000 新台币②（见表 1）。

表 1　台湾地区劳工保险投保薪资分级表

单位：新台币

投保薪资等级	月薪资总额 （实物给付应折现金计算）	月投保薪资	日投保薪资
第 1 级	22000 以下	22000	733
第 2 级	22001～22800	22800	760
第 3 级	22801～24000	24000	800
第 4 级	24001～25200	25200	840
第 5 级	25201～26400	26400	880

①　见台湾地区劳工保险局 2009 年 9 月呈报劳工保险监理委员会之"职业工会、渔会被保险人设定投保薪资调幅上限措施及请领老年给付平均投保薪资之分析"。

②　台湾地区劳工委员会 2011 年 12 月 6 日"劳保 2 字第 1000140436 号函"。

续表

投保薪资等级	月薪资总额 （实物给付应折现金计算）	月投保薪资	日投保薪资
第 6 级	26401～27600	27600	920
第 7 级	27601～28800	28800	960
第 8 级	28801～30300	30300	1010
第 9 级	30301～31800	31800	1060
第 10 级	31801～33300	33300	1110
第 11 级	33301～34800	34800	1160
第 12 级	34801～36300	36300	1210
第 13 级	36301～38200	38200	1273
第 14 级	38201～40100	40100	1337
第 15 级	40101～42000	42000	1400
第 16 级	42001～43900	43900	1463
第 17 级	43901 以上	45800	1527
备注	①职业训练机构受训者的薪资报酬未达基本工资者，其月投保薪资分 13500 新台币（13500 新台币以下者）、15840 新台币（13501～15840 新台币）、16500 新台币（15841～16500 新台币）、17280 新台币（16501～17280 新台币）、17880 新台币（17281～17880 新台币）、19047 新台币（17881～19047 新台币）、20008 新台币（19048～20008 新台币）及 21009 新台币（20009～21009 新台币）八级，其薪资总额超过 21009 新台币而未达基本工资者，应依本表第 1 级申报 ②部分工时劳工被保险人的薪资报酬未达基本工资者，其月投保薪资分 11100 新台币（11100 新台币以下者）及 12540 新台币（11101～12540 新台币）二级，其薪资总额超过 12540 新台币者，应依前项规定核实申报 ③依"身心障碍者权益保障法"规定的庇护性就业身心障碍者被保险人的薪资报酬未达基本工资者，其月投保薪资分 6000 新台币（6000 新台币以下）、7500 新台币（6001～7500 新台币）、8700 新台币（7501～8700 新台币）、9900 新台币（8701～9900 新台币）、11100 新台币（9901～11100 新台币）、12540 新台币（11101～12540 新台币），其薪资总额超过 12540 新台币者，应依第一项规定核实申报		

注：日投保薪资金额角以下四舍五入。

职业工人投保薪资无法核实申报，定额投保又不被工会接受，若不建立一套适合职业工人的投保薪资调整机制，只会纷争不断。劳保局只能从"定额薪调"的方向想办法，本来拟定了"职业工人每年只能往上或往下调两级"的办法，可是没有经过核定。为了解决职业工会、渔会被保险人投保薪资申报问题，劳保业务的主管机关与执行机构也曾提出许多审查原则与措施，诸如加保时的异常审查与请领给付时审查等措施。

2003年出台规定，职业工人每年薪调不超过15%可以不用经过审查，直接受理，总算建立了机制。对此做法虽仍有批评，但总是权宜之计。目前劳保老年年金给付已实施，投保薪资高低关系到老年年金所得替代率，尤其劳保老年年金给付实施之后，劳保老年年金的月平均投保薪资将由"最后三年投保薪资计"改为"最高五年投保薪资"，对老人晚年经济生活及劳保财务的影响相当大，也涉及社会保险的公平性。因此职业工会会员与渔会甲类会员的投保薪资应如何处理成为劳保重要课题。职业工人与渔会甲类会员每年薪调不超过15%免查核的规定受到了很大的冲击，值得检讨。

按照"劳工保险条例"第6条第1项的规定："年满十五岁以上，六十岁以下的左列劳工，应以其雇主或所属团体或所属机构为投保单位，全部参加劳工保险为被保险人……"其中，第7款无一定雇主或自营作业而参加职业工会者及第8款无一定雇主或自营作业而参加渔会的甲类会员，事实上与有一定雇主的劳工有很大差异，其具有下列特性：①职业工会会员或渔会甲类会员为强制参加劳工保险的对象；②职业工会或渔会与其会员间为团体组织关系，虽为劳保投保单位，但非雇佣关系；③职业工会或渔会非支付被保险劳工工资的单位；④职业工会与渔会无须分担保险费；⑤职业工会与渔会是收取会费提供服务的单位。因而，职业工会与渔会如何核实申报投保薪资成了争议问题。

除此之外，年金给付与老年一次金给付平均投保薪资的计算方式，根据"劳工保险条例"第19条第3项的规定："按被保险人加保期间最高六十个月的月投保薪资予以平均计算；参加保险未满五年者，按其实际投保年资的平均月投保薪资计算。但依第五十八条第二项规定选择一次请领老年给付者，按其退保的当月起前三年的实际月投保薪资平均计算；参加保险未满三年者，按其实际投保年资的平均月投保薪资计算。"原本核实投保薪资就不易落实的无一定雇主的被保险劳工，为提高年金给付与老年一次金给付的额度，更容易以少报多从而产生道德风险。

根据2018年4月劳保统计资料显示，全体劳工保险被保险人总数为10310914人，职业工会会员被保险人为2131899人，占全体被保险人的20.68%，而渔会甲类会员参加劳工保险的人数为276251人，占全体被保险人的2.68%，职业工会会员及渔会甲类会员被保险人几乎占了全体被保险人的23.36%，职业工会及渔会在推动劳工保险上扮演着极其重要的角色，也具有举足轻重的影响。在此，探讨职业工会、渔会被保险人投保薪资申报制度，使职业工会会员及渔会甲类会员被保险人的投保薪资合理化，保证其给付权受到合理保障，有利于年金制度保费申报合理化。

三、年金制度国际比较分析

20 世纪 80 年代以来，在人口老化、经济形势不佳和失业率攀升的背景下，西方工业国家公共年金制度的财务永续性和保障适足性等问题相继出现，各国多已进行一连串的改革，只有年金制度危机仍未完全解决，因此改革至今仍持续进行。

许多国家年金改革以维持年金体系财务稳健为首要目标，并从收入面和支出面着手同步改革，包括逐步调升保费费率以挹注年金财源、改革既有的给付计算方式以控制给付金额增长。过去年金给付金额多依个人职业生涯最高一定年数的平均薪资及缴费年资而定，并随年度物价或薪资增长而调整，现今多数国家均针对年金财务机制进行调整，例如芬兰、挪威和西班牙等国家实行年金给付金额和平均寿命连动方式，德国在给付调整机制中加入"持续发展参数"（年金领受人/缴费者的比值），挪威改以个人终生缴费记录作为给付计算基准，捷克、匈牙利和挪威等国不再根据薪资增长调整年金额度，奥地利和希腊冻结年金金额自动调整机制以维持年金体系的财务平衡。依据 OECD 年金制度设计分析发现，有关薪资计算以终身最多，仅有奥地利 26~40 年，法国最佳 25 年，斯洛伐尼亚最佳 24 年，美国最佳 35 年。

以美日德奥四个先进国家的年金保险制度为研究对象，就其投保薪资申报制度进行探讨，有以下发现。

其一，四个国家均未设有类似台湾地区以职业工会、渔会为投保单位的投保薪资申报制度，制度上亦没有无一定雇主的概念。其中，仅有德奥两国设有专门职业的行会组织为投保单位，类似台湾地区"劳工保险条例"第 8 条第 1 项第 4 款所定的海员总工会与船长公会，采用最高投保薪资等级定额申报，即 74400 欧元。

其二，四个国家在制度上都将自营作业者与一般受雇劳工区别对待，另行安排投保薪资申报制度，不像台湾地区由职业工会为投保单位，与其他无一定雇主劳工不加区别的方式纳保。其中，日本将自营作业者以国民年金制度中第一号被保险人纳保，投保薪资申报采取定额制。2016 年自营作业者每月应定额缴纳 16260 日元，并逐年提高到 2017 年的 16900 日元。美国则规定自营作业者分担全额的保费，除其中半数可以抵税外，并无其他保费补助，目前费率为 12.4%，年最高投保薪资为 127200 美元。德奥的自营作业者则采取自愿加保方式，保费全额分担，德国目前费率为 18.7%，最低月保险费为 84.15 欧元，最高月保险费为 1159.4 欧元，或者固定保险费 543.24 欧元，由自营作业者自行选择。

其三，四个国家在投保薪资申报或调整核实上做法不同。美国养老保险保费由税捐单位收缴，直接以财税数据核实；日本自营作业者采取定额申报制无核实问题；德奥采缴费制由事业单位雇主申报核实，专门职业行会以最高级别投保薪资定额申报，无核实问题，投保薪资调低者的例外情形，行会亦能发挥第三方社会监督的职能，自营作业者自愿加保则以财税资料间接核实。

其四，四个国家在核算养老年金给付金额时，采用不同于中国台湾仅以最高60个月投保薪资的平均值为计算基础的做法。日本投保薪资均以全部投保年资为计算基础，被保险人无高薪低报或低薪高报的必要；德国采取点数，个人薪资点按个人计算终身收入除以平均国民薪资乘以正常因数计算。奥地利采取最佳28年为计算基础，最高为4121.13欧元，计算期间每年增加12个月，到2028年达40年。美国养老年金的平均薪资以终身最高35年的投保薪资计算。

四、制度现状与问题分析

依据劳动部提出年金改革的年金给付平均月投保薪资计算期间，为于方案实施第1年仍维持现制按最高60个月平均计算，自实施第2年起每年延长12个月，至实施第11年调整为按加保期间最高180个月平均计算。调整方案适用新申请给付案件；已领取年金给付及继续发放年金者，仍按原申请时的规定计算。所以投保薪资"核实申报"是关键问题。

"劳工保险条例"第14条规定，劳工保险月投保薪资，是指由投保单位按被保险人的月薪资总额，依投保薪资分级表的规定，向保险人申报的薪资；被保险人薪资以件计算者，其月投保薪资，以由投保单位比照同一工作等级劳工的月薪资总额按分级表规定申报的为准。"同条例施行细则"第27条第2项规定，投保单位申报新进员工加保，其月薪资总额尚未确定者，以该投保单位同一工作等级员工的月薪资总额，按投保薪资分级表的规定申报。与雇主约定以日计薪，且月薪资总额尚未明确者，应以投保单位比照同一工作等级劳工的月薪资总额，按分级表的规定核实申报。[①]

但"核实申报"问题仍存在，劳保局比对2017年度的财税薪资资料，发现雇主低报投保薪资、提缴工资的现象严重，涉及投保薪资单位3万余家，人数约12万人，影响每月保险费收入5000万余元；劳退提缴工资单位4万余家，人数约17万人，影响每月退休金收入8000万余元。目前职业工会的劳工保险月投保薪资，是按18300新台币起申报，为配合基本工资调整，劳工保险投保薪资分级表第一级自2012年1月1日起修正为18780新台币（2018年1月1日修正为

---

① 台湾地区劳工委员会2013年10月18日"劳保2字第1020140556号函"。

22000 新台币），职业工会被保险人的月投保薪资应根据该表第一级起核实申报。①然而被保险人为第 6 条第 1 项第 7 款（无一定雇主或自营作业而参加职业工会者）及第 8 款（无一定雇主或自营作业而参加渔会的甲类会员）规定的劳工②，其月投保薪资更难稽查。

投保薪资申报制度原本相当简单，被保险人按其薪资或所得，根据费率与分担比例核实申报即可。然而，在台湾地区现行制度环境中，职业工会、渔会被保险人申报的投保薪资却难以核实。从制度结构功能的角度分析如下：

其一，自 2008 年台湾地区立法机构通过劳工保险老年给付年金化条款，并以政治妥协方式，将平均投保薪资计算期间，由最高 15 年投保薪资平均，下调为最高 60 个月（相当于 5 年期间）后，被保险人为获得较高的年金给付便调高了投保薪资。此项妥协修正提供了调高投保薪资的诱因。其中，不易核实的职业工会与渔会被保险人，较其他类别的被保险人，申报调整的情形比例偏高。

其二，除请领较高额的年金给付外，申报时调高投保薪资的另一项诱因是台湾当局给的补贴较高。虽然说它影响投保薪资调整并无明显的统计上或实证上的证据，但是，它对台湾当局财政支出的负担和公平，却有相当大的影响。目前，无论投保薪资高低，职业工会被保险人保费的 40%，渔会被保险人保费的 80%，均由台湾当局补助。因而形成投保薪资较高者获得的补贴较多，投保薪资较低者获得的补贴较少的现象。

其三，相对地，职业工会与渔会被保险人投保薪资的申报调整，由于职业工会与渔会并非该被保险人的雇主，又无适当制度安排促进其社会监督职能，因而不具有投保薪资核实的功能。另外，主管机关受限于人力预算，仅能采取异常查核的方式，针对投保薪资申报调高超过 15%者进行实质审查。这种方式实行几年后，异常查核 15%的规定，反倒成为职业工会与渔会被保险人投保薪资申报调高的上限。因此，异常核查已脱离核实申报的精神，而不具备核实投保薪资的功能。

其四，台湾地区"国民年金保险"自 2008 年实施后，有工作加劳保，没工作加国保，成为民众对两者关系的普遍认识。但由于"国民年金保险"的所得替代率为每年 1.3%，而劳保老年年金给付的所得替代率为 1.55%，高出前者

---

① 台湾地区劳工委员会 2011 年 12 月 6 日 "劳保 2 字第 1000140436 号函"。

② 所谓"无一定雇主之劳工"指经常于 3 个月内受雇于非属同条项第 1 款至第 5 款规定的两个以上的不同雇主，其工作机会、工作时间、工作量、工作场所、工作报酬不固定者（"劳工保险条例施行细则"第 11 条第 1 项）。"自营作业者"指独立从事劳动或技艺工作获得报酬，且未雇用有酬人员帮同工作者（"劳工保险条例施行细则"第 11 条第 2 项）。

0.25 个百分点。如果平时按基本工资由职业工会加保，逐年以不高于 15% 申报调高投保薪资，维持 60 个月最高级别投保薪资，则劳保的老年给付远比"国民年金保险"优厚得多，因而形成退出国保参加劳保的趋向，而职业工会也成为两者间的模糊地带，投保薪资申报调整不易核实问题日益严重。

其五，部分强制投保单位从宽认定无一定雇主劳工的定义，在劳动市场紧绷的形势下，雇主任由受雇劳工以职业工会名义参加劳工保险，这样实际雇主无须分担其保费，投保单位雇主核实投保薪资申报的功能因此同时丧失。目前在统计上无明显证据，但在个案访谈与接触中，却时有所闻隐然若现。

其六，随着经贸活动的全球化，境外就业的人数不断增长，无论是自行到境外就业发展，还是企业的境外派遣，人数估计应超过百万。其中，部分境外就业劳工即以职业工会为避风港，既能累积投保年资，又能得到各项社会安全网的保护。由于其薪资的部分或全额在境外领取，增加了职业工会被保险人的投保薪资申报调整核实问题的复杂程度。

五、改善方案

有关改善方案分成短期改善方案和中长期改善方案并分述如下。

（一）短期改善方案

第一，依"劳保条例"第 14 条第 1 项后段规定，就投保薪资分级表范围内拟订无一定雇主劳工、自营作业者、渔会甲类会员、海员总工会与船长公会的会员月投保薪资。建议拟订原则如下：①采取核实申报与调整原则；②海员总工会与船长公会的会员，以投保薪资分级表最高一级定额申报，并经协商后给予适当弹性；③自营作业者按营业所得税籍资料或相关凭证核实申报与调整；④无一定雇主劳工按薪资所得税籍资料或相关凭证申报与调整；⑤渔会甲类会员按渔获销售所得税籍资料或相关凭证申报与调整；⑥保险人于前述被保险人投保薪资申报或调整异常时，得主动进行查核。

鉴于职业工会会员投保薪资每年申报调整的门槛不得超过 15%，已逐渐成为职业工会会员投保薪资申报调整的习惯，因此职业工会会员每年投保薪资调整15%，但并不符合核实申报的原则。依据全民健保平均投保薪资增长率以 2011年 1 月为基础，至 2017 年年底为 12.53%，而劳工保险平均投保薪资增长率以2011 年 1 月为基础，至 2018 年 4 月为 10.72%，两者有所差距。所以劳工保险职业工会会员投保薪资的调整应加以改革。建议前述各项核实申报调整原则，应采用逐步渐进方式于 5 年内落实依据相关凭证核实调整投保薪资的政策。其间，建议采取倡导、教育训练等配套措施，促使职业工会与渔会被保险劳工认识到社会保险内部的公平性，并使职业工会与渔会劳工保险承办人熟悉核实申报调整投保薪资作业流程。

按无一定雇主劳工仍有其雇主，仍支领薪资，强制投保单位所雇无一定雇主劳工参加职业工会劳工保险者，虽有所本而有对照核实投保薪资的可能，唯其税籍资料目前并无法直接认定为投保薪资所得，建议相关税制配套措施完备后，再逐步推动强制投保单位员工薪资所得税籍数据和职业工会会员投保薪资申报、调整挂钩的工作。这项工作应按先易后难的原则，并应以 5 人以上的强制投保单位为限，仅限于投保薪资申报与调整核实问题，与投保资格完全无关。

第二，修正"劳保条例施行细则"第 27 条，增列无一定雇主劳工月薪资总额计算方式比照第一项后段规定计算的情况；自营作业者月薪资总额按年度申报营业所得税税籍资料或凭证换算的情况；渔会甲类会员月薪资总额按最近 3 个月渔获销售所得税籍资料或凭证换算的情况。由于相关税籍数据仍无法认定为投保薪资，建议等相关税制完备后再予以修正。

（二）中长期改善方案

第一，修正"劳保条例"第 19 条第 2 项平均月投保薪资计算规定，自现行按被保险人加保期间最高 60 个月的月投保薪资予以平均计算，修正为最高 180 个月的月投保薪资予以平均计算，配合台湾当局年金改革方案。同时，考虑到劳保制度的稳定性，避免突然性、快速性的改革变动造成挤兑效应，建议逐月或逐季调整延长至 180 个月。

此项建议基于 2008 年"劳保条例"老年给付年金化修正案的原有规划，有其科学专业分析依据。包括优缺点衡量、可行性评估、财务精算规划等。台湾地区立法机构后来在政治妥协下改为按最高 60 个月的投保薪资平均计算，已无法兼顾上述科学专业规划的考虑。劳动部 2017 年劳保年金改革建议方案也是在延长平均月投保薪资采计期间——年金给付的平均月投保薪资采计期间于方案实施第 1 年仍维持现制按最高 60 个月平均计算，自实施第 2 年起每年延长 12 个月，至实施第 11 年调整为按加保期间最高 180 个月平均计算。此外，调整方案适用新申请给付案件，已领取年金给付及继续发放年金者，仍按原申请时的规定计算。

第二，修正"劳保条例"第 15 条有关政府补助保费分担的规定，由现行的定率补助修改为定额补助。为免变动过大，补助额度建议按照现行投保薪资分级表中间等级换算。

六、结语

社会保险是权利义务相对等的制度，对被保险人而言，缴费是其义务，给付是其权利；对保险人而言，收费是其权利，给付是其义务。社会保险的权利义务平衡，关系到社会保险的财务收支平衡。社会保险是否永续经营，当然关系到劳工保险的财务问题，也关系到计算保险费及保险给付的基准——投保薪资。

依据外地经验及实际情况分析，发现无一定雇主或自营作业而参加职业工会及无一定雇主或自营作业而参加渔会的甲类会员等被保险人申报调整的情形比例偏高，台湾当局给的补贴较高，因而存在投保薪资较高者获得的补贴较多，投保薪资较低者获得的补贴较少的现象，目前没有适当的制度安排可以实现社会监督职能。如果平时以基本工资由职业工会加保，逐年以不高于15%的比例申报调高投保薪资，维持60个月最高级别投保薪资，则劳保的老年给付远比"国民年金保险"优厚许多，因而形成退出"国民年金保险"参加劳保的趋向，而职业工会也成为两者间的模糊地带，投保薪资申报调整核实不易问题会日益严重。另外，随着经贸活动的全球化，境外就业的人数不断增长，不论是自发去境外就业发展，还是企业的境外派遣，人数估计应该超过了百万。部分境外就业劳工即以职业工会为避风港，这样既能累积投保年资，又能得到各项社会安全保障。由于其薪资的部分或全额在境外领取，增加了职业工会被保险人投保薪资申报调整核实问题的复杂性。

因此，依据实务运作管理改善优先原则，提出短期和中长期建议：依"劳保条例"第14条第1项后段规定，就投保薪资分级表范围内拟订无一定雇主劳工、自营作业者、渔会甲类会员、海员总工会与船长公会的会员月投保薪资；修正"劳保条例施行细则"第27条，增列无一定雇主劳工、自营作业者与渔会甲类会员月薪资总额计算方式；修正"劳保条例"第19条第2项平均月投保薪资计算规定；修正"劳保条例"第15条有关台湾当局补助保费分担的规定；拉近"国民年金保险"与劳保年金所得的替代率。

参考文献

[1] 年金制度小辞典 [EB/OL]. https：//ws. ndc. gov. tw/001/administrator/27/relfile/0/9716/87e432de-fdb8-4006-a94b-f890d21f8dfc. pdf，2018-11-04.
[2] 台湾地区 2017 年金改革方案（草案）重点 [Z]. 2017-01-19.
[3] 台湾地区劳动部. 年改会劳保年金改革建议方案财务评估报告 [R]. 2017：2.
[4] 台湾地区劳工保险部. 劳工保险月报 [J]. 1961（20）.
[5] 台湾地区劳工保险局. 劳工保险法规 [Z]. 1969：49，50，124.
[6] 台湾地区台闽地区劳工保险局. 劳工保险法规 [Z]. 1976：67-68.
[7] 劳工月刊社. 劳工保险业务手册 [Z]. 1978：67-68.
[8] 林中正. 劳工保险投保薪资问题之探讨 [Z]. 1983.
[9] 吴佩桦. 职业工会被保险人投保薪资调整作业方式之研讨（台湾地区劳工保险局

2011 年度研究报告）［R］. 2011：15-16.

　　［10］台湾地区劳工保险局. 统计月报（2018 年 4 月底劳工保险投保单位及人数——按类别及行业分）［EB/OL］. https：//www. bli. gov. tw/reportM. aspx？m = 10704&f = 11071101020，2018-11-04.

　　［11］台湾地区年金改革委员会. OECD 年金制度简介（2015）［EB/OL］. https：//pension. president. gov. tw/cp. aspx？n=ECF9FF919A5949D9&s=EF1DC35EB9749B36，2018-11-04.

　　［12］张其恒、王惠玲、张奕华. 职业工会、渔会被保险人投保薪资申报制度之研究（台湾地区劳工保险局 2012 年度委托研究案）［R］. 2012-12-19.

　　［13］台湾地区劳工保险局. 业务专辑 100 年［M］. 2011.

　　［14］SSA & ISSA. Social Security Programs throughout the World：Europe（SSA Publication No. 13-11801）［Z］. 2016：119-126.

　　［15］SSA & ISSA. Social Security Programs throughout the World：Asia and the Pacific（SSA Publication No. 13-11802）［Z］. 2017：123-130.

　　［16］SSA & ISSA. Social Security Programs throughout the World：Americas（SSA Publication No. 13-11802）［Z］. 2018：234-241.

　　［17］台湾地区劳工保险局. 业务专辑 100 年［Z］. 2011：119.

　　［18］台湾地区劳动部劳工保险局. 劳、就保及劳退薪资被低报，劳保局比对财税薪资数据径行调高［EB/OL］. https：//www. bli. gov. tw/news. aspx？sys = news&id = j44bhygEaQ0%3d，2018-06-29.

　　［19］詹火生. 国民年金周年之回顾与展望（2010-01-08）［EB/OL］. https：//www. npf. org. tw/2/6933，2018-11-04.

　　［20］席恒. 两岸四地养老保险可移植性研究报告［R］. 2012 两岸四地社会保险学界交流研讨会成果.

　　［21］台湾当局健康保险署. 公、民营事业机构受雇者月平均投保金额之成长率［EB/OL］. https：//www. nhi. gov. tw/Content_List. aspx？n = 152BE6866927E087&topn = 3185A4DF68749BA9&upn = 5E0B7204A12DA4B2，2018-03-05.

　　［22］台湾地区劳工保险局. 统计月报之平均投保薪资计算［EB/OL］. https：//www. bli. gov. tw/sub. aspx？a=vkBMjAnHGTo%3d，2018-11-04.

　　［23］台湾地区劳动部. 年改会劳保年金改革建议方案财务评估报告［R］. 2017：2.

台湾地区老农福利津贴制度剖析

毕琪英①

摘　要：为照顾农民晚年生活，台湾地区自 1995 年 6 月起开始发放老农福利津贴，至今已实施 23 年，走过了开办期、成长期及排富期三个阶段。劳工保险局统计资料显示，2017 年共有 614678 人领取老农福利津贴，总共金额为 53851837903 新台币。然而这些收入还比不上低收入审议标准与基本工资，"照顾老年农民生活，增进农民福祉"的目标还需要进一步落实。"农民健康保险条例"于 2018 年 6 月 13 日修正公布，目的是实现事权统一，增进农民职业安全和经济补偿，完善农民社会保险制度。但就农民整体社会保障来看，老农福利津贴毕竟是暂时性的、补充性的，仍面临着农民健康保险制度不健全、农民健康保险与老农福利津贴的体制无法结合、老农福利津贴补助水准偏低、被保险人资格认定困难等问题，因此需要健全农民保险制度、提高老农福利津贴水准及健全保险财务。为了更好地照顾老年农民生活，增进农民福祉，建议废除老农福利津贴，积极推动农民老年给付年金化。

关键词：老农福利津贴；农民健康保险；社会保险

一、前言

世界各国为维护国民健康，保障人民生活，并照顾老年人、残障人士及低收入者，均采用了社会保险方式搭配社会救助的措施。社会安全政策是台湾地区广受关注的基本政策，目的是重视社会各阶层的权利关系，保障人民生活和增进社会福利。台湾当局为谋求人民福祉，积极制定各种社会安全制度，陆续开办劳工保险（1950 年开办）、军人保险（1950 年 6 月开办）、公务人员保险（1958 年 9 月开办），以期建立完整的社会安全体系。

---

① 毕琪英，台湾社会保险教育发展协会副秘书长。

有鉴于军人、公教人员及劳工均享有老年给付的保障，而农民却没有老年给付项目，为照顾农民晚年生活，自 1995 年 6 月起开始发放老农福利津贴。基于社会福利资源不重复配置原则，明确规定已领取社会保险老年给付或其他由台湾当局发放的生活补助、津贴者不得重复申领老农福利津贴，避免产生不公平的现象。

随后，考虑到部分农民因早期领取微薄的社会保险老年给付而无法申领老农福利津贴的问题，同时照顾渔民，1998 年 11 月 11 日放宽了条件，使已领取社会保险老年给付并于 1998 年 11 月 12 日前参加农保或加入劳工保险的渔会甲类会员也可以领取老农福利津贴；但 1998 年 11 月 13 日以后再加入农保或劳工保险的渔会甲类会员，则不能领取老农福利津贴。

基于社会资源的有效利用及公平正义原则，真正照顾处于经济弱势的老年农民，2011 年 12 月 21 日政策修改时新增排富的规定，并为了使农民、渔民及社会大众充分了解适应，特别制定 1 年的缓冲宣导期，自 2013 年 1 月 1 日起新申请领取老农福利津贴的人才开始适用。此外，为了真正照顾对农业有长期贡献的农民的生活，于 2014 年 7 月 16 日将申领老农福利津贴的年资由 6 个月延长为 15 年，并增加须为台湾地区居民、设有户籍且最近 3 年内每年居住台湾地区超过 183 天为申请领取津贴的资格条件。

总体来说，农民保险是台湾当局为了贯彻社会保险政策、维护农民健康、增进农民福利、促进农村安定而基于自助互助的原则采取强制加保手段，在投保农民遭遇生育、伤害、疾病、残废及死亡等保险事件时提供保险给付，以保障农民基本健康的一种社会保险制度。然而农民保险无养老保险老年给付，无法保障农民老年生活。因此，推出了老农福利津贴，其意在利用社会救助方式照顾老年农民生活，增进农民福祉。[①]

二、老农津贴制度的发展沿革

1945 年以来，台湾地区积极推动土地改革和各项农业建设，目的是以农业带动工业发展，促进社会安定，在短时期内促进经济发展。为了肯定老年农民在青壮年时期对社会生产的贡献，在尚未建立农保老年给付制度前，有必要制定"老农福利津贴暂行条例"，以加强照顾农民的老年生活，增进农民福祉。[②]

就其发展沿革而言，可分为开办期、成长期及排富期三个阶段。

---

① 见"老年农民福利津贴暂行条例"第 1 条。
② 1995 年 5 月 19 日台湾地区立法机构三读通过"老年农民福利津贴暂行条例"。

（一）开办期（1995 年 6 月~1998 年 10 月）

1995 年 5 月 31 日公布"老农福利津贴暂行条例"，明文规定申请老农津贴的资格为：① 年满 65 岁且参加农保年资合计 6 个月以上。②不得领取其他社会保险的老年给付和同一期间内台湾当局发放的生活补助或津贴。此外，规定发放的福利津贴为每月 3000 新台币。① 1995 年 6 月 8 日农委会发布老农津贴申领及核发办法，依据台湾地区立法机构附带决议实施排富，其规定为：a. 农业用地、农舍以外的个人土地及房屋，按土地公告现值及房屋评定标准价格计算，合计超过 500 万新台币。b. 最近一年度其个人综合所得总额超过该年全年基本工资（14880 新台币）。c. 有关农业以外专任职业等排富规定。

（二）成长期（1998 年 11 月~2011 年 12 月）

考虑到部分农民因早期领取微薄社会保险老年给付而无法申领老农津贴的问题，并为了将渔民纳入照顾范围，1998 年 11 月 11 日公布修正后的"老农福利津贴暂行条例"，放宽条件，使已领取社会保险老年给付并于 1998 年 11 月 12 日前已参加农保或已领取劳保老年给付的渔会甲类会员且会员年资合计 6 个月以上者，可申领老农福利津贴。但 1998 年 11 月 13 日以后加入农保或加入劳工保险的渔会甲类会员，则不能领取老农福利津贴。并规定，因核发办法有关农业以外专任职业及排富规定无法领取津贴者，可申请补发，已领取社会保险老年给付者和"老农福利津贴暂行条例"修正通过后才加入农保者或加入劳保的渔会甲类会员，不适用本条例的规定。福利津贴仍维持每月 3000 新台币。② 1999 年 4 月 30 日农委会配合暂行条例修正了核发办法，删除了有关农业以外专任职业及排富的规定。

2000 年 6 月 14 日公布"老农福利津贴暂行条例"修订版，修正第 2 条，以适应台湾地区领导机构功能与组织调整。③ 2002 年 6 月 12 日公布修正"老农福利津贴暂行条例"第 4 条，增列第 2 项："本津贴的发放，经审查合格后，自受理申请日当月起算。"及第 6 项规定："老农津贴申领及核发办法，由台湾当局主管机关确定。"④此修正目的在于配合行政程序法的施行。

2003 年 12 月 17 日公布"老农津贴暂行条例"修正第 4 条、第 7 条条文；并增订第 4 条的 1 条条文；修正的第 4 条，自 2004 年 1 月 1 日施行，其重点为：①提高福利津贴为每月 4000 新台币，并规定福利津贴的金额调整机制，依据消

---

① "老农福利津贴暂行条例"（1995 年 5 月 31 日公布）。
② "老农福利津贴暂行条例"（1998 年 11 月 11 日公布修正）。
③ "老农福利津贴暂行条例"（2000 年 6 月 14 日公布修正）。
④ "老农福利津贴暂行条例"（2002 年 6 月 12 日公布修正）。

费者物价指数及实质薪资增长率平均值计算，每 5 年调整一次。②已领取社会保险老年给付者，于本条例 1998 年 11 月 11 日修正公布后，再加入农民健康保险者或加入劳工保险的渔会甲类会员，不适用。③溢领的福利津贴应由本人或法定继承人自事实发生之日起 30 日内缴还；未缴还者，应依法追诉。④请领老农津贴的权利，不得作为扣押、让与、抵销或供担保的标的。①

2005 年 12 月 28 日公布"老农津贴暂行条例"修正第 4 条、第 6 条、第 7 条条文；第 4 条自 2006 年 1 月 1 日施行，其重点在于提高福利津贴为每月 5000 新台币；② 其他修正条文自公布之日施行。

2007 年 8 月 8 日公布"老农津贴暂行条例"修正第 4 条，其重点在于提高福利津贴为每月 6000 新台币。③

(三) 排富期（2012 年 1 月迄今）

为了有效利用社会资源，顾及社会公平正义，真正照顾处于经济弱势的老年农民，2011 年 12 月 21 日公布"老农福利津贴暂行条例"修正第 4 条、第 6 条条文，新增排富的规定，并为了使农民、渔民及社会大众充分了解，特别制定 1 年的缓冲宣导期，规定自 2013 年 1 月 1 日起新申请领取老农津贴的人才开始适用。其修改重点如下：①自 2012 年 1 月 1 日起福利津贴调整为每月 7000 新台币。②调整机制为每四年调整一次，依据最近一年消费者物价指数较前次调整前一年的消费者物价指数增长率调整，据此，目前的老农福利津贴自 2016 年 1 月 1 日起调整为每月 7256 新台币。③自 2013 年 1 月 1 日起，开始实施排富条款。排富条款规定如下：

a. 最近一年度农业所得以外的个人综合所得总额，合计 50 万新台币以上。
b. 个人所有土地及房屋价值，合计 500 万新台币以上。④农委会于 2012 年 7 月 24 日配合暂行条例发布老农津贴申领及核发办法，并于 2012 年 12 月 25 日修正发布第 5 条、第 9 条条文，明确规定扣除计算土地价值的农业用地范围以及个人所有土地及房屋价值的定义，以利于排富工作。

此外，为了真正照顾对农业有长期贡献的老年农民生活，于 2014 年 7 月 16 日修正公布第 3 条条文，将申领老农津贴的年资由 6 个月延长为 15 年，并增列须为台湾地区居民、设有户籍且于最近 3 年内每年居住台湾地区超过 183 天，为申领老农福利津贴的资格。

① "老农津贴暂行条例"（2003 年 12 月 17 日公布修正）。
② "老农津贴暂行条例"（2005 年 12 月 28 日公布修正）。
③ "老农津贴暂行条例"（2007 年 8 月 8 日公布修正）。
④ "老农福利津贴暂行条例"（2011 年 12 月 21 日公布修正）。

三、老农福利津贴的内容

老年农民福利津贴的主管机关自上而下分为三级，第一级为行政管理机构的农业委员会；第二级为"直辖市"政府；第三级为县（市）政府。其核发及溢领催缴业务由台湾当局主管机关委托劳动部劳工保险局负责。

（一）核付对象

1. 老年农民

年满 65 岁的老年农民，在台湾地区设有户籍，且最近 3 年内每年居住超过 183 天；申领时参加农保且年资合计 15 年以上者，可领取全额津贴 7256 新台币；2014 年 7 月 17 日（含当日）以前已参加农保，且持续加保，于申领时加保年资合计 6 个月以上未满 15 年者，可领取半额津贴 3628 新台币；领取老农津贴的同一期间未领取台湾当局发放的生活补助或津贴者；已领取社会保险老年给付者，于 1998 年 11 月 12 日前已参加农保，且加保年资未中断。自 2013 年 1 月 1 日起，开始申请领取老农福利津贴的老年农民，财税机关提供有关部门公告的年度农业所得以外的个人综合所得税各类所得总额合计未逾 50 万新台币，或扣除农业用地、尚未征收及补偿的公共设施保留地、农舍、无农舍且实际居住的唯一房屋及土地、未产生经济效益的原住民保留地及未产生经济效益有公用地役关系的现有道路，个人所有的土地及房屋价值合计未逾 500 万新台币者，可领取老农津贴（无农舍且实际居住的唯一房屋的房屋评定标准价格及其土地公告现值合计未超过 400 万新台币者，可以按其价值全数扣除；超过者，以扣除 400 万新台币为限）。

2. 老年渔民

年满 65 岁国民，在台湾地区设有户籍，且最近 3 年内每年居住超过 183 天；申领时已领取劳工保险老年给付，于 1998 年 11 月 12 日以前加入劳工保险的渔会甲类会员，且劳保年资及渔会甲类会员年资均未中断；领取老农津贴的同一期间未领取台湾当局发放的生活补助或津贴者；自 2013 年 1 月 1 日起，开始申请领取老农津贴的老年农民，财税机关提供有关部门公告年度的农业所得以外的个人综合所得税各类所得总额合计未逾 50 万新台币，或扣除农业用地、尚未征收及补偿的公共设施保留地、农舍、无农舍且实际居住的唯一房屋及土地、未产生经济效益的原住民保留地及未产生经济效益有公用地役关系的现有道路，个人所有的土地及房屋价值合计未逾 500 万新台币者，可以领取老农津贴（无农舍且实际居住的唯一房屋的房屋评定标准价格及其土地公告现值合计未超过 400 万新台币者，可以按其价值全数扣除；超过者，以扣除 400 万新台币为限）。

（二）核付标准

（1）符合请领资格的农民、渔民自申请当月起按月发放 7256 新台币或 3628 新台币，至本人死亡当月止。

（2）每四年依消费者物价指数增长率调整发放金额，但增长率为零或负数时，不予调整。

申请人如果对行政机关不予发放津贴的核定有异议，可依照"诉愿法"第 7 条以及第 56 条规定收到通知的次日起 30 日内经由台湾地区行政管理机构农业委员会提起诉讼。

四、老农福利津贴实施现状

鉴于军人、公教人员及劳职者参加军人、公教人员保险或劳保均享有老年给付的保障，而农民参加农民健康保险没有老年给付项目，台湾当局为照顾农民晚年生活，特于 1995 年 5 月 31 日制定公布"老农福利津贴暂行条例"，自当年 6 月 1 日起开始发放老农福利津贴每月 3000 新台币，并明确规定已领社会保险老年给付者不得申领老农福利津贴。随后，考虑部分农民因早期领取微薄社会保险老年给付无法申领老农津贴的问题，并将老年渔民纳入照顾范围，于是在 1998 年 11 月 11 日修正放宽条件，使已领取社会保险老年给付并于 1998 年 11 月 12 日前已参加农保或加入劳工保险的渔会甲类会员也可以领取老农福利津贴；只是 1998 年 11 月 13 日后加入农保或加入劳工保险的渔会甲类会员，不得领取老农福利津贴。

此外，基于有效利用社会资源及维护社会公平正义原则，为照顾真正经济弱势的老年农民和渔民，2011 年 12 月 21 日再次修正"老农福利津贴暂行条例"，新增排富的规定，同时为使农民、渔民及社会大众充分了解适应新政策，特制定 1 年的缓冲宣导期，自 2013 年 1 月 1 日起开始施行新规定。

上述期间，台湾当局为保障老年农民基本经济生活，自 2004 年 1 月起将福利津贴由 3000 新台币调整为 4000 新台币；自 2006 年 1 月起由 4000 新台币调整为 5000 新台币；2007 年 7 月起由 5000 新台币调整为 6000 新台币；2012 年 1 月起由 6000 新台币调整为 7000 新台币；2016 年 1 月 1 日起由 7000 新台币调整为 7256 新台币，劳动部劳工保险局均适时完成相关准备工作，使本项津贴均如期顺利发放，确保津贴请领人权益（见表 1）。①

---

① "老农津贴业务总报告"，台湾地区农委会 2012 年 2 月 19 日农辅字第 1020704643 号函备查。

表 1　历次老农津贴发放金额的调整情形

制（修）定时间	实施时间	发放金额（新台币）
1995 年 5 月 31 日	1995 年 6 月起	3000
2003 年 12 月 17 日	2004 年 1 月起	4000
2005 年 12 月 28 日	2006 年 1 月起	5000
2007 年 8 月 8 日	2007 年 7 月起	6000
2011 年 12 月 21 日	2012 年 1 月起	7000
2011 年 12 月 21 日	2016 年 1 月起	7256

资料来源：依据"老年农民福利津贴暂行条例"历次修正整理。

老年农民福利津贴自 1995 年 6 月起发放，至今已逾 23 年，截至 2017 年 12 月底受惠农民、渔民达 614678 人，有效保障了老年农民、渔民晚年的基本经济生活，增进了生活福祉，拉近了国民经济地位的差距，并有助于健全社会福利体系。

综观历年来老农福利津贴核发人数的趋势，可以看出核发人数一开始缓缓上升，至 2008 年达最高点，有 710031 人，2009 年以后呈现缓慢下降趋势。究其缘由，除因农保无参加年龄上限的规定，造成被保险人年龄层偏高，导致老农津贴请领人自然减少外，同时参加农保的被保险人数已达饱和状态，自然产生逐年减少的情形。

另外，从核发总金额状况来看，2002~2003 年缓升，2004~2007 年历经三次发放金额的调整，2003~2008 年的发放金额呈急剧增长，2009 年以后则随被保险人数逐年减少而呈缓慢下降趋势，至 2012 年又因发放金额的调整而呈现急剧增长，当年发放老农福利津贴的金额达到最高点，年度总发放金额达到 56360067479 新台币，后又呈现逐年缓慢下降趋势（见表 2）。

表 2　1995~2017 年老农津贴核发件数与金额统计

年份	核发人数	核发金额（新台币）	备注
1995	315192	5627721000	
1996	366059	12426828000	
1997	425947	14210445000	
1998	441665	15742716000	
1999	588429	24327396000	
2000	635838	23188599000	

年份	核发人数	核发金额（新台币）	备注
2001	656460	23244746000	
2002	669779	23761377000	
2003	677048	24129852000	
2004	688840	32107394000	
2005	696808	33198715194	
2006	703238	41215969118	
2007	707045	45710902264	
2008	710031	50918357370	核发人数高点
2009	706308	50843201687	
2010	696143	50535153344	
2011	684637	49616709384	
2012	674870	56360067479	核发金额高点
2013	664995	56261115101	
2014	651482	55290922734	
2015	638334	54075930579	
2016	627329	54755605485	
2017	614678	53851837903	

资料来源：台湾地区劳工保险局。

依据"老农福利津贴暂行条例"规定，年满65岁、申领时参加农民健康保险加保年资合计6个月以上的农民或已领取劳工保险老年给付的渔会甲类会员且会员年资合计6个月以上者，才可以领取老农福利津贴。根据2017年申领老农福利津贴时，领取的年龄及性别分析统计显示，男性领取人数为256277人（占41.69%），女性领取人数为358401人（占58.31%），领取年龄在65~69岁者为108405人（占17.64%），领取年龄在70~79岁者为243541人（占39.62%），领取年龄在80~89岁者为222554人（占36.21%），领取年龄在90~99岁者为39351人（占6.40%），领取年龄在100岁以上者为827人（占0.13%）（见表3）。

2017年台湾当局公布的统计资料显示，台湾地区居民平均寿命为80.0岁，其中男性为76.8岁，女性为83.4岁，上述申领老农福利津贴统计资料与台湾地区的平均寿命统计资料相吻合。

表3 2017年申领老农福利津贴年龄及性别分析统计

项目 年龄	男性		女性		合计	
	人数	百分比（%）	人数	百分比（%）	人数	百分比（%）
65~69岁	46848	7.62	61557	10.01	108405	17.64
70~79岁	104623	17.02	138918	22.60	243541	39.62
80~89岁	91498	14.89	131056	21.32	222554	36.21
90~99岁	13097	2.13	26254	4.27	39351	6.40
100岁以上	211	0.03	616	0.10	827	0.13
合计	256277	41.69	358401	58.31	614678	100.00

资料来源：台湾地区劳工保险局。

五、老农福利津贴面临的问题及未来改革方向

台湾地区社会保险架构仍以世界银行"二十一世纪老年收入保障：年金体系与改革的国际观点"（*Old-Age Income Support in the 21st Century: An International Perspective on Pension Systems and Reform*）的多层次老年经济保障模式为设计基础，并于1950年创办劳工保险、1950年6月创办军人保险、1958年9月创办公务人员保险（1999年合并私立学校教职员保险为公教人员保险），逐步延续发展，建立完整的职域性社会安全体系。然而农民的保障却无法与劳工、军人或公教人员相比较，无法落实台湾地区宪制性规定基本国策的目标，更无法让农民获得实质生活的保障，就整个农民健康保险与老农福利津贴制度来看，下列问题仍有待改善。

（一）面临的问题

1. 农民健康保险制度不健全

（1）缺乏伤病给付、老年给付及遗属给付。目前农民健康保险给付仅有生育给付、身心障碍给付及丧葬津贴，不如劳工保险的给付完整，劳保给付包括普通事故保险和职业灾害保险两类，普通事故保险有生育、伤病、失能、老年和死亡五种给付，其中失能、老年和死亡三种给付已经年金化，职业灾害保险有伤病、医疗、失能和死亡四种给付。显然农民健康保险给付缺乏职业灾害保险给付、老年给付和死亡遗属给付。

1994年台湾地区行政管理机构函请台湾地区立法机构审议"老农福利津贴暂行条例草案"时，强调尚未建立农民老年给付或农民年金制度前实有必要加强照顾老年农民的生活，因而拟具"老农福利津贴暂行条例草案"提请审议。显

然农民健康保险制度缺乏老年给付，而推出老农福利津贴制度，只是暂时性补充性的措施。

（2）给付标准偏低。投保金额关系到保险费计算，亦关系到保险给付的支付，然而农民健康保险自开办以来，核定实施的月投保金额为10200新台币，迄今尚未调整，以至于丧葬津贴仅能领取153000新台币，失能给付最高为408000新台币，生育给付为20400新台币；比不上劳工保险，依据2018年4月劳工保险局统计月报，劳工保险的平均投保薪资为31467新台币，丧葬津贴应领157335新台币，尚有遗属津贴最高944010新台币，失能给付最高应为1258680新台币，生育给付为62934新台币。

（3）财务不健全。依据现行"农民健康保险条例"第11条第2项规定：前项月投保金额由保险人按劳工保险前一年度实际投保薪资的加权平均金额拟订，报请台湾当局主管机关核定。据此，"农民健康保险条例"于1989年7月1日实施之初，农保被保险人投保金额为10200新台币，然而2010年劳保投保薪资的加权平均金额已达28800新台币，远高于目前投保金额10200新台币。目前农保投保金额仍因政治因素停留在10200新台币，不符合实情，保险费收入无法增加，而给付支出持续上涨，造成农保财务亏损与日俱增，财务结构愈趋恶化。

依据"农民健康保险条例"第11条第1项规定：本保险的保险费率，由台湾当局主管机关按被保险人月投保金额6%～80%拟订，报请台湾地区行政管理机构核定。全民健康保险实施前，农民健康保险的保险费率原核定为6.8%。为配合全民健康保险的实施，农民健康保险的医疗保险转移至全民健康保险，扣除医疗保险保险费4.25%，农保保险费率为2.55%。自此一直维持在2.55%。然而依据"农民健康保险费率报告"，精算结果农保平衡费率应为5.11%，与现行2.55%保险费率的差距已达2.56%，如果不适度调整，农保亏损问题无法解决。

2. 农民健康保险与老农福利津贴的体制无法结合

目前社会保险中，农民经济安全保障以农民健康保险与老农津贴为主，然而农民健康保险采取社会保险方式，而老农津贴则采取社会救助方式。一个为社会保险，财源来自保险费，一个为社会救助，财源来自台湾当局预算，领取老农津贴后农保并未中断，继续维持加保生效中，若领取老农津贴后中途农保退保，老农津贴仍继续核发至死亡为止，明显可以看出两种制度无法结合。

3. 老农福利津贴补助水准偏低

依据"老年农民福利津贴暂行条例"第4条第1项规定：符合资格条件的老年农民可申请发放福利津贴，自2012年1月1日起调整为每月7000新台币，发放至本人死亡当月止；其后每四年调整一次，参照最近一年消费者物价指数较前次调整的前一年消费者物价指数增长率公告调整，但增长率为零或负数时，不予调整。津贴的发放经审查合格后，自受理申请日当月起算。自 2016 年 1 月 1 日起由 7000 新台币调整为 7256 新台币，然而该补助金额比不上劳工的基本工资 22000 新台币，更比不上金马地区低收入最低所得审查水准 10290 新台币。

4. 被保险人资格认定的问题

依据"农民健康保险条例"第 5 条第 1 项规定："农会法"第十二条所定的农会会员，未领取相关社会保险老年给付者，可以参加本保险为被保险人。同条第 2 项规定：非前项农会会员，年满十五岁以上从事农业工作的农民，未领取相关社会保险老年给付者，可以参加本保险为被保险人。由此农保被保险人分成农会会员与非农会会员两部分，农会会员依据基层农会会员资格审查及认定办法由理事会审查，非农会会员依据从事农业工作农民申请参加农民健康保险认定标准及资格审查办法由七人小组审查，同样是农民却有不同的审查标准与审查方式，增加农保被保险人认定的困扰，特别是农会会员由理事会审查，理事会每两个月开会一次，此更影响加保的时效，进而影响老农福利津贴的申领资格。

(二) 改革方向

1. 健全农民保险制度

目前台湾当局积极推动年金改革，农民保险制度应纳入改革方向，比照劳工保险的普通事故保险，分生育、伤病、失能、老年和死亡五种给付，仍实施失能年金、遗属年金及老年年金。

有关保险给付标准也应考虑国民生活标准、物价指数、通货膨胀等因素，提高农民健康保险投保金额，从而提高给付标准。

2. 提高老农福利津贴水准

目前老农福利津贴每月 7256 新台币，比不上劳工的基本工资 22000 新台币，更比不上低收入审查标准，应适度提高到可以维持农民的基本生活水平。

3. 保险财务健全化

农民健康保险制度财务亏损主要是被保险人老年化、事故率增加、投保薪资及保险费率偏低、财务收入不足、缺乏适度保险基金、无基金运用利润，台湾当局应深入研究财务制度，消除不利因素，增加财务收入，减少不适当支出，这样才能保障农民的社会福祉。

六、结语

老农津贴制度始于 1995 年，当时台湾地区县市长选举倡议老人福利津贴，后来再针对老农提出发放老农福利津贴。在当时政治选举政策买票的氛围下，先后通过了"老人福利津贴暂行条例"及"老农福利津贴暂行条例"，当时之所以通过"暂行条例"，是期盼能在短期内制定"国民年金保险制度"，以此作为

"暂行条例"的落日。但没想到这两项暂行条例中"老人福利津贴暂行条例"一直到 2010 年 10 月 1 日 "国民年金保险"制度实施后，终于结束老人福利津贴制度。但是"老农福利津贴暂行条例"继续实施，迄今已实行了 23 年。从 1995 年开始发放老农福利津贴以来，发放金额每逢大选就提高一次，从 1995 年的 3000 新台币，到 4000 新台币、5000 新台币，一路往上调整，最后调高到现行的 7256 新台币。23 年来台湾当局总共支出已超过 8000 亿新台币，这些支出终究是由全体纳税人来负担。

这说明任何的福利政策一旦给了民众，要加以调整或是减少，必然会遭遇到既得利益者的反对，老农福利津贴就是明显的例子。

然而是什么原因造成今日老农福利津贴发放的林林总总问题呢？我们可以从 2012 年 "监察院"的报告看出端倪。由于现阶段申请老农福利津贴的条件过于宽松，仅需参加农保的年资合计满 6 个月以上，就可在 65 岁以后申请老农福利津贴。在 2014 年条例修订前，舆论界皆认为申请老农福利津贴的条件过于宽松，再加上申请加入农保的资格门槛极低，仅需持有农地面积达 0.1 公顷，因此造成许多民众为投保农保而购买 0.1 公顷农地，甚至出现民间中介机构代售农地的服务，这不仅导致非农业从业人员享有老农津贴，违反社会公平正义，更因分割农地造成农地破碎影响农业整体发展。

再者，根据农委会农业统计资料系统结果显示，截至 2017 年底农业就业人口为 55.7 万余人，然而 2017 年底农保被保险人高达 117 万人，显然农保中约有 61 万余人并非从事农业劳动人口。另外，根据 2001~2011 年老农福利津贴申请合格案件农保年资统计表显示，有五成申请者未满 15 年，因此老农津贴的运用是否真正符合立法初衷，值得厘清。

此外，老农福利津贴发放时依据的规定全名为"老农福利津贴暂行条例"，也就是说，此规定是暂时性的，然而此"暂行条例"从开办至今已实施 23 年，期间更因为选举还加码了四次。不断调高老农福利津贴的发放金额，不仅排挤其他社会福利津贴及"国民年金保险"老年年金的给付金额，也给国家造成巨大的财政负担，严重影响整个社会资源的平衡配置。

有鉴于此，为了捍卫长期务农的老年农民权益，"老农福利津贴暂行条例"第 3 条条文已于 2014 年 7 月 16 日修正公布，要求申领者应具备的农保年资由 6 个月提高至 15 年，与劳工领取老年年金的投保年资相同。这项改革将有助于照顾真正长期务农的农民，节省的经费也能够用于农业建设，因而深受民众广泛支持。

然而老农福利津贴的修订虽然暂时解决了"假农民"的问题，但是未能解决老农津贴制度的根本问题，也就是迈向"国民年金保险"制度，让所有国民不因职业使老年的年金保障有所差异，形成职业不平等的现象。或者改善目前农民保险体制，参照劳工保险增列养老年金、失能年金和遗属年金，同时也让"老农福利津贴暂行条例"能够落日，回归到真正的年金保险制度。

参考文献

［1］台湾地区老农津贴简介［EB/OL］. https：//www. bli. gov. tw/sub. aspx？a＝Oujr2X%2bYQ%2bI%3d.

［2］台湾地区农民保险给付业务［EB/OL］. https：//www. bli. gov. tw/sub. aspx？a＝nJHz4Axz7rA%3d.

［3］台湾地区"内政部". 农民健康保险费率精算及财务评估［R］. 2011：48.

［4］台湾地区农民福利［EB/OL］. https：//www. coa. gov. tw/ws. php？id＝1016.

台湾地区长期照顾服务制度发展研究

郑清风①

摘　要：台湾地区长期照顾相关政策发展轨迹开始于 20 世纪 80 年代，在此之前大多是家庭与民间志愿服务力量来提供老人照顾、长期照顾的服务，且当时大多是未立案的安养机构，整体社会长期照顾资源较少。随着医疗科技进步，人口平均寿命增加，人口老化趋势逐渐加速，台湾当局随即意识到人口老化给家庭与社会带来的冲击，更加重视老人及长期照顾相关政策，并分别从不同行政体系研究发展规划台湾地区长期照顾政策，例如 2017 年 1 月起实施的"长期照顾十年计划 2.0"和 2017 年 6 月 3 日实行的"长期照顾服务法"，回应人口老化的需求，健全长期照顾服务体系提供长期照顾服务，确保照顾和支持的服务质量，发展普及化、多元化及可负担的服务，保障接受服务者与照顾者的尊严和权益。

关键词：长期照顾；长期照顾服务体系；喘息服务

一、前言

截至 2015 年底，台湾地区 65 岁以上人口有 293 万人，占人口总数的 12.51%，老化指数已达 92.2，已经迈入联合国世界卫生组织定义的高龄化社会（老年人口超过 7%）；并且 2018 年老年人口将达 14.6%，迈入高龄社会；至 2025 年，台湾地区老年人口将达总人口的 20.1%，老年人口将占 1/5，将迈入超高龄社会。② 人口老化伴随疾病形态化、健康问题障碍化、照护内容复杂化、照护时间长期化等问题，而家庭的照顾功能逐渐弱化，造成个人与家庭的照顾压力日益加重，使得长期照顾需求人数也同步增加，进而衍生出社会与经济问题。

---

① 郑清风，澳门社会保险学会荣誉顾问、中华社会保险学会理事、台湾健康保险学会常务理事、台湾社会保险教育发展协会常务秘书长。

② 台湾地区 2016 年 11 月 16 日院总第 1619 号委员提案 19842 号台湾地区立法机构议案关系文书长期照顾保险法草案总说明。

长期照顾是针对不同年龄、身份、性别、障别的身心失能，且有长期照顾需求者，提供其所需的社区式、居家式及机构式等照顾服务。它已成为各国政府与国民共同面对的重大风险课题，世界卫生组织亦建议先进国家应积极建立全国普及式长期照顾制度。台湾地区于 1998 年起陆续推动"建构长期照护先导计划""新世纪健康领航计划""加强老人安养服务方案""照顾服务福利及产业发展方案"和"长期照顾十年计划"等各项方案，积极应对高龄化时代的来临。①

台湾地区为健全长期照顾服务体系，提供长期照顾服务，确保照顾及支持服务质量，发展普及式、多元化及可负担的服务，保障接受服务者与照顾者的尊严和权益②，于 2015 年 6 月 3 日公布了"长期照顾服务法"，并自公布后两年施行，即于 2017 年 6 月 3 日施行。2017 年 1 月 26 日又修正公布"长期照顾服务法"部分条文，修正第 15 条增加遗赠税及烟税调增税率；此外，修正第 22 条及第 62 条规定，现行长期照顾机构可持续营运，除保障现有服务对象权益之外，亦强化长期照顾 2.0 社区整体照顾服务体系发展。

随着人口老化及照顾服务需求多元化，为满足失能、失智人口增加所衍生的长期照顾需求，提供从支持家庭、居家、社区到住宿式照顾的多元连续服务，建立以社区为基础的长期照顾服务体系，自 2017 年 1 月起实施"长期照顾十年计划 2.0"，以应对高龄化社会的长期照顾问题。

完整性的长期照顾制度，需有稳固财务的支持，一个家庭若有失能（智）成员需要照顾，仅由家庭或个人来筹集长期照顾服务所需资金，或者由家人照顾，在迈入老年化、少子女化社会之际，对于一般家庭而言，负担颇大。因此，必须结合整体社会的力量，以社会保险方式，发挥全民自助及互助的精神，共同分担长期照顾风险，以获得长期照顾的保障，减轻失能者及其家庭的财务负担。台湾地区行政管理机构拟写了"长期照顾保险法"草案，本草案共分十章八十二条，移送立法机构审议，只是该"长期照顾保险法草案"于 2016 年 11 月 18 日一读（委员会待审）后仍摆在立法机构③，甚为遗憾。

二、台湾地区人口老化与家庭结构改变趋势

（一）人口结构快速老化

台湾地区自 1993 年起，已达联合国世界卫生组织所定义的高龄化社会的标

---

① 台湾地区行政管理机构 2014 年 5 月 7 日院总第 1619 号函审议长期照顾服务法草案总说明"立法院"议案关系文书。

② 见"长期照顾服务法"第 1 条。

③ 台湾地区立法机构 2016 年 11 月 16 日第 9 届第 2 会期第 11 次会议议案关系文书院总第 1619 号委员提案第 19842 号长期照顾保险法草案总说明。

准，65 岁以上老年人口比率达 7.1%（149.8 万人），至今老年人口比率持续攀升，幼年人口（0~14 岁）比率持续下降，截至 2015 年底，65 岁以上人口比率为 12.5%（293.8 万人），0~14 岁人口比率为 13.57%（318.7 万人），老化指数自 1991 年的 24.79% 一路升高至 2015 年 92.18%。

台湾地区将于 2018 年进入高龄社会，届时老年人口比率将达 14.5%（343.4 万人）；2026 年将迈入超高龄社会，老年人口比率将达 20.6%（488.1 万人）；2061 年，老年人口比率将继续升高至 38.9%（715.2 万人）。

人口快速老化是世界各国人口结构变迁的普遍现象，只是受人口结构的影响，各国人口老化的速度不尽相同。目前日本及西欧国家 65 岁以上人口占总人口比率已超过 14% 以上，已是高龄社会，然而各国自 7% 的高龄化社会增加至 14% 高龄社会的速度各有差异，日本需要 24 年、韩国 19 年、新加坡 20 年、美国 71 年、英国 40 年、德国 47 年，法国最长，为 127 年；预估台湾地区老化速度将与日本相似，历时约 25 年。至于达到 20% 的超高龄社会，预估台湾地区在 2026 年左右达到；此外，由高龄社会进入超高龄社会更缩短为 8 年，届时平均每 5 个人中就有 1 位是 65 岁以上的老人，显示台湾地区人口高龄化的进程将越来越快，人口老化的速度远比欧美各国快。而更为重要的是台湾地区应对高龄社会的时间非常紧急。

（二）家庭结构改变

台湾地区家庭结构快速改变，1996 年家庭人数为 3.57 人，截至 2017 年，家庭人数下降为 2.73 人（见图 1），呈现逐年下滑的趋势，亦可说明台湾地区家庭照顾人力越来越少。

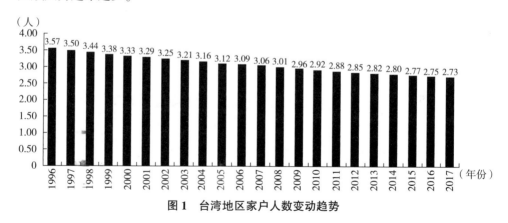

图 1 台湾地区家户人数变动趋势

此外，伴随台湾地区长期照顾需求的增加，家庭照顾负荷日趋沉重。《2013 年老人状况调查报告》显示：在日常生活起居活动有困难者中，高达 63.3% 的老人是在家由家人照顾。另有调查指出，超过 1/4 的照顾者因照顾失能者有"压力性负荷"。未来家庭人数持续减少的趋势和女性劳动参与率日渐增加，共同导致家庭照顾功能更趋薄弱，照顾者负荷日渐沉重，因此规划长期照顾制度以支持家庭照顾能力，应对人口老化需求，有其必要性。

三、长期照顾需求快速成长

随着老年人口快速成长，慢性病与功能障碍的盛行率将急剧上升，相应地，失能人口也将大幅增加，长期照顾需求也随之剧增。

（一）长期照顾服务对象

在过去的相关文献中，对于长期照顾的界定较常采用 Kane 和 Kane（1987）的定义：长期照顾是指对身心功能障碍者，在一段长时间内，提供一套包括长期性的医疗、护理、个人与社会支持的照顾；其目的在于促进或维持身体功能，增强独立自主的正常生活能力；而 Weissert（1991）则更广义地定义长期照顾的服务对象，认为长期照顾服务对象包含所有年龄组的人口，罹患慢性病及身心障碍者均为其服务对象，且此服务可在机构、非机构及家庭中提供。整体而言，长期照顾是提供给需要协助的个人（因身体或心智失能）的多元性的、持续性的健康及社会服务；服务可能是在机构、护理之家或社区中提供；且包括由家人或朋友提供的非正式服务，以及由专业人员或机构所提供的正式服务。

对于长期照顾的需求，通常以下列三类功能损伤程度作为评估依据：①日常生活活动功能（Activities of Daily Living，ADLs），如进食、移位、室内走动、穿衣、洗澡、上厕所等。②工具性日常生活活动功能（Instrumental Activities of Daily Living，IADLs），如烹饪、洗衣、购物、理财、室外行动等。③心智功能。总体来说，吃饭、上下床、更换衣服、上厕所、洗澡、室内外走动等日常生活功能，或是煮饭、打扫、洗衣服等工具性日常生活活动功能受损以及认知功能障碍等导致的需要由他人提供照顾服务者，都是长期照顾的对象。

（二）长期照顾需求人数预测

历年的长期照顾需求调查结果因涵盖对象、评估指标等调查方法上的不同而有些许差异，但仍可看出长期照顾需求有逐渐增加的趋势。李世代等（1999）的调查结果指出 65 岁以上老人的失能率为 2.9%～5.4%；吴淑琼等（2002）的全国长期照顾需要评估调查则发现 50 岁以上人口的长期照顾需要盛行率达 7.3%；2010 年的人口普查资料则显示老人的长期照顾需要率为 12.7%。以人口普查资料结果进行预测，长期照顾需要人数将由 2017 年的约 55.7 万人，增加至 2026 年的 77 万人以上，其中 65 岁以上老人所占比率更是逐年上升，而 65 岁以下的需要人数则大致持平（见图 2）。

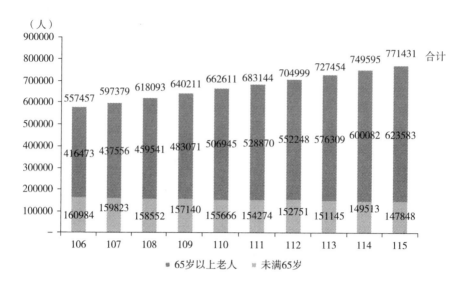

图2 长期照顾需要人口推估图

四、长期照顾制度的发展

台湾地区长期照顾相关政策发展轨迹始于 20 世纪 80 年代，此前主要是由家庭与民间志愿服务力量提供老人照顾、长期照顾的服务，且当时大多为未立案的安养机构，社会整体长期照顾资源甚少。随着医疗科技的进步，人口平均寿命增加，人口老化趋势逐渐加速，台湾地区行政管理机构随即意识到人口老化给家庭与社会带来的冲击，从而更加重视老人及长期照顾相关政策，并分别从不同行政体系研究规划台湾地区长期照顾政策，以应对人口老化的需求。

回顾社会行政体系长期照顾政策，人口老化政策以 1980 年公布实施的"老人福利法"为起点，其后陆续公布"社会福利政策纲领"（1994 年）、"加强老人安养服务方案"（1998~2007 年）、"照顾服务福利及产业发展方案"（2002~2007 年）等重大政策，并修订"老人福利法"（1997 年、2007 年）、"社会福利政策纲领"（2004 年）及"台湾健康社区六星计划"（2005~2008 年）等；回顾卫生行政体系长期照顾政策，主要有"建立医疗网第三期计划"（1997 年）、"老人长期照护三年计划"（1998 年）、"医疗网第四期计划"（新世纪健康照护计划）（2001~2005 年）、"全人健康照护计划"（2005~2008 年）。

据此，台湾地区长期照顾制度建构方向从行政体系各自发展的政策，逐渐朝向整合长期照顾相关机构的政策与资源方向。有鉴于长期照顾业务涵盖社会行政与卫生行政主管机关，包括服务内涵、设施设备标准、专业人员规定等皆有所不同，社会福利推动委员会即于2000～2003年推动"建构长期照护体系先导计划"，进行为期三年的社区实验计划，以试验多元化服务方案与设施，整体勾勒出台湾地区长期照顾体系的策略蓝图。其中，更于2004年成立长期照顾制度规划小组，2005年通过五项台湾地区长期照顾制度规划研究报告，并于2006年专项补助台湾地区社会工作专业人员协会进行"台湾地区长期照顾十年计划规划报告"，而后多次召开工作会议与焦点团体讨论，依照行政程序于2007年通过核定"台湾地区长期照顾十年计划——大温暖社会福利套案的旗舰计划"，订立基本目标为"建构完整的台湾地区长期照顾体系，保障身心功能障碍者能获得适切的服务，增进独立生活能力，提升生活品质，以维持尊严与自主"，据以建构台湾地区长期照顾制度。

"长期照顾十年计划"实施后，仍有长期照顾资源分布不均的情形出现，为加强资源不足区域奖励长期照顾服务资源发展，塑造良好劳动环境以留住人才，提升照护机构服务品质，借此推动长期照护服务网计划2013～2016年中程计划，自计划开始已加速布置资源不足区域的长期照顾资源，预计2016年在89个资源不足的地方均设有服务据点或其他服务资源、26大区均有失智症专属社区服务，并规划2016年底前布置40处小规模多机能服务，且达成于每一乡镇市区至少设置一处多元日间照顾资源的目标。

同时，为健全长期照顾服务体系的发展，台湾地区于2015年5月15日经立法机构三读通过"长期照顾服务法"，该规定于2015年6月3日公布，共7章66条，内容涵盖长期照顾服务内容、人员管理、机构管理、受照顾者权益保障、服务发展奖励措施五大要素。

随着人口老化及照顾服务需求多元化的发展，为应对失能、失智人口增加所衍生的长期照顾需求，提供从支持家庭、居家、社区到住宿式照顾的多元连续服务，建立以社区为基础的长期照顾服务体系，自2017年1月起实施"长期照顾十年计划2.0（2017—2026年）"以应对高龄化社会的长期照顾问题。

五、长期照顾十年计划2.0

（一）计划重点

台湾地区卫生福利部为应对高龄化社会，建立优质、平价、普及的长期照顾服务体系，实现在地老化，完善长期照顾服务体系，将推动"长期照顾十年计划2.0（2017—2026年）"（见图3）。

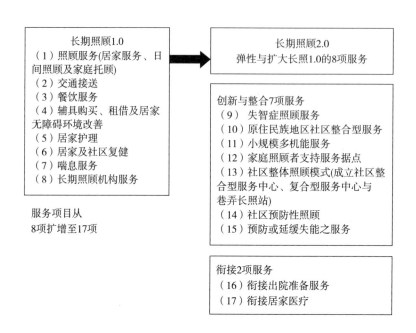

图3 长期照顾 2.0 扩大服务项目

1. 计划总目标

（1）建立优质、平价、普及的长期照顾服务体系，发挥社区主义精神，让有长期照顾需求的老人可以获得基本服务，在自己熟悉的环境安心享受老年生活，减轻家庭照顾负担。

（2）实现在地老化，提供从支持家庭、居家、社区到机构式照顾的多元连续服务，普及照顾服务体系，建立关怀社区，期望能提升长期照顾需求者与照顾者的生活质量。

（3）衔接前端初级预防功能，预防保健、活力老化、减缓失能，增进长者健康福祉，提升老人生活质量。

（4）向后端提供多目标社区式支持服务，例如在宅临终安宁照顾等，减轻家属照顾压力，减少长期照顾负担。

2. 实施策略

（1）建立以服务使用者为中心的服务体系。

（2）发展以社区为基础的小规模多机能整合型服务中心。

（3）鼓励资源发展因地制宜与创新化，缩小城乡差距，凸显地方特色。

（4）培植以社区为基础的健康照顾团队。

（5）健全县市照顾管理中心组织定位与职权。

（6）提高服务补助效能与弹性。

（7）开创照顾服务人力资源职业发展策略。

（8）强化照顾管理资料库系统。

（9）增强行政管理机构发展资源的能量。

（10）建立行政管理机构总量管理与研发系统。

3. 计划期间及经费需求

2017 年经费为 177.52 亿新台币（见表 1），至 2026 年总经费预估需要 3148.73 亿新台币。

表 1　2017 年长期照顾十年计划 2.0 经费预算编列表

服务项目	2017 年经费（亿新台币）	主管部门
居家服务	65.66	"卫生福利部"
日间照顾	11.96	
家庭托顾	1.09	
营养餐饮	1.41	
交通接送	3.22	
长期照顾机构服务	2.47	
居家护理	0.32	
居家及社区复健	0.42	
喘息服务	2.79	
照管中心及服务资源管理之人力及业务推动	7.05	
弹性与扩大服务；创新与整合服务；充实原住民、偏乡长期照顾服务等	65.87	
鼓励劳工从事机构照顾服务工作	2.78	"劳动部"
补助办理照顾服务员职业训练		
健康照顾产学中心计划	0.01	"教育部"
长期照顾与身心障碍医疗复健服务	12.47	"退辅会"
社区医疗服务		
高龄医学发展与照顾		
安养机构照服员及护理人员费用		

注：原住民族的长期照顾资源布建经费由卫生福利部编列预算的相关项目支出。

4. 重要绩效指标

（1）服务项目从现有 8 项扩增到 17 项，提供多元、弹性与连续的服务选择；同时参考服务单位创新概念，推动多元照顾服务模式。

（2）居家服务 2017 年服务 85968 人，每年至少增长 7%，至 2026 年居家服务单位共计 392 家。

（3）设立日间照顾服务中心，每年新增 60 处，预计至 2026 年达到 887 处；使照顾服务布点更密集，预计 2026 年家庭托顾数 210 处、社区照顾关怀据点 3500 处。

（4）强化家庭照顾者服务体系，至 2026 年预计设立 44 处服务据点，服务 6 万人次。

（5）于 2016 年底结合县市政府及民间服务提供单位试办，推动社区整体照顾模式，预定 2026 年共发展社区整合型服务中心 469 处、复合型服务中心 829 处、巷弄长期照顾站 2529 处。

（6）照管中心人力由现行 353 人提升至 2019 年的 1304 人；预计 2025 年有 57766 名照顾服务员和 4382 名社会工作人员投入长期照顾服务领域。

5. 推动机制

由长期照顾推动小组协调整合跨部会、各级政府部门与民间部门的事务；将成立跨局处室长期照顾推动小组，整合跨局处室共同推动发展符合辖区内失能者需求、因地制宜的长期照顾服务。

（二）计划的特色

1. 社区整体照顾 ABC 模式，实现在地老化

整合长期照顾服务单位各自分立的服务资源，落实在地老化政策目标，广结医疗、护理、社福、长期照顾，以及社区基层组织，共同建设社区整合型服务中心（A）、复合型服务中心（B）、巷弄长期照顾站（C），建构密集的照顾资源网络，提供民众整合、弹性且具近便性的照顾服务。不漏接任何一个照顾需求，只要需要 A、B、C 任何等级的服务，即可接触到社区整合长期照顾服务网。未来目标是在 2020 年底前至少布建 A、B、C 级各 469、829、2529 处据点，使照顾服务更普及。

2. 扩大服务对象及项目

在服务对象扩大方面，除 65 岁以上失能老人，还包括 55 岁以上失能原住民、50 岁以上失智症者及任何年龄的失能身心障碍者。在服务项目增加方面，增加失智照顾、原民社区整合、小规模多机能、照顾者服务据点、社区预防照顾、预防/延缓失能，以及延伸出院准备、居家医疗等服务项目，不仅向前端衔接预防保健，降低与延缓失能，并向后端衔接安宁照护，让失能与失智者获得更

完整、有人性尊严的照顾。

（三）服务找得到、容易找

设置专门的窗口为民众提供便利可及的长期照顾服务，在22县市成立长期照顾管理中心及其分站，提供专门窗口，受理申请、需求评估，以及协助家属拟订照顾计划等业务。

"1966长期照顾服务专线"已于2017年11月24日开通，民众拨打该专线后，长期照顾管理中心将派照管专员到家进行评估，提供量身定做的长期照顾服务。

（四）新的给付及支付制，量身打造照顾计划

1. 整合四类长期照顾服务，让长期照顾服务更专业多元

长期照顾服务给付及支付新制自2018年正式实施，有别于过去民众须分别了解后再选择长期照顾服务资源，新制将原有的十项长期照顾服务，整合为照顾及专业服务、交通接送服务、辅具及居家无障碍环境改善服务、喘息服务实施四类（见表2），由照管专员或个案管理师针对个案长期照顾需求量身打造照顾计划，再由特约服务单位提供长期照顾服务，让长期照顾服务更专业多元，也更符合需求。

表2 长期照顾服务类别与部分负担

服务项目	照顾及专业服务	交通接送服务				辅具及居家无障碍环境改善服务	喘息服务
项目数	65	1（不分项）				68	8
额度（元）	10020~36180	1680~2400				40000/3年	32340、48510/年
部分负担比率（%）		分类					
		一	二	三	四		
一般户（%）	16	30	27	25	21	30	16
中低收入户（%）	5	10	9	8	7	10	5
低收入户（%）	0	0				0	0

2. 更细致地满足不同失能程度的照顾需要

新制实施后，增加了更多的评估方向（例如工具性日常活动、特殊照护、情绪及行为形态等），将各类长期照顾失能者纳入长期照顾服务对象；同时将

长期照顾失能等级由 3 级增加为 8 级，可以更细致地满足不同失能程度的照顾需要。

3. 按时数改为按服务项目，让长期照顾服务更有效率

新制将长期照顾服务以民众可获得的服务内容，分为按次、按日、按时等多元支付方式，打破过去仅能按 "时" 计价的模式，并改善过往不同工同酬的情形；新制还建立了特约制度，简化服务输送及申报作业的行政流程（见图 4），以全面提升长期照顾服务体系质量。

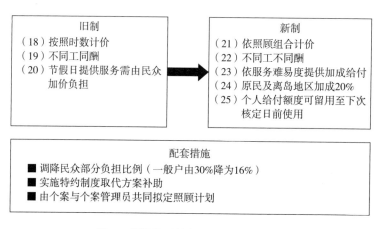

图 4　长期照顾给付支付新旧制比较

六、"长期照顾服务法" 施行

2015 年 6 月 3 日公布了 "长期照顾服务法"，并自公布后两年施行，即于 2017 年 6 月 3 日施行，共七章六十六条。内容除涵盖长期照顾服务内容、长期照顾财源、人员及机构管理、受照护者权益保障、服务发展奖励措施五大要素外，包括以下重要制度：①明确规定各类长期照顾服务项目，包括：居家式、社区式、机构住宿式及综合式服务类（见表 3）。②明确规定长期照顾服务人员的专业定位。③明确规定长期照顾财源，并设置长期照顾基金，以促进长期照顾相关资源的发展、提升服务品质与效率、充实并均衡服务与人力资源。④初次入台的外地看护工，其雇主可申请家庭看护工补充训练。⑤将各界关注的家庭照顾者纳入服务对象。

"长期照顾服务法" 部分条文亦于 2017 年 1 月 26 日修正公布，修正第 15 条外界关注的长期照顾财源，增加遗赠税及烟税调增税率（见表 4）；此外，修正

第 22 条及第 62 条规定，现行长期照顾机构可持续营运，除保障现有服务对象权益之外，强化发展了社区整体照顾服务体系。为扩大并稳定长期照顾财源，"长期照顾服务法"部分条文于 2017 年 1 月 26 日经公布修正，增订了烟品税、遗产及赠与税所调增的税收挹注长期照顾财源。"遗产及赠与税法""烟酒税法"部分条文修正草案，分别于 2017 年 5 月 12 日和 6 月 12 日修正实施。长期照顾主管机关卫生福利部将于"长期照顾服务法"施行两年后，通盘检讨长期照顾财源建置，研拟其他税收或采取长期照顾保险制的可行性，以应对台湾地区逐年增加长期照顾的财源需求，长期照顾制度得以永续发展。

"长期照顾服务法"包含长期照顾服务施行细则、长期照顾服务机构评鉴办法、长期照顾人员训练认证继续教育及登录办法、长期照顾服务资源发展奖助办法、长期照顾机构设立标准、长期照顾服务机构设立许可及管理办法、长期照顾服务机构专案申请租用公有非公用不动产审查办法及外国人从事家庭看护工作补充训练办法等。

表 3　长期照顾服务提供方式和项目

居家式	社区式	机构住宿式	家庭照顾者支持服务
（1）身体照顾服务	（1）身体照顾服务	（1）身体照顾服务	（1）信息提供及转介
（2）日常生活照顾服务	（2）日常生活照顾服务	（2）日常生活照顾服务	（2）长期照顾知识、技能训练
（3）家事服务	（3）临时住宿服务	（3）餐饮及营养服务	（3）喘息服务
（4）餐饮及营养服务	（4）餐饮及营养服务	（4）住宿服务	（4）情绪支持及团体服务转介
（5）辅具服务	（5）辅具服务	（5）医事照护服务	（5）其他
（6）必要住家设施调整改善服务	（6）心理支持服务	（6）辅具服务	
（7）心理支持服务	（7）医事照护服务	（7）心理支持服务	
（8）紧急救援服务	（8）交通接送服务	（8）紧急送医服务	
（9）医事照护服务	（9）社会参与服务	（9）家属教育服务	
（10）预防其他失能或加重失能服务	（10）预防其他失能或加重失能服务	（10）社会参与服务	
（11）其他	（11）其他	（11）预防其他失能或加重失能服务	
		（12）其他	

资料来源：笔者自行整理。

表 4　长期照顾基金目的与来源

项目	内容
基金目的	为提供长期照顾服务、扩增与普及长期照顾服务、促进长期照顾相关资源的发展、提升服务品质与效率、充实并均衡服务与人力资源、补助各项经费
基金来源	遗产税及赠与税税率由 10% 调增至 20% 以内所增加的税课收入
	烟酒税烟品应征税额由每千支（每公斤）征收 590 新台币调增至 1590 新台币而增加的税课收入
	台湾当局预算拨款
	烟品健康福利捐赠
	捐赠收入
	基金孳息收入
	其他收入

七、长期照顾资源发展的成果

（一）长期照顾资源发展的运用成效

长期照顾司筹备办公室 2017 年预算数为 5.25 亿新台币，执行数为 4.53 亿新台币，执行率 86%。

1. 实际效益

为促进长期照顾的发展，均衡长期照顾资源，充实长期照顾服务量能，强化长期照顾服务普及性，提升护理机构品质，以提供民众整合性、多元化的长期照顾服务。

2. 办理成果

均衡长期照顾服务促进计划：2017 年于原住民族、离岛及其他资源不足地区，布置建立 46 处照顾管理中心分站，整合长期照顾服务资源，并受理、提供需求评估及连接、输送长期照顾服务的专门窗口，服务人次 34158 人次；2017 年布置建立 134 处多元复合的失智社区照护服务据点，提供认知促进、缓和失能、关怀访视及家属支持服务等；另建构 20 处失智共同照护中心，提供失智者社区式个案管理机制及照顾者需要支持性服务；研究制定并公布"失智症防治照护政策纲领暨行动方案 2.0（2018—2026 年）"，含七大策略、二十项行动方案，并将持续通过跨部门的合作，落实行动计划。

（二）强化长期照顾机构服务及质量提升计划

2017 年度办理一般护理之家，评鉴机构计 126 家，评鉴合格计 110 家

（87.30%）；2017 年首次办理居家护理机构评鉴，参与机构共计 451 家，评鉴合格的有 445 家（98.67%）。

（三）缓和失能创新服务计划

普及有效社区预防照护服务网络，推动预防及延缓失能照护计划，布建社区特约服务据点。2017 年已布建 850 个特约服务据点，服务近 20000 人；核定补助 2018 年方案（35 项本土研发方案及 72 项实证应用方案），每个方案预培训师资至少 70 人，共 7490 名师资；借由县市政府照管中心联结医院出院准备服务的专业医疗团队，在民众出院三天前完成评估，出院后七日内能取得长期照顾服务，2017 年有 21 个县市的 161 家医院参与。

（四）长期照顾整体资源精进计划

办理家庭照顾者咨询专线，利用专门窗口的便利性，即时提供家庭照顾者心理支持、咨询及福利资源转介服务，缓解其照顾压力；补助日间照顾中心扩充小规模多机能式养老机构，增加办理居家服务、喘息服务，2017 年补助 19 个县市 41 个服务提供单位；配合"长期照顾十年计划 2.0"，扩充服务对象，纳入 49 岁以下失能身心障碍者，2017 年补助 13 县市，布建 36 个失能身心障碍社区式日间照顾资源；建立社区整体照顾服务模式，目前台湾地区结合 22 个县市、720 个服务提供单位，布建了 80 个社区整合型服务中心（A）、199 个复合型服务中心（B）和 441 个巷弄长期照顾站（C）。

八、结语

随着社会变迁与医疗卫生的进步，台湾地区生育率与死亡率双双出现下降的趋势，整体人口结构快速趋向高龄化，使得长期照顾需求人数也同步增加。同时因家庭的照顾功能逐渐衰弱，使得个人与家庭的照顾压力日益加重，进而产生社会与经济问题，因此，建立完善的长期照顾体制，已成为完备台湾地区社会安全体系的关键议题之一。

从 1980 年"老人福利法"开始，各项长期照顾方案逐渐明晰，2007 年有了"长期照顾十年计划 1.0"，2017 年推出了"长期照顾十年计划 2.0（2017—2026年）"，2017 年 6 月 3 日又施行了"长期照顾服务法"，"长期照顾服务法"部分条文于 2017 年 1 月 26 日修正公布，修正第 15 条外界关注的长期照顾财源，增加遗赠税及烟税调增税率；此外，修正第 22 条及第 62 条规定，现行长期照顾机构可持续营运，除保障现有服务对象权益之外，亦强化了社区整体照顾服务体系的发展。

"长期照顾十年计划 2.0（2017—2026 年）"扩充了长期照顾十年计划的内涵，增加了服务对象。长期照顾服务向前延伸预防失能及减缓失能等预防性服务措施，向后整合在宅安宁照顾、在宅医疗等服务，以实现在地老化为目标，以社区为基础，提供从支持家庭、居家、社区到住宿式照顾的多元连续性、普及式的照顾服务体系，达到使民众看得到、找得到、用得到长期照顾服务的目标。

"长期照顾保险法"草案已于2015年送至立法机构，希望它可以使长期照顾制度的保障更加完善。

参考文献

［1］台湾地区2016年12月统计月报［EB/OL］. https：//www. moi. gov. tw/files/site_ node_ file/7602/10612. pdf，2018-11-06.

［2］长期照顾的整体政策蓝图［EB/OL］. https：//1966. gov. tw/LTC/cp-3637-38376-201. html，2018-11-06.

［3］长期照顾服务法之施行［EB/OL］. https：//1966. gov. tw/LTC/cp-3635-106-201. html，2018-11-06.

［4］长期照顾十年计划2.0之推动［EB/OL］. https：//1966. gov. tw/LTC/cp-3635-106-201. html，2018-11-06.

［5］Kinsella Kevin，Wan He. An Aging World：2008，International Population Reports［R］. Washington，DC：U. S. Government Printing Office，2009.

［6］台湾地区"内政部"2018年1月统计月报［EB/OL］. https：//www. moi. gov. tw/files/site_ stuff/321/1/month/month. htmlzxab，2018-11-06.

［7］政策综揽［EB/OL］. https：//1966. gov. tw/LTC/cp-3635-106-201. html，2018-11-06.

［8］公共服务据点整备［EB/OL］. https：//www. sfaa. gov. tw/SFAA/Pages/ashx/File. ashx？FilePath=~/File/Attach/7601/File_173025. pdf，2018-11-06.

［9］长照2.0，照顾的长路上更安心［EB/OL］. https：//www. ey. gov. tw/Page/5A8A0CB5B41DA11E/dd4675bb-b78d-4bd8-8be5-e3d6a6558d8d，2018-11-06.

［10］长期照顾司筹备办公室. 烟品健康福利捐运用成效——长照基金之计划执行（2018-03-07）［EB/OL］. https：//1966. gov. tw/LTC/cp-3636-40092-201. html，2018-11-06.

［11］长照资源发展之运用成效［EB/OL］. https：//www. mohw. gov. tw/dl-46562-f8675de6-0994-4eda-8082-a44ced403696. html，2018-11-06.